¡BRAVAZO!

GASTÓN ACURIO

¡BRAVAZO!

MÁS DE 600 RECETAS PARA VOLVER A COCINAR EN CASA

DEBATE

Primera edición: febrero de 2018
Segunda edición: abril de 2018

© 2017, Gastón Acurio
© 2017, Penguin Random House Grupo Editorial S. A.
Avenida Ricardo Palma 341, Oficina 601, Miraflores, Lima, Perú
© 2018, de la presente edición:
Penguin Random House Grupo Editorial USA, LLC.,
8950 SW 74th Court, Suite 2010
Miami, FL 33156

Diseño de la cubierta: Penguin Random House Grupo Editorial / Nora Grosse
Ilustración de la cubierta: Pepe Medina
Diseño y maquetación de interiores: Arturo Higa Taira | Sputnik

ISBN: 978-1-947783-32-4

Impreso en USA - *Printed in USA*

Penguin
Random House
Grupo Editorial

MENÚ DE BIENVENIDA

Dicen que cuando los años pasan y uno va llegando a la edad madura —alcanzo los cincuenta mientras escribo este libro— la vida empieza a retirar los callos que ella misma impuso en nuestro corazón.

De pronto nos volvemos sensibles y vulnerables a situaciones que antes nos eran indiferentes. De pronto nuestra memoria se llena de nostalgia al recordar hechos pasados que parecían haberse ido para siempre, cuando en realidad estuvieron simplemente dormidos, como si supieran que un día, pasada la tormenta, nuestra humanidad finalmente despertaría.

Es así que nace este libro, hijo de una nostalgia que recuerda los momentos más felices de la vida gracias a esa actividad que nos une a todos: la cocina. Nace desde la emoción de recordar que fue la cocina la que puso magia y amor a nuestras vidas y que, gracias a ella, pasado el tiempo, podemos suspirar al recordar tantos y tantos momentos vividos alrededor de esa mesa que mantuvo unida a nuestra familia.

Esto fue así durante miles de años: la cocina entendida como una gran fuerza transformadora y unificadora que, a su paso, fue dando vida a grandiosas civilizaciones como la de nuestros antepasados, los incas, que supieron encontrar en sus alimentos y en la relación de estos con su entorno la fuente de vida que permitió su admirable desarrollo.

Sin embargo, en los últimos años la cocina se vio arrinconada por un nuevo modelo que irrumpió con furia en el hogar. La revolución industrial, tan necesaria e importante para la vida moderna, de pronto propuso un nuevo estilo de vida en el que mucho de lo que desde siempre era valioso ya no lo fue tanto; y donde bastante de aquello que nos llenaba de hermosos recuerdos podía ser prescindible. Y llegaron al hogar ya no promesas de buenos momentos, sino cosas que nos aseguraban la felicidad en un instante.

Fue así como la cocina tuvo que esconderse en la alacena empolvada de nuestra memoria. Los nuevos vientos de una vida frenética sustentada en el consumo ilimitado, una vida donde la pausa no tenía cabida, poco a poco creó la sensación de que la cocina en realidad no era necesaria.

Afortunadamente, ese escenario empieza a cambiar. Hoy, en este mundo conectado, nuestra memoria dormida por largos años empieza a despertar. La información infinita que recibimos a diario nos hace, poco a poco, tomar conciencia de hechos que hasta hace muy poco nos eran indiferentes.

Por ejemplo, descubrir que ese estilo de vida que creíamos perfecto es el que ha ocasionado el cambio climático que hoy amenaza nuestro planeta. O reconocer que, en realidad, las cosas que comprábamos para llenarnos de una supuesta felicidad eran mucho menos importantes que esas experiencias de vida compartida como viajar o sentarnos a disfrutar de una cena en familia.

Experiencias que al pasar los años siguen allí, convertidas en recuerdos que siempre nos sacan sonrisas.

Y es así como nace este libro. De la necesidad de recopilar 40 años de amor incondicional a una cocina que ha llenado mi vida de felicidad en un pequeño libro que, a su manera, se sume a la necesidad urgente de que en cada hogar del presente y el futuro la cocina habite más viva que nunca.

Que la cocina sea un espacio de bienestar para toda la familia.

Un recetario que de manera sencilla y asequible intente convencer y animar a todos a cocinar platos que, además de ricos, saludables y fáciles de hacer, poco a poco vayan devolviéndole a la cocina el lugar que nunca debió perder en nuestras vidas.

Buen provecho.

¡BRAVAZO!

MÁS DE 600 RECETAS PARA VOLVER A COCINAR EN CASA

¡BRAVAZO!

LOS CLÁSICOS

41 RECETAS PRINCIPALES

GASTÓN ACURIO

LA NOBLE CAUSA DEL PERÚ

L a causa, ese encuentro de dos titanes del Perú —la papa y el ají— aparece ya en varios recetarios antiguos del siglo XIX, solo que difiere mucho de la receta que hoy conocemos. De hecho, las primeras causas no solo carecían de relleno, sino que tampoco llevaban limón. En su lugar se empleaba la naranja agria, el mismo cítrico que se usaba en aquella época para el cebiche.

Décadas después, la causa se convierte en uno de los platos más populares de la familia peruana y toma esa forma que todos conocemos, al menos en Lima: con su relleno de verduras, de pollo o de atún, y sazonada con ají y limón.

Llegamos a finales del siglo XX y los peruanos celebramos nuestra diversidad descubriendo que la causa no era solo limeña, sino que estuvo siempre en la mesa norteña. En Chimbote, con su yuca y su pescado salpreso. En Trujillo, con su causa en lapa. En Lambayeque, con su causa ferreñafana. Causas que se sazonan con el juguito de cocción del pescado salpreso y se acompañan con yuca, camote, choclo e incluso plátano.

Sigue pasando el tiempo y llegamos de nuevo a Lima, donde la causa toca la puerta del ingenio popular y se sirve combinada en mercados, fondas o esquinas, con su escabeche al lado, con su cebichito al lado. Y como ocurre desde hace décadas en la cocina del hogar, la causa sigue esperándonos al llegar de la escuela o del trabajo. Aplicada, en silencio, sin pedir nada a cambio, amarillita, cremosa, generosa en relleno, con ese saborcito que nos roba una sonrisa, un suspiro, cada vez que tenemos la suerte de probarlo.

1 Causa básica

Cocemos 1 kilo de papas amarillas con su piel hasta que estén completamente cocidas. Las pelamos y pasamos todavía calientes por el prensapapas. Echamos sal y 4 cucharadas de aceite vegetal. Amasamos. Dejamos enfriar y agregamos el jugo de 1 limón grande o de 2 chicos. Echamos ahora ¾ de taza de ají amarillo licuado y amasamos nuevamente con las manos limpias, suave, con cariño y dulzura. Listo. Procedemos a dividirla en dos partes. Colocamos la primera mitad en un molde como un primer piso. Echamos una capa de mayonesa clásica (Ver: La celebración / Salsa y sabor, p. 271), colocamos rodajas de tomate, encima rodajas de palta, rodajas de huevo duro cocido y, finalmente, cubrimos con la otra mitad de la masa de causa. Decoramos como más nos guste. Con huevo picado y puntitos de mayonesa; con salsa huancaína en forma de sonrisa; como guste. Siga su corazón.

2 Causa de atún

En la receta de la causa básica eliminamos el tomate y mezclamos 2 tazas de atún en aceite vegetal desmenuzado con ½ taza de cebolla roja picada finita y 1 de mayonesa clásica. En vez de echar 1 capa de mayonesa como en la preparación anterior, volcamos esta mezcla sobre la primera capa de masa de causa. Luego, cubrimos con rodajas de palta y huevo. Tapamos con la otra mitad de la masa.

3 Causa de pollo

Seguimos la misma receta de la causa básica, pero aumentamos la cantidad de mayonesa clásica a 1 taza, que mezclamos con 2 tazas de pechuga de pollo cocido y deshilachado. Seguimos según la receta, con tomate, palta, huevo y masa de papa.

4 Causa de camarones

En este caso haremos exactamente lo mismo que con la causa de pollo, pero cambiamos la mayonesa por una salsa golf (Ver: La celebración / Salsa y sabor, p. 272), a la que le añadimos 1 cucharadita de coral de camarón cocido durante unos segundos en un chorrito de aceite. También cambiamos el pollo por 2 tazas de colas de camarones cortadas en cuatro. Se puede hacer sin coral y con pulpa de cangrejo, colas de langostinos o de langosta cocida y picada.

5 Causa de verduras

Hacemos una ensalada rusa limeña (Ver: El encuentro / Ensaladas del mundo en versión peruana, p. 229), pero sin papa. Empleamos 1 taza de betarraga, otra de arveja, otra de zanahoria y otra de vainita, todas cocidas y picadas en daditos. Mezclamos la ensalada con 1 taza de mayonesa clásica y la colocamos como primera capa sobre la masa de causa. Continuamos con rodajas de palta, rodajas de huevo y, nuevamente, una capa de masa.

6 Causa de pulpo al olivo

Preparamos un pulpo al olivo con 2 tazas de pulpo cocido (Ver: El encuentro / El pulpo suavecito, p. 226), que picamos en daditos y mezclamos con 1 taza de mayonesa al olivo (Ver: La celebración / Salsa y sabor, p. 272). Colocamos 1 capa de papa, 1 capa de pulpo, encima rodajas de palta, el huevo duro y 1 taza de pimientos que habremos asado en el horno, pelado y sazonado con sal y aceite de oliva. Tapamos con la última capa de causa.

7 Causa con chimbombo

Esta causa es deliciosa. Tenemos dos opciones. La primera consiste en poner una capa de masa de papa que cubrimos con escabeche de pescado (Ver: Los clásicos / El escabeche, p. 86) y cubrimos con más masa de causa. La segunda opción consiste en preparar una causa básica con papa, huevo y tomate, que cubrimos con el escabeche de pescado.

8 Causa de mi abuela trujillana

Si encuentran en el mercado pescados presalados (como la caballa salpresa o algún pescado semisalado no muy seco), lo llevan a casa, le dan un ligero hervor y guardan el agua de cocción. Hacen su masa de papa igual que la masa de causa básica, solo que le añaden un poquito de esa agua saladita con sabor marino. Esta vez colocan toda la mezcla en una sola tanda y la cubren con el pescado pasado por agua, aún tibio. Se sirve con una salsa de escabeche de pescado pero sin el pescado y colocamos aceitunas, queso fresco y, alrededor, camote, yuca y choclo cocidos. Mi abuela era generosa: incluso le añadía al lado 1 plátano hervido. La idea era ir mezclando todo con el juguito del escabeche y la masa de la causa.

9 Causa de anchoveta

Una de mis favoritas. Hacemos una causa básica. Y encima montamos 2 tazas de anchovetas o sardinas en aceite vegetal. Bañamos todo con una salsa chalaca que preparamos picando ½ cebolla roja con un tomate y ½ ají limo —todo muy finito— mezclados con ½ taza de mayonesa clásica, el jugo de un limón y un chorrito de aceite de oliva

CEBICHE

EMPECEMOS CON

1 Cebiche clásico

El pescado elegido puede ser lisa, cojinova, pámpano, fortuno, pintadilla, palmera, viuda, cachema, cabrilla, corvina, lenguado, mero, perico o tilapia si es de criadero certificado. Según el lugar donde esté, para este cebiche buscamos cualquier pescado con carne ligeramente firme de color rosado o blanco y sabor delicado. No sirven para esta receta el bonito y otros pescados azules, los pescados grasos ni los fibrosos. Eso sí, debemos mirar siempre qué pescados están en temporada, cuáles están en veda y cuáles tienen el tamaño mínimo permitido. Es muy importante cuidar que nuestras especies se preserven para las generaciones futuras.

Cortamos 1 kilo de filete de pescado en cubos medianos si los lomos son gruesos, o en filetitos gruesos si los filetes son pequeños. Los sazonamos generosamente con sal. Mezclamos bien y dejamos reposar así 10 minutos.

Añadimos 1 ají limo picado en rodajas, a su vez cortadas en dos. Mezclamos con los trozos de pescado y dejamos reposar 5 minutos más. Agregamos ½ cebolla roja cortada en tiras finas, previamente lavada. Una movidita y probamos el punto de sal.

En ese momento el pescado ya podría comerse así, crudito, como un *sashimi*. Si sienten que le falta sal, le echan un poquito más. También es momento de echarle pimienta blanca molida. Otra movidita y añadimos el jugo de 20 a 30 limones, dependiendo del tamaño, que exprimiremos uno a uno sobre el pescado, pero sin apretar demasiado. Solo hasta la mitad de cada limón. Con el resto hacen una limonada. ¿Por qué así? Porque si exprimimos todo el limón saldrá un sabor amargo de la piel blanca que arruinará el cebiche.

Mezclamos bien y dejamos que el limón cubra el pescado. Le echamos un hielito para que mantenga una temperatura fría y esperamos 2 minutos. Echamos otra cebolla roja cortada en juliana, otro ají limo picado, revolvemos y servimos. Pero antes debemos probar. Es importante entender que el cebiche es un plato ácido, salado, picante y refrescante, y ese punto de equilibrio de los cuatro no se puede explicar en una receta, porque todos los limones, ajíes y pescados son distintos. Al mezclarse, van cambiando de sabor todo el tiempo.

Por ese motivo debemos probar siempre al comienzo, al medio y al final, buscando ese punto de acidez y ese picantito perfecto.

Ahora bien, dicho esto, viene la controversia. ¿Ajo? ¿Culantro? ¿Ajinomoto? ¿Rocoto licuado? ¿Qué más debe o no debe llevar un cebiche? Pues bien, esta es una discusión en la que este libro no pretende ponerse en un pedestal ni imponer nada. Hemos compartido la receta básica para que le salga rico. El toque personal descúbralo usted.

Acompáñelo con choclo, camote y listo. Se sirve en fuente y se come con cuchara.

Nota aparte. Pídale al pescadero que le dé las espinas y cabezas de su pescado. Para que se haga un sabroso chilcanito o un chupe.

SUS VARIANTES

2 Cebiche criollo

En este cebiche podemos utilizar todos los pescados mencionados en el cebiche clásico, pero también podemos usar jurel, caballa, pejerrey, anchoveta, bonito y otros pescados de sabor y carácter. Hacemos una leche de tigre licuando 2 dientes de ajo, 2 ají limos o 1 rocoto, 1 rama de apio, 2 rodajas de cebolla, 2 tallos de culantro, 50 gramos de retazos y puntas de filete del pescado, jugo de 5 limones y un chorrito de agua o de caldito suave para pescado hecho con la cabeza y espinas del pescado que compro (Ver: El cariño / Del cubo al caldo, p. 182).

Colamos este licuado y, siguiendo la receta del cebiche clásico, se lo echamos al pescado justo antes de empezar a exprimir los limones. Si es de caballa o bonito (ambos muy delicados), exprimimos todos los limones aparte, los mezclamos con el licuado y los echamos justo al final. Servimos al toque sin necesidad de que repose.

3 Cebiche antiguo

Hay 3 pescados que podemos usar según la economía: jurel, bonito o corvina. Seguimos la misma receta del cebiche clásico tal cual, solo que, en vez de puro limón, echaremos el jugo de 15 limones y el jugo de 8 naranjas agrias o de Sevilla. Añadimos ½ taza de ají amarillo licuado y 1 cucharadita de ajo molido. En el caso del bonito, evitamos el reposo y lo servimos inmediatamente.

4 Cebiche mixto

Cortamos 4 calamares medianos en rodajas y los pasamos por agua hirviendo unos segundos. Hacemos lo mismo con 24 colas de langostinos chicas peladas. Limpiamos 12 conchitas de abanico sin caparazón y las dejamos crudas. Incluimos 4 almejas crudas limpias y cortadas en rodajas, 4 caracoles cocidos y 200 gramos de filete de pescado de su elección cortado en cubos. Seguimos la receta del cebiche criollo.

5 Cebiche de pejerrey nikkei

Cortamos 48 filetes de pejerrey sin espinas en 2 trozos cada uno. Los sazonamos con sal y pimienta, 1 cucharada de ajo molido, 1 cucharadita de kion rallado, 1 cucharada de apio rallado y 2 cucharadas de rocoto rallado.

Dejamos reposar unos 5 minutos y añadimos ¼ de taza de ají amarillo licuado, el jugo de 20 a 30 limones y unas gotitas de sillao. Añadimos ají limo picado, cebolla roja en juliana, cebolla china picada y yuyo o algas. Una movida rápida y listo.

6 Cebiche trujillano

Este es el cebiche que hacía mi abuela trujillana en casa. Cortamos 1 kilo de filete de pescado de carne blanca, no en cubos sino en filetes. Sazonamos con sal, pimienta, 1 cucharada de ajo molido y 2 cucharadas de ají mochero picado. Mezclamos y dejamos reposar por 5 minutos. Aparte, exprimimos el jugo de 30 limones. Colocamos el pescado en una fuente ancha y cubrimos con el limón. Probamos la sal, echamos más ají mochero picado y movemos todo durante unos segundos, tratando que el pescado suelte un juguito blanco y la leche de tigre se convierta en un jugo medio lechoso. Acomodamos el pescado dejando que quede bien cubierto del jugo y dejamos reposar por una hora. Regresamos, probamos la sal, cubrimos con cebolla roja en juliana y acompañamos con yucas cocidas.

7 Cebiche de esquina

Cortamos calamar o pota en dados pequeños y los pasamos unos segundos por agua hirviendo. Hacemos lo mismo con pulpo, almejas, caracol, lapa, chanque y choros, intentando tener 1 kilo de mariscos surtido y picado, que en Lima se conoce como mistura de mariscos, solo que la habremos hecho nosotros con marisco fresquito y variado. Picamos finamente cebolla, ají limo y culantro. Mezclamos los ingredientes y los colocamos en un bol. Añadimos sal, pimienta, ajo molido y abundante limón. Movemos y probamos de sal y ají.

8 Cebiche de camarones

Apto solo para aventureros. Escogemos unos 36 camarones medianos. Retiramos el coral de las cabezas con mucho cuidado. Retiramos también las colas y las pelamos. Luego, las cortamos en dos. Sazonamos los camarones con sal, pimienta, 1 cucharadita de ajo molido, 2 cucharadas de rocoto molido, 2 cucharadas de rocoto picado y 1 cucharada de huacatay picado. Dejamos reposar. Aparte, licuamos el coral con el jugo de 25 limones, 1 rocoto, 1 rama de apio, 1 rama de huacatay, 1 diente de ajo y 1 rodaja de cebolla roja. Colamos y se lo echamos a los camarones. Mezclamos bien y los servimos con rodajas de papas blancas cocidas. Cubrimos con cebolla roja cortada en juliana fina y rocoto picado.

9 Cebiche de champiñones

Cortamos 4 tazas de champiñones en láminas gruesas y los pasamos solo 5 segundos por agua hirviendo. Retiramos y enfriamos en agua con hielo. Escurrimos y echamos ¼ de taza de apio picado, ¼ de taza de rocoto picado, 1 taza de cebolla roja en juliana, 1 cucharada de culantro picado, sal, pimienta blanca y mezclamos bien. Reposamos 2 minutos. Aparte, hacemos una leche de tigre como en el cebiche criollo, solo que sin pescado ni caldo de pescado. Echamos 4 cucharadas de este licuado al cebiche y añadimos jugo de limón. Probamos la sal.

10 Cebiche de alcachofas

Seguimos la misma receta del cebiche de champiñones, solo que los cambiamos por 4 tazas de corazones de alcachofa cocida y cortada en tiras. A la leche de tigre le añadimos 1 cucharada de corazón de alcachofa licuada.

PAPAS A LA HUANCAÍNA

C uenta la leyenda que, a finales del siglo XIX, cuando se construía el fe- rrocarril Central de Lima a Huancayo, una señora de noble mano se hizo famosa por una salsa de rocoto con queso que acompañaba a las papas que vendía a los trabajadores durante el almuerzo. Fue así que quedó sellada como la deliciosa salsa de la señora huancaína. La salsa se hizo tan popular que ter- minó llegando a Lima, la tierra del ají amarillo, donde rápidamente se adaptó y se convirtió en esa salsa que hoy está presente en todas las casas del Perú. Y empieza a estarlo en muchos hogares del mundo. Vamos con varias versiones y recetas de papa a la huancaína empezando, como debe ser, por la primera. La de la señora huancaína de Huancayo.

1 Papa a la huancaína antigua de Huancayo

En un batán echamos 4 rocotos, sin venas ni pepas, cortados en trozos media- nos. Molemos con la piedra cargados de vigor, sin prisa pero sin pausa, aña- diendo gotas de agua para que resbale mejor. Cuando hayamos molido un poco agregamos 2 tazas de queso fresco serrano saladito cortado en dados. Seguimos moliendo. Añadimos un chorro de leche evaporada y otro de aceite. Molemos, probamos la sal (porque si el queso es saladito será suficiente) y echamos una gota de limón si el queso no tiene una ligerísima acidez natural. Listo, a servir sobre papas huayro cocidas y peladas.

2 Papa a la huancaína antigua limeña

En una sartén con un chorro de aceite doramos rápidamente 3 ajíes amarillos, sin venas ni pepas, y un diente de ajo pelado. Colocamos todo en un batán y añadimos 2 ajíes más crudos y troceados (sin venas ni pepas) y 1 taza de queso fresco saladito. Molemos y agregamos un chorro de leche evaporada y otro de aceite. Probamos la sal —cuidado con el queso, por si es salado— y, eventual- mente, una gota de limón si le faltara realzar el sabor. Cubrimos con la salsa papas blancas y amarillas cocidas y cortadas en rodajas. Las acompañamos con huevo duro, una hoja de lechuga y una aceituna negra entera.

3 Papa a la huancaína casera al toque

En una licuadora echamos 5 ajíes amarillos crudos (sin venas ni pepas), 2 tazas de queso fresco saladito desmenuzado, 6 galletas de soda, ½ taza de leche evaporada y ¼ de taza de aceite vegetal. Licuamos hasta que quede cremoso y, finalmente, añadimos unas gotitas de limón. Probamos la sal y servimos —cuando la salsa aún esté tibia y cremosita— con las papas de su preferencia, huevo duro, aceituna y su hoja de lechuga.

4 Papa a la huancaína casera especial

En una sartén saltamos 2 ajíes amarillos troceados (sin venas ni pepas) con 2 dientes de ajo y un trozo de cebolla roja. Echamos todo en una licuadora junto a 4 ajíes amarillos crudos (sin venas ni pepas), 3 galletas de soda, una taza de queso fresco saladito, una de requesón o queso *cottage*, ½ taza de leche evaporada y ¼ de taza de aceite vegetal. Licuamos y agregamos 2 yemas de huevo cocidas, añadimos unas gotas de limón y probamos de sal. Servimos según la receta de papa a la huancaína casera al toque, para que llegue tibia y espumosa a la mesa.

5 Papa a la huancaína para valientes

En una licuadora metemos un rocoto (sin venas ni pepas), 1 ají limo (sin venas ni pepas), 4 ajíes amarillos (sin venas ni pepas) y 1 ají charapita con todo. Echamos 6 galletas de soda, 2 tazas de queso fresco saladito, ½ taza de leche evaporada y ¼ de taza de aceite. Licuamos hasta obtener una crema suave, pero bien picante. Añadimos al final gotas de limón y probamos de sal. Servimos sobre papas amarillas cocidas colocadas sobre una hoja de lechuga, con huevo duro, choclo desgranado y, encima, dados de queso fresco para suavizar el picor.

ARROZ CON POLLO

A diferencia del arroz con mariscos, hecho rápidamente al estilo del wok, el arroz con pollo se hace a fuego lento, con el arroz crudo y cuidando que el punto no se nos pase para que quede siempre delicioso. No debe ser un arroz mojado, porque para eso tenemos los aguaditos. Tampoco debe ser un arroz pasado y por eso cuidamos en no echar demasiado líquido y, más bien, dejar que se haga casi al vapor y fuego muy suave. Se trata de un arroz seco, de granos enteros, ligeramente grasoso y muy sabroso. Vamos con la receta.

1 Arroz con pollo

Para un rico arroz con pollo lo mejor es usar un pollo entero y cortarlo en 10 trozos. Es decir, cada pierna cortada en dos, la pechuga cortada en cuatro y las dos alas enteras. En una olla no muy alta y más bien ancha, echamos unas 4 cucharadas de aceite vegetal. Incorporamos los trozos de pollo por el lado de la piel, previamente sazonados con sal y pimienta. Los doramos a fuego lento hasta que la piel esté bien bronceada, pero la carne aún esté cruda. No dejemos que se queme el fondo de la olla. Será cuestión de unos 4 minutos.

Los retiramos y reservamos. Retiramos también el exceso de grasa y dejamos solo un poquito para hacer el aderezo. Raspamos el fondo de la olla, marroncito, añadiendo ahora 1 taza de cebolla roja picada finamente. Cocemos 5 minutos a fuego suave y añadimos 1cucharada de ajo molido. Un minuto después echamos 1 taza de ají amarillo licuado. Cocemos 5 minutos más y añadimos 1 vaso de cerveza rubia. Dejamos que hierva y agregamos ½ taza de culantro licuado, ½ taza de pimiento rojo picado, 1 taza de arvejas tiernas crudas, ½ taza de zanahoria cruda cortada en daditos, ½ taza de choclo desgranado crudo y 1 ají amarillo cortado en tiras delgaditas. Dejamos que todo hierva por 2 minutos.

Añadimos una pizca de pimienta y comino. Es momento de echar entre 2 a 2½ tazas de agua o, si tienen tiempo (mucho mejor), 2 a 2½ tazas de caldo hecho con ½ kilo de patas y pescuezos de pollo. La cantidad de líquido dependerá del tipo de arroz empleado. La primera vez que haga la receta sabrá el tiempo y el líquido necesarios. Probamos la sal (tiene que estar ligeramente subido de sal) y echamos ahora 2 tazas de arroz largo crudo.

Una movidita y colocamos encima las presas de pollo que terminarán de cocerse con el arroz y, además, soltarán sus jugos durante la cocción. Tapamos la olla, bajamos el fuego al mínimo y cocemos 12-15 minutos, dependiendo del arroz que use. Sugiero vigilar la primera vez para saber cuánto tiempo y líquido necesitará su arroz favorito. Destapamos y verificamos que ya no hay líquido y volvemos a tapar, esta vez con el fuego apagado unos 5 minutos.

Retiramos las presas, le damos una movidita al arroz con el tenedor trinche, lo acomodamos en una fuente y volvemos a colocar las presas encima. Decoramos con tiras de pimiento y acompañamos con una sabrosa salsa criolla (Ver: La celebración / Más salsitas de sazón criolla, p. 273) por encima o al lado.

SUS VARIANTES

2 Arroz con carne

Cortamos en trozos chicos (de unos 40 gramos cada uno) 1 kilo de carne de punta de pecho de res. Hervimos la carne en poca agua durante veinte minutos. Retiramos y guardamos el caldo. En una sartén doramos los trozos de carne como el pollo, retiramos, hacemos el aderezo como en el arroz con pollo. Echamos la cerveza, el culantro licuado, las verduras, la carne, 2 tazas del caldo de carne guardado y seguimos la misma receta del arroz con pollo.

3 Arroz con chancho

Aquí hay algunas variaciones. Lo primero es cortar trozos de panceta de cerdo, bondiola o carne para guiso (de preferencia de brazuelo, que tiene más grasita) en trozos medianos de unos 30 gramos cada uno. Los sazonamos con sal y pimienta, los doramos lentamente, les echamos agua y los cocemos por unos 15 minutos más. Retiramos y reservamos el caldo. Luego hacemos un aderezo igual al del arroz con pollo, solo que echaremos 1 cucharada de palillo y, en vez de culantro licuado, echaremos 1 taza de culantro, perejil y hierbabuena picada. A continuación, echamos la cerveza, unas 2½ tazas del caldo reservado y añadimos las siguientes verduras: ½ taza de nabo pelado y picado en cubos chicos, ½ taza de camote pelado y picado en cubos, ½ taza de frejol tierno pelado y ½ taza de arvejas tiernas. Además, echamos ½ taza de pimiento rojo picado y 1 ají amarillo cortado en tiras delgadas. Regresamos la carne de cerdo, dejamos que hierva, probamos sal, pimienta y comino, y echamos las 2 tazas de arroz largo crudo. Seguimos el mismo procedimiento del arroz con pollo, solo que al final echamos 1 taza de col picada y tapamos para que se cocine con el vapor.

4 Arroz con choros a la olla

Lavamos muy bien 2 docenas de choros y los cocemos en una olla grande con solo un chorrito de agua y la olla bien tapada. El vapor hará que el choro bote un juguito delicioso. Retiramos los choros de su caparazón y guardamos solo 4 para la decoraron en su caparazón.

Luego seguimos tal como la receta del <u>arroz con pollo</u>. Hacemos el mismo aderezo, echamos cerveza, culantro licuado, 2 tazas de caldo de choro reservado, probamos la sal, y añadimos las verduras y el arroz crudo. Faltando 2 minutos agregamos los choros pelados y limpios. Dejamos unos minutos finales de reposo y servimos con una rica <u>salsa criolla</u>. Decoramos con los choros con su caparazón encima.

5 Arroz con verduras

Este es uno de mis arroces favoritos. Es muy sabroso, económico y saludable.

En una olla hacemos el aderezo del <u>arroz con pollo</u>, solo que en vez de culantro licuado echamos 1 cucharada de palillo en polvo, 1 taza de culantro, perejil y hierbabuena picada. Luego añadimos cerveza, 3 tazas de un delicioso <u>caldo de verduras</u> (Ver: El cariño / Del cubo al caldo, p. 183), y agregamos las siguientes verduras: 1 taza de coliflor cortada en trozos pequeños, ½ taza de vainita cortada en trozos medianos, ½ taza de nabo cortado en cubos chicos, ½ taza de camote cortado en cubos chicos, ½ taza de choclo desgranado, ½ taza de arvejas tiernas, ½ taza de frejol tierno crudo, ½ taza de pimiento rojo en dados, 1 ají amarillo en tiras y listo. Un hervor de unos 3 minutos, probamos la sal y echamos las 2 tazas de arroz largo crudo. Cocemos como el <u>arroz con pollo</u> y al final incorporamos 1 taza de col picada. Tapamos, reposamos, removemos y listo.

EL RICO CHUPE

«¡**V**amos a comernos un chupe!», de pronto decía mi padre un sábado por la mañana. Sabía que mi madre no lo acompañaría en su entusiasmo. Mis hermanas tampoco; sus enamorados tablistas, mucho menos. Sabía que el único que saltaría de su cama como un loco sería su hijo, el niño tragón que soñaba con la locura de cocinar todo el día. Nos subíamos al hermoso auto Triumph descapotable con tablero de madera —que su amigo Chachi Dibós le había vendido a un precio imposible de rechazar— y nos íbamos a toda velocidad por la avenida Javier Prado rumbo a Lince, a la calle Francisco Lazo. Una picantería arequipeña nos esperaba.

La magia empezaba nada más entrar. Al ingreso, a la mano izquierda, uno cruzaba la cocina en plena acción. Ubres friéndose lentamente; chaqués de tripas con su punto de zapallo; solteros y sarzas macerándose ligeramente; batanes con sus ocopas y llatanes; rocotos rellenos con pasteles de papa listos para servir; y al fondo, la reina de las ollas, la que justificaba todo el viaje, la que nos convertía a mi padre y a mí en cómplices de un camaronicidio. La del chupe de camarones, hecha y servida con camarones enteros, para chuparlos hasta lo más hondo. Para rendirles homenaje sin desperdiciar una sola gota de ese coral lleno de sustancia volcánica, de sabores a yaraví. He intentado volver muchas veces a aquel recuerdo y no encontré más ese rincón. Quizá fue lo mejor. Así lo mantengo en mi memoria tal como fue. Porque, como bien dice el cantante, a veces al lugar donde fuiste feliz es mejor no volver.

¿Cuál es la diferencia entre un caldo, una sopa, un sudado y un chupe, aparte de que el primero es líquido, el segundo es espeso, el tercero es sustancia y el cuarto lleva un punto de leche? Pues que el caldo es como un jovencito lleno de vida; la sopa, una hermosa dama disfrutando de la vida; el sudado es como un hombre ducho en la vida; y el último, el chupe, es como la abuela que abriga nuestro vivir.

Esta es la receta del chupe de camarones de mi abuela para hacer en casa los domingos.

1 Chupe de camarones

Comprar 1 kilo de camarones medianos y ½ kilo de camarones grandes. No compre los pequeños nunca; déjelos crecer en paz. Limpie los medianos en su totalidad y retíreles el coral que está en la cabeza. Guarde las cabezas y las colas (déjelas con su caparazón). Los grandes se quedan enteros. En una olla, doramos por 1 minuto, con un chorrito de aceite, los camarones grandes; luego los retiramos. Añadimos las cabezas de los camarones chicos y también las doramos. Mojamos con 2 litros de agua y hervimos por 30 minutos. Licuamos, colamos y guardamos el caldo resultante. Listo, avanzamos.

Sudamos 1 taza de cebolla roja picada finita con 2 cucharadas de ajo molido, por 10 minutos. Añadimos ½ taza de ají panca licuado y sudamos 15 minutos más. Agregamos ahora el coral reservado y dejamos que dore 1 minuto. Es momento de echar el caldo de camarón que teníamos guardado. Dejamos que hierva todo hasta que tengamos un caldo con buen sabor que podamos tomar así, solito, de lo rico que está.

Incorporamos ramas de huacatay, 1 rama de orégano, sal y pimienta, y seguimos cociendo. Añadimos ahora 4 rodajas de choclo, 2 papas blancas cortadas en cuatro y ½ taza de habas. También 1 zanahoria cortada en bastones, solo si gustan (mi abuela no lo hacía). Cocemos unos minutos y echamos, a continuación, ½ taza de zapallo picado y 1 de col picada. Dejamos cocer un par de minutos. Echamos un puñado de <u>arroz blanco cocido</u> (Ver: La nostalgia / Mi querido arroz blanco, p. 131), queso fresco saladito y los camarones enteros grandes. Damos un hervor y añadimos las colas de los camarones medianos. Damos otro hervor de 1 minuto, echamos un buen chorro de leche evaporada y, al final, 4 huevos. Dejamos que los huevos cuajen casi con el fuego apagado y probamos la sal. Provecho.

SUS VARIANTES

2 Chupe de pescado

En esta receta la clave está en que el caldo de pescado no venga muy concentrado. Debe estar suavecito, ligerito, solo para darle profundidad a la sopa, como el bajo que redondea toda melodía. Empezamos con un aderezo sencillo de 2 cucharadas de ajo molido, 2 cebollas rojas picadas finitas y 1 taza de ají amarillo licuado. Le añadimos sal, pimienta, comino, orégano en polvo y 1 taza de hojas mixtas de culantro, perejil y huacatay. Echamos ahora 1 litro de <u>caldito suave para pescado</u> (Ver: El cariño / Del cubo al caldo, p. 182) y añadimos 6 papas amarillas cortadas en cuatro, 1 taza de habas y 4 rodajas de choclo cocido.

Dejamos cocer hasta que las papas suelten algo de su fécula y se partan un poco. Así suavizarán el sabor a mar del caldo, abrazándose con la huerta andina. Cocemos y añadimos 1 taza de leche evaporada, 1 taza de queso fresco saladito picado, 4 huevos (dejamos que cuajen suavemente) y, finalmente, 1 rama de huacatay, 1 rodaja de rocoto y 4 filetes de pescado (que habremos sazonado, pasado por harina y luego frito). Damos un hervor, probamos la sal y listo.

3 Chupe de habas

Hacemos un aderezo con 1 cebolla roja picada muy fina, 1 cucharada de ajo molido, ¼ de taza de ají amarillo licuado y 2 cucharadas de ají panca licuado. Dejamos sudar por 10 minutos y añadimos 4 tazas de habas crudas y peladas y ½ taza de huacatay picado. Cocemos unos minutos más y agregamos 4 papas amarillas crudas peladas y cortadas en cuatro, 1 ramita de orégano y caldo de verduras, suficiente para cubrir. Dejamos hervir y añadimos ahora 1 taza de queso fresco en dados, más huacatay picado, unas rodajas de rocoto, ½ taza de leche evaporada, sal, pimienta y comino. Damos un hervor y reventamos 4 huevos sin mover ni batir, simplemente dejando que cuajen. Listo.

4 Chupe de granos

Preparamos un aderezo con 1 cebolla roja picada muy fina, 1 cucharada de ajo molido, ¼ de taza de ají amarillo licuado y 2 cucharadas de ají panca licuado. Dejamos sudar 10 minutos y añadimos 4 ollucos cortados en cuatro, 1 taza de trigo cocido, 1 taza de habas cocidas, 1 taza de quinua cocida, 4 papas amarillas crudas, 1 ramita de orégano y caldo de verduras, suficiente para cubrir. Que hierva hasta que las papas y ollucos estén cocidos. Añadimos ahora ½ taza de queso fresco en dados, ½ taza de huacatay picado, unas rodajas de rocoto al gusto, ¼ de taza de leche evaporada, sal, pimienta y comino. Llevamos a hervor y reventamos 4 huevos sin mover ni batir, solo dejando que cuajen.

5 Chupe de ollucos

Hacemos un aderezo con 1 cebolla roja picada muy fina, 1 cucharada de ajo molido, ¼ de taza de ají amarillo licuado y 2 cucharadas de ají panca licuado. Sudamos por 10 minutos y añadimos 2 tazas de ollucos cortados en tiras gruesas, 1 taza de habas cocidas, 2 papas amarillas crudas, 1 ramita de orégano, ½ taza de huacatay picado y caldo de verduras (Ver: El cariño / Del cubo al caldo, p. 183), suficiente para cubrir. Dejamos hervir hasta que papas y ollucos estén cocidos y añadimos ½ taza de queso fresco en dados, 1 rama de huacatay, unas rodajas de rocoto al gusto, ¼ de taza de leche evaporada, sal, pimienta y comino. Damos un hervor y reventamos 4 huevos sin mover ni batir, solo dejando que cuajen.

6 Chupe de pallares

Hacemos un aderezo con 1 cebolla roja picada muy fina, 1 cucharada de ajo molido, 1 taza de ají amarillo licuado y 2 cucharadas de ají panca licuado. Dejamos sudar por 10 minutos y añadimos 4 tazas de pallares verdes pelados y crudos. Añadimos 2 papas amarillas crudas, 1 ramita de orégano y caldo de verduras, lo suficiente para cubrir. Dejamos hervir y agregamos ¼ de taza de queso fresco en dados, ½ taza de hierbabuena, culantro y huacatay picados y mezclados, unas rodajas de ají amarillo al gusto, ¼ de taza de leche evaporada, sal, pimienta y comino. Llevamos a hervor y reventamos 4 huevos sin mover ni batir. Al final echamos dados de pan frito.

DEL AJÍ DE GALLINA Y SUS AMIGOS

1 Ají de gallina

En una olla ancha y no muy honda, o en una sartén grande y honda, echamos 2 cucharadas de aceite vegetal junto a 1 taza de cebolla roja picada muy, muy chiquita. Dejamos sudar 5 minutos a fuego lento y añadimos 1 cucharada de ajo molido. Sudamos 2 minutos más y añadimos ¼ de taza de pasta de ají mirasol, ¼ de ají amarillo licuado sin venas ni pepas y 1 cucharada de ají panca licuado. Dejamos cocer todo lentamente hasta el punto en que se peleen: es decir, hasta que se corten o, mejor dicho, hasta que el aceite se separe del resto. Esto quiere decir que el ají ha cogido punto de caramelo y está listo para el siguiente paso.

Es momento de echar 2 rebanadas de pan de molde sin corteza, previamente remojado en un chorro de leche evaporada. Movemos bien con una cuchara de madera y dejamos cocer a fuego lento hasta que empiece a hacer esas burbujas gordas, como de lava de volcán a punto de explotar: bub, bup, bup bup. Más o menos así suena.

A continuación, echamos una pechuga entera de pollo, bien gordita, que habremos cocinado previamente con su piel y su hueso en agua con sal. La habremos deshuesado, retirado la piel y picado en tiras gruesas. No en hilos. Queremos que se sienta el pollo. Echamos ahora ½ taza del caldo de pollo donde cocimos la pechuga, pero esta cantidad es solo referencial. Hay que ir dándole el punto de espesor uno mismo. Dejamos cocer unos minutos y echamos otro chorro de leche evaporada. Añadimos sal, pimienta blanca molida y, finalmente, 1 cucharada de pecanas molidas y otra de queso parmesano rallado (estos 2 últimos ingredientes son opcionales).

En un plato colocamos unas papas blancas o amarillas en rodajas, cubrimos con el ají de gallina y este lo culminamos con más pecanas y queso parmesano por encima. Se coloca ½ huevo duro por persona y su aceituna morada. Listo.

2 La versión original

La receta original se hacía con gallina, para lo cual usábamos toda la gallina, de preferencia de corral, no muy grande y no muy mayor ni muy trajinada. Viuda joven sería lo ideal. Se cocina la gallina hasta que la carne esté suave. Y se procede como en el ají de gallina, solo que usaremos tanto piernas como pechugas y su sustancioso caldo.

SUS VERSIONES

3 Ají de camarones

Pelamos unos camarones de río medianos separando colas de cabezas y retirando el coral. Hacemos un caldo con esas cabezas. Seguimos la receta del ají de gallina tal cual, solo que añadimos el coral al aderezo, cambiamos el pollo por las colas de camarones y echamos el caldo de camarón en vez del caldo de pollo. También puede ser con langostinos.

4 Ají de conejo

Esta es una receta muy especial para los amantes de la cocina. Cogemos un conejo entero, lo trozamos y lo cocinamos en agua con sal. Deshuesamos todo el animal con mucho cuidado de no dejar huesitos. Lo picamos como el pollo en el ají de gallina y usamos su caldo como se indica en la receta. Continuamos con los mismos pasos que la versión inicial, solo que en este caso duplicaremos la cantidad de pecanas molidas que añadimos al final.

5 Ají de coliflor

Este no es un plato usual. Es una receta que nace a partir de estos tiempos en donde urge proponer en el hogar alternativas vegetarianas que equilibren la dieta semanal de la familia. Por lo demás, si la hace con cariño, saldrá muy, muy rica. Cortamos ½ coliflor (que sea grande) cruda en trozos del tamaño de un dedo. Los pasamos por agua hirviendo con sal e inmediatamente los pasamos por agua fría para que no se recocinen. Seguimos la receta del ají de gallina tal cual está, solo que, en lugar de echar el pollo, echamos la coliflor. La dejamos cocer unos minutos más, hasta que veamos que ha absorbido o se ha impregnado bien de la salsa. El último cambio consiste en añadir por encima unas almendras fileteadas y tostadas, en vez de las pecanas.

6 Ají de pavita

Es exactamente igual al ají de gallina, pero con pechuga de pavita. En este caso recomiendo hacer un caldo de pollo (Ver: El cariño / Del cubo al caldo, p. 181) para reforzar el sabor del guiso.

SECO DE RES A LA LIMEÑA

S i hay algo que no puede suceder en este clásico guiso limeño es que quede, justamente, seco. Por el contrario, la carne debe estar jugosa y tierna, y el jugo de guiso resultante debe ser abundante, intenso y muy sabroso. Perfecto para acompañar a ese frejol y ese arroz con el que suele servirse.

1 Seco de res

Manos a la obra. Lo primero es elegir el trozo de carne ideal. Puede ser punta de pecho, osobuco, cogote, cola de vaca, carrilleras, asado de tira, costilla o falda. Calculamos 1 kilo de carne sin hueso o 1 kilo y 1½ kilos si es de carne con hueso. Cortamos en trozos grandes y doramos en una olla con un chorrito de aceite. Retiramos los trozos y reservamos.

En la misma olla hacemos un aderezo con 2 cebollas rojas picadas muy finas que sudamos 5 minutos. Añadimos 1 cucharada de ajo molido y sudamos 2 minutos. Echamos ½ taza de ají amarillo licuado y ½ taza de ají mirasol licuado. Sudamos 5 minutos más y completamos con 1 vaso de chicha de jora. Si no consiguen, lo sustituyen por cerveza rubia.

Echamos 1 taza de culantro licuado y dejamos que rompa a hervir. Ponemos sal, pimienta y comino en polvo al gusto. Regresamos la carne, cubrimos con agua y tapamos, dejando cocer el guiso a fuego lento hasta que la carne esté suave. Es decir, que se caiga del hueso si tiene hueso o se corte con cuchara si no tiene hueso. Dependiendo de la carne, este paso puede tomar 30 minutos o 2 horas. Debemos ir mirando, sintiendo, oliendo, tocando, probando.

Cuando la carne esté en su punto, añadimos 1 taza de arvejas crudas, 2 zanahorias crudas cortadas en rodajas gruesas y 4 papas amarillas o blancas grandes peladas y cortadas en dos.

Cuando las papas están cocidas, apagamos el fuego y dejamos que todo se asiente bien: carne, jugos y vegetales. Listo. Lo acompañamos con arroz blanco (Ver: La nostalgia / Mi querido arroz blanco, p. 131) o con frejoles (Ver: Los clásicos / El festival del frejol, p. 36). Si quiere pecar, con ambos, pero no lo haga siempre. La balanza se lo agradecerá.

SUS VARIANTES

2 Seco de cordero

Seguimos la misma receta del <u>seco de res</u>, solo que usaremos trozos de pierna o paleta de cordero cortados con su hueso. O, incluso mejor, de canilla o jarrete de cordero. Le añadimos al aderezo un ¼ de taza de loche rallado o de zapallo rallado con su cascarita.

3 Seco de pollo

El procedimiento es igual al <u>seco de res</u>, pero usaremos un pollo entero que cortaremos en 12 trozos y doraremos como en la receta original.

4 Seco de pato

Tal cual el <u>seco de pollo</u>, pero cortando un pato en 12 trozos. Aquí un cambio fundamental: reemplazamos el vaso de chicha por uno de jugo de naranja agria y el jugo de 1 limón. Si no consigue naranjas agrias o de Sevilla, use ½ vaso de jugo de naranja más el jugo de 2 limones. Añadimos también ¼ de taza de loche o zapallo rallado con su cáscara y, al final, cambiamos la papa por yucas cocidas y echamos unas rodajas de ají limo cuando lo dejemos asentar.

5 Seco de cabrito

En este caso los cambios son importantes. Lo primero que debemos hacer es elegir un par de kilos de cabrito tierno, cortado en trozos grandes con todo su hueso. Doraremos y retiraremos estos trozos tal como lo hacemos con el <u>seco de res</u>.

Lo segundo es no echar culantro licuado al aderezo, sino ½ taza de culantro picado, al cual añadimos ½ taza de loche rallado con su cáscara. Echamos la chicha, regresamos el cabrito, cubrimos con agua y cocemos unos 45 minutos a fuego lento o quizás más, según sea la ternura del cabrito.

Finalmente, debemos cambiar la zanahoria y la papa por rodajas gruesas de loche cocido, tiras de ají amarillo y yucas cocidas que añadimos al último, cuando el cabrito esté en su punto. Como toque final, una gota de jugo de limón.

6 Seco de chancho

Seguimos la misma receta del seco de pato, solo que usaremos panceta, costilla o bondiola de cerdo. Usaremos 1 kilo de bondiola o carne sin hueso y 1½ kilos de carne con hueso. Al final, reemplazamos las papas por camotes cocidos y pelados.

7 Seco de pescado

Igual que en el seco de carne, pero aquí no doraremos el pescado. Haremos el aderezo, echaremos la chicha, las verduras, dejaremos que coja punto y, cuando todo esté casi listo (papas, arvejas, zanahorias), echamos 4 trozos de filetes de pescado de 200 gramos o 4 trozos de pescado con hueso y piel de 300 gramos, o un pescado entero. En todos los casos, el plato se cocinará en pocos minutos. Los filetes requieren 5 minutos; con hueso, 8 minutos; entero, dependerá del tamaño.

Para esta receta valen todos los pescados siempre y cuando estén muy frescos. Al final, echaremos gotas de limón y rodajas de ají limo.

8 Seco de camarones

Seguimos la receta del seco de pescado, solo que sustituimos el pescado por 24 camarones enteros grandes que echaremos al final y terminamos con rodajas de ají limo y cebolla china picada finita.

9 Seco vegetariano

Usaremos nabos en rodajas gruesas de 3 dedos de grosor, zapallo o loche cortado también en rodajas gruesas (con su piel), papas partidas en dos, arvejas, zanahorias en rodajas y yucas cocidas. Luego de hacer el aderezo como en el seco de res echamos los zapallos o loches y cocemos cubriendo con ½ taza de chicha de jora, ½ taza de jugo de naranja y culantro licuado. Cuando rompa a hervir, añadimos papas, zanahorias, nabos y arvejas. Cuando esté cocido, echamos la yuca, ají limo en rodajas y gotas de limón.

EL FESTIVAL DEL FREJOL

C ada último viernes de los meses de otoño e invierno, mamá Teresa Iz- quierdo celebraba en su hermosa casa —El Rincón que no Conoces— su famoso festival del frejol. Después de todo, nadie conocía mejor que ella los secretos de las mil y un recetas de frejoles que la cocina casera limeña ha de- sarrollado a lo largo de siglos. Qué hermoso recuerdo el de aquella larga mesa llena de platos tan deliciosos como variados, hechos con la gran diversidad de frejoles con los que cuenta nuestra tierra. Sus famosos frejoles batidos; sus fre- joles escabechados (como los que hacía mi abuela); frejoles a la Casilda y hasta postres hechos con frejol. Bocado tras bocado, todo parecía como un sueño que nos transportaba a un pasado feliz, cuando la vida se guisaba a fuego lento. Hoy, su hija Elena Santos continúa celebrando dicha fiesta, cuidando con amor eterno el gran legado de sazón y humildad que nos dejó su grandiosa madre.

1 Frejoles básicos

Dejamos remojando la víspera ½ kilo de frejol canario, panamito o caballero, en abundante agua. Tiene que ser toda la noche. Colamos los frejoles, los llevamos a la olla y los cubrimos con agua. Cocemos todo con un buen trozo de papada de cerdo y una cebolla roja cortada en cuatro. Dejamos cocer a fuego lento mo- viendo de cuando en cuando, hasta que los frejoles estén suaves. Cuando esto ocurra, pueden coger —si gustan— un par de cucharones de frejol, licuarlos o triturarlos con un poco de su agua de cocción, y regresarlos a la olla. También pueden chancar los frejoles con una cuchara de palo o dejarlos cocinar más tiempo para que suelten solitos su almidón; usted elige.

Una vez hecho esto, se les da un hervor y se añade sal y pimienta blanca. Eventualmente pueden echar un chorrito de aceite de oliva, un trozo de mante- quilla, un trozo de manteca o, como gustaban en mi casa, unas gotitas de buen vinagre. Todo es cuestión de que encuentre su sazón favorita.

2 Frejolada especial

Seguimos la misma receta que los <u>frejoles básicos</u>, pero añadiremos a la cocción un trozo de costilla ahumada de cerdo y otro de colita ahumada de cerdo (ambas las venden en el mercado). Aparte, haremos un aderezo con manteca de cerdo, una cebolla roja picada finita y ajo molido al gusto. Echamos el aderezo al final, cuando los frejoles están en su punto.

3 Frejolada campeona

Es la misma receta que la <u>frejolada especial</u>, solo que agregaremos a mitad de cocción, unas patitas de chancho previamente cocidas, deshuesadas y picadas en trozos, así como un chorizo fresco cortado en rodajas. A último momento, añadimos una morcilla, también en rodajas. Damos un hervor y, finalmente, echamos un chorrito de buen vinagre que contrarreste la gelatina y la grasita de todos los elementos del cerdo.

4 Frejoles negros escabechados

Remojamos ½ kilo de frejoles negros —desde la víspera, igual que los <u>frejoles básicos</u>— y los cocemos de la misma forma que la <u>frejolada campeona</u>. Aparte, preparamos un saltado con 1 cebolla roja, 1 pimiento rojo y 1 ajo amarillo, todo cortado en tiras; añadimos 1 cucharada de ají amarillo licuado, un chorro de vinagre, tallos de cebolla china, hoja de laurel, pizca de orégano, sal, comino y pimienta. Este escabechado se lo echamos a los frejoles en la olla y damos un hervor.

LOS RICOS TACU TACUS

EL TANQUE

Diseñados para destruir, los tanques justifican su éxito en función de la muerte. Mientras más muertos y más daño causan, más valor alcanzan. Por ello no hay tanques buenos. Todos son malos. Salvo uno. El del restaurante El Piloto.

Lo descubrí por primera vez en un viaje familiar camino a Paracas. El viejo Dodge Coronet de dudoso color púrpura llevaba a la familia en pleno. Mis hermanas, detrás, escuchando a los Carpenters, a Donny Osmond o a Peter Frampton. Yo, adelante, entre mis padres, preocupado como siempre por dónde pararíamos a comer. Llegamos a Cañete y mi padre se detiene. «¡Vamos a almorzar!», dice en voz alta. Nos sentamos. Mis hermanas, distraídas pensando en los chicos que atormentaban sus corazones, piden con indiferencia. Una suprema de pollo, un chicharrón de calamar, un tiradito. Mi mamá, un pescadito a la menier. Mi papá, un lomo saltado. Estaba listo para ordenar cuando de pronto siento esas miradas de las cuales uno no puede escapar. Toda mi familia mirándome con ojo acusador. No. Otra vez no. Ni se te ocurra. Siempre haces lo mismo, gordito tragón. Siempre llegas, miras la carta y de frente te vas al plato más caro. Ni siquiera sabes qué es. Solo te guías por el precio y ya. Esta vez ni se te ocurra. Muy tarde. Justo cuando todos estaban a punto de decirlo en voz alta, mi voz se había pronunciado.

—Señor, a mí me trae un tanque.

—¿Seguro, niño? ¿Se lo va a acabar?

—Sí se lo va a acabar —gritaron al unísono mis hermanas—. Si no, lo matamos.

Y llegó el tanque. Al menos así decía en la carta. Y vaya que lo era.

Un delicioso tacu tacu cubierto de una sábana de lomo, con plátano frito montado sobre una tostada, con su huevo frito encima, su escabechado y alguna cosa más que hacía de este plato el más grande que yo jamás haya tenido al frente. Pero qué tanque más hermoso, pensé. Y empecé. Diseñé una estrategia que no podía fallar: el huevo, el plátano y el tacu tacu serían lo primero, lentamente. Dejé para el final la sábana que entraría fácilmente. De más está decir que el plato quedó limpio.

Vamos con nuestros tacu tacus. Empezaremos con la receta básica:

1 El tacu tacu

El tacu tacu debe hacerse con frejol canario guisado de ayer. También puede ser frejol pinto o negro, pallares guisados, lentejas o garbanzos. El arroz también se hace con arroz cocido el día anterior. Evidentemente, puede preparar su arroz blanco y su frejol especialmente el mismo día, pero la idea es que cada vez que cocine una menestra (un frejol con guiso y demás) al día siguiente lo convierta en un suculento tacu tacu.

Preparamos un aderezo con una taza de cebolla roja picada muy fina, una cucharada de ajo molido y ¼ de taza de ají amarillo licuado, todo a fuego muy lento. Probamos de sal y echamos una pizca de pimienta y comino. Este aderezo lo mezclamos con 4 tazas de arroz cocido, 2 tazas de frejol cocido licuado y 2 tazas de frejol chancado. Mezclamos bien y lo dividimos en cuatro. Un secretito es echar a esta mezcla un chorro del jugo del guiso que sobró del día anterior, pero es opcional. También es cierto que las proporciones son referenciales. Dependerá de cuan húmedo o seco esté su frejol cocido. En todo caso, la gran virtud de un tacu tacu está en su fragilidad. Es decir, cuanto más pesado y sólido sea, más seco y feo les quedará. Cuanto más frágil y desmoronado sea, más suave y rico quedará.

Echamos un chorrito de aceite en una sartén y doramos la mezcla a fuego lento hasta dejar cada porción crocante por fuera y cremosa por dentro. Al final, ya en el plato, echamos un buen chorro de aceite de oliva a cada tacu tacu.

SUS VARIANTES

2 El tanque o a lo pobre

Apanamos 4 bistecs de 200 gramos que pueden ser de cadera o de lomo, pero lo hacemos de la forma antigua: chancándolos bien, sazonando con sal, pimienta, ajo molido y comino; los pasamos solo por pan molido, sin harina ni huevo, aplastándolos hasta dejarlos como una sábana; finalmente, los doramos en una sartén con un chorro de aceite. Hacemos una <u>chorrillana clásica</u> saltando una cebolla, 2 tomates y un ají (todo en tiras) a la cual añadimos un chorro de vinagre y 2 cucharadas de ají panca licuado. Aparte, freímos con un chorrito de aceite 4 plátanos de la isla cortados en dos a lo largo. Freímos también 4 huevos dejando la yema cremosa. Hacemos una salsa criolla (Ver: La celebración / Más salsitas de sazón criolla, p. 273)

En el plato, colocamos un tacu tacu con un huevo encima y la salsa criolla. Al lado va el plátano, la salsa chorrillana y la sábana de bistec. A gozar.

3 Tacu tacu con churrasco a lo pobre

Es el mismo plato que al anterior, solo que aquí lo que hacemos es cocer 4 bifes de res con su hueso en la sartén. Retiramos y preparamos, en esa misma sartén, la salsa chorrillana clásica (tal cual aparece en la receta anterior). Cuando está lista regresamos los churrascos a terminar de cocerlos al gusto de cada uno. Armamos el plato con los churrascos cubiertos de la salsa chorrillana, el tacu tacu montado del huevo y la salsa criolla casera, y los plátanos al lado.

4 Tacu tacu con lomo saltado

Preparamos el tacu tacu según la receta básica. Aparte hacemos un lomo saltado (Ver: Los clásicos / Saltando en casa, p.42), solo que eliminamos las papas fritas y el arroz que lo suele acompañar. Servimos los tacu tacus y encima montamos el lomito saltado con todo su jugo.

5 Tacu tacu montado

Una versión mucho más sencilla y uno de mis favoritas. Se trata de hacer un tacu tacu y montarlo con 2 huevos fritos a su gusto, un plátano de la isla y una salsa chalaca (Ver: La celebración / Más salsitas de sazón criolla, p. 273) encima. Acompañamos con una cremita de ají o rocoto (Ver: La celebración / Los ajicitos hechos salsa, pp. 252 y 254) y listo.

6 Tacu tacu relleno

En una sartén echamos la mitad de nuestra mezcla de tacu tacu y cubrimos con el guiso de su preferencia: puede ser un seco, un estofado, un picante, un ají de carne, pollo, mariscos o pato, pero todo deshuesado y picado. Cubrimos con la otra mitad de la mezcla de tacu tacu. Doramos de un lado, damos la vuelta con la ayuda de un plato grande, y doramos del otro lado. Terminamos con un chorro de aceite de oliva.

7 Tacu tacu de pallares en salsa a lo macho

Hacemos un tacu tacu, pero cambiamos el frejol por pallar (Ver: Los clásicos / El pallar, p. 62) y seguimos la misma receta. Preparamos la receta del pescado a lo macho (Ver: Los clásicos / Pescado a lo macho, p. 74), solo que eliminaremos el pescado y dejaremos la salsa a lo macho de mariscos, con la cual bañaremos el tacu tacu.

8 Tacu tacu de pallares con camarones

Preparamos un aderezo con una cebolla roja picada fina, una cucharada de ajo molido, 1 taza de ají amarillo licuado, 2 cucharadas de coral de camarones, sal, pimienta, comino y orégano en polvo, el cual cocinamos por 10 minutos. Añadimos ½ taza de pan remojado y deshecho en un chorro de caldo de cabezas de camarón que hacemos con las cabezas de 24 camarones, las cuales doramos en una olla y cubrimos con agua para hervir por media hora. Dejamos cocer a fuego suave, moviendo bien el fondo de la sartén. Pasados 10 minutos agregamos 24 colas de camarones y un chorro de leche evaporada, y damos el punto de la salsa parecido al del ají de gallina (Ver: Los clásicos / Del ají de gallina y sus amigos, p. 31). Cubrimos el tacu tacu de pallares con el ají de camarones.

9 Tacu tacu de lentejas con pescado frito

Puede ser entero o en filete. Sirven trucha, bonito, jurel, cabrilla y muchas opciones más. Se cambia el frejol por la lenteja (Ver: Los clásicos / Lunes de lentejas, p. 112) y se sigue la receta del tacu tacu. Añadimos un buen chorro de aceite de oliva al servirlo. Aparte, se fríe el pescado pasado por harina y sazonado con sal, pimienta y ajo molido. Hacemos una salsa criolla a la que se añaden apio picado, rábanos en rodajas, palta en dados grandes y ají amarillo licuado. Cubrimos el pescado con esta salsa.

<u>SALTANDO EN CASA</u>

N o todos tenemos un wok en casa. Y no todos tenemos ese fuego inmenso, que llega hasta el techo, y que garantiza ese toque ahumado tan necesario para que nuestro lomo saltado se parezca en algo al que solemos encontrar en los restaurantes.

Pero no se preocupe. La técnica adaptada al hogar es muy sencilla. Requiere de tres condiciones. La primera es una sartén de fondo delgado, que permita que la temperatura se eleve con facilidad. La segunda es tener todos los ingredientes listos de manera que el fuego no nos gane. Y la última es que el saltado lo hagamos poquito a poco, de dos en dos porciones como máximo. Así mantenemos siempre el fuego alto para saltar y no dejamos que se convierta en un fuego para guisar.

Vamos con la receta.

1 Lomo saltado

Lo primero: los ingredientes listos para saltar

Cortamos 2 cebollas rojas grandes o 3 medianas en tiras gruesas, 4 tomates chicos o 2 grandes en tiras gruesas, sin pelar, 1 ají amarillo en tiras delgadas, 4 tallos de cebolla china (separando la parte blanca del tallo verde: la parte blanca la picamos en rodajitas; la parte verde, en pedazos grandes), 4 dientes de ajo, que primero hemos chancado y luego cortado finamente.

Necesitamos lomo fino de res en tiras gruesas. Más o menos del tamaño de su dedo gordo. Si su dedo gordo es un dedo gordo razonable, claro.

Arrancamos las hojas de 8 tallos de culantro. Tenemos listas 8 cucharadas de buen vinagre, tinto o blanco, mezcladas con 4 cucharadas de sillao y 1 cucharada de salsa de ostión. Esto último es opcional si se le quiere dar un toque más achifado. Si se quiere dar un toque bien criollo, puede eliminar el ostión, bajar el sillao a la mitad, y añadir más culantro y ají amarillo a la receta.

Siguiente paso: a saltar se ha dicho

Antes de empezar, nos aseguramos de que ya tenemos nuestro arroz blanco listo para acompañar y que todas nuestras papas ya están fritas y crocantitas (Ver: El cariño / Nuestra receta casera de papitas fritas crocantes, p. 196). Pero, sobre todo, nos aseguramos de que todos los comensales ya están en la mesa o listos para comer. El lomo saltado no puede esperar al comensal, el comensal debe esperar al lomo saltado. No le vaya a ocurrir lo que ocurría en la casa de mi infancia, en donde el lomo saltado nos esperaba en el horno ya servido en cuatro platos, tres horas después de haber sido preparado.

Una vez que todo está asegurado, echamos aceite vegetal en una sartén grande y delgada de fondo. Subimos el fuego al máximo y, cuando se empiece a botar un primer humo, solo el primero (no podemos dejar que se queme el aceite), entonces echamos la mitad de la carne previamente sazonada con sal y pimienta. Rápidamente hacemos un movimiento brusco mientras chisporrotea todo, y echamos una pizca de la mezcla de sillao y vinagre. Si tiene suerte, unas gotas salpicarán el fuego y una llama se encenderá haciéndole creer que se está flameando la carne. Si no pasa, no importa. Saldrá rico igual. Lo importante es que esto dure solo un minuto como máximo y que no permita que el sonido del fuego «chispoteando» baje, porque será señal de que no está saltando, sino hirviendo.

Empezamos de nuevo. Aceite, calentar al máximo la sartén, añadir el resto de la carne, una pizca de sillao y vinagre, raspamos el fondo de la sartén rápido y retiramos. Calentamos de nuevo y ahora echamos la mitad de la cebolla. Un minuto, la retiramos y la otra mitad. Retiramos y echamos la mitad del tomate, 2 minutos y retiramos nuevamente. Echamos la otra mitad, retiramos y listo. Hemos logrado un saborcito que ahora toca culminar y redondear uniéndolo todo.

Echamos ahora, otra vez, aceite y dejamos que caliente. Luego el ajo, la parte blanca de la cebolla china. Unos segundos y añadimos toda la carne con todo el jugo que ha soltado, toda la cebolla y el resto del sillao y vinagre. Luego echamos el tomate. Añadimos el ají amarillo y dejamos que todos los sabores se mezclen por un par de minutos. Añadimos la parte verde de la cebolla china y las hojas de culantro. Si queremos que salga picantito, añadimos una rodaja de rocoto o unas rodajas de ají limo, chancamos un poquito algunos tomates para que boten más jugo y equilibren la acidez. A continuación, probamos cómo está de sal el juguito, y listo.

Si gustamos a la antigua, mezclamos la mitad de las papas fritas a último momento o las acomodamos encima. Servimos el arroz aparte. El lomo saltado se presenta en platos hondos individuales, se sirve en una fuente o incluso en la misma sartén. Opcionalmente podemos montar cuatro huevos fritos para ir jugando con la carne, las papas y el juguito. Pero, claro, esto es solo apto para golosos.

SUS VARIANTES

2 Pollo saltado

Si usted es de aquellos seguidores fieles y eternamente leales a las virtudes dietéticas de la pechuga, entonces esta receta no es la suya y no me haga caso. Haga todo igual, solo que con pechuga. Si además es de aquellos que se horroriza ante la presencia de un hueso y no encuentra ningún placer en aquello de chuparlo, sino más bien lo encuentra obsceno y poco elegante, entonces haga lo mismo. Dele a la pechuguita. Si, por el contrario, es usted amante de los placeres que aportan el jugo, la grasita y el hueso chupado, entonces siga esta receta al pie de la letra.

Sustituya en la receta anterior solo el lomo por trozos de pierna de pollo con hueso o de alitas de pollo. Si son piernas, estas deben ser cortada en 6 pedazos: 3 del muslo y 3 del encuentro. Si son alitas, deben ser cortadas en 2. Se sazonan con sal, pimienta y ajo molido. Luego se fríen en abundante aceite durante 3 a 4 cuatro minutos, hasta dejarlas muy jugosas al interior. Se retiran, se escurren bien y listo.

Luego, se sigue la misma receta que el lomo saltado. Es decir, se empieza saltando los trozos dorados de pollo rápidamente, se echa una pizca de sillao, se retira rápido, se empieza nuevamente con el resto del pollo, se retira, se agrega la cebolla, el tomate, y así seguir la misma ruta hasta el final.

Si es pechuguero, evite freírla previamente. Siga tal cual la receta del lomo saltado. Solo reduzca el tiempo a 30 segundos para el saltado de la pechuga. Échela solo al final, junto con la cebolla china y el culantro. Para que no se le seque, digo.

3 Coliflor saltada

Es una variante deliciosa, ideal para buscar ese equilibrio que debe haber en todos los hogares, para tener una dieta deliciosa, amigable, sostenible y saludable durante la semana. Una vez carne; otras, pescado; otras, verduras; otras, pollo, y así.

En este caso, seguimos la receta de lomo saltado y lo único que variamos es el lomo por la coliflor. Cortamos en trozos del mismo tamaño que la carne y los freímos rápidamente en aceite, solo unos segundos, para que la parte exterior de la coliflor gane en textura y resista luego todo el proceso del saltado. Si la cocina algunos segundos en agua, en vez de ayudar al saltado puede hacer que su coliflor se desmorone en el proceso.

Frita la coliflor, estamos listos para el mismo procedimiento. La echamos en la sartén humeante con sillao, vinagre, cebollas, tomates, y así hasta el final.

4 Hígado saltado

Odiado por los niños que huyen despavoridos ante solo escuchar su voz, amado por adultos que al comerlo con nostalgia recuerdan con no poca vergüenza que esos niños eran ellos. El hígado es uno de los productos más incomprendidos de la buena cocina familiar. Tremenda injusticia para un producto que bien tratado y, sobre todo, bien escogido puede depararnos las más hermosas memorias culinarias.

Buscamos un hígado que provenga de una res joven. Con él seguimos la receta del lomo saltado haciendo tres cambios. Cortar el hígado en trozos, un poco más delgados. Sazonarlos con sal, pimienta, comino y ajo molido. Y, finalmente, reducir a la mitad el tiempo del saltado que se usa para la carne. Después, prosiga con el resto de las indicaciones.

5 Saltado macho

En esta receta, solo apta para espíritus valientes, el lomo saltado da paso a 3 ingredientes controversiales: corazones de pollo, mollejitas de pollo y riñoncitos de res (con la condición de que estos riñones provengan de novillo joven, educado y sobre todo abstemio). La receta lleva algunos cambios. Cocinamos previamente las mollejas en agua hasta que queden suaves. Cortamos los riñones en rodajas gruesas y los remojamos en un toque de vinagre, ajo molido y sal por unos minutos.

Estamos listos. Primero saltamos riñones y mollejas, poco a poco, como siempre. Luego las mollejas, lentamente. Añadimos cebollas, tomates y luego todo junto. Al final, esta receta agradece algunos ingredientes adicionales. Una pizca de comino, ají limo picado, un puñado de perejil picadito y, por último, un trocito de mantequilla para aterciopelar esos jugos rebeldes.

HUEVOS FRITOS

L o he dicho mil veces. Mi plato favorito es el huevo frito con arroz. Pero no es cualquier huevo ni cualquier arroz. Son huevos de corral fritos en aceite de oliva. Es arroz blanco en su punto de ajo recién hecho. Y, a partir de ahí, el placer máximo. La yema tibia envolviéndose con la clara crocante y el arroz humeante. Sin palabras.

El asunto es que hay muchas formas de hacer huevos fritos y todas son válidas según la preparación que se les quiera dar. Aquí compartimos varios caminos y varias combinaciones.

1 Huevos fritos a la antigua

Se calienta abundante aceite. Cuando está bien, bien caliente, se revientan 4 huevos que deben bailar en el aceite. Inmediatamente y con un cucharón vamos bañando los huevos con el aceite hirviendo, de manera que toda la clara envuelva las yemas, dorándose rápidamente y encerrando la yema. Retiramos, escurrimos bien, echamos sal y listo. Estos huevos son ideales para reventarlos sobre unas papas fritas o unas papas al hilo. También son perfectos para ponerlos sobre un pan frito o una tostada con unas rodajas de tomate y palta.

2 Huevos fritos caseros

Ponemos en una sartén un chorro de aceite vegetal o de oliva. Calentamos y reventamos 4 huevos que freiremos inclinando la sartén, de manera que podamos echar un poco de aceite encima de la clara. Dejamos que el borde de la clara se dore y se ponga ligeramente crujiente, y los retiramos con la yema cruda aún. Estos huevos son perfectos para acompañar el arroz solo o con puré de papa (Ver: La celebración / Un asado a la olla musical, p. 257).

3 Huevos fritos a la francesa

En una sartén se echan 2 buenas cucharadas de mantequilla, se calientan y se añaden 4 huevos que cocinaremos sin dejar que la mantequilla se queme. La clara debe quedar blanca y la yema aún tibia y liquida. Echamos un poco de pimienta de molino, sal y listo.

4 Huevos fritos vuelta y vuelta

Echamos un chorro de aceite de oliva y 2 cucharadas de mantequilla. Calentamos y reventamos 4 huevos que dejamos cuajar. Les damos la vuelta, encerrando por ambos lados la yema. Agregamos sal y pimienta y están listos para comerlos en un pan, tostada o en un sándwich triple o mixto completo.

5 Huevos fritos a la rabona

Hacemos 4 tostadas de pan. Sobre ellas colocamos una hoja de lechuga americana y, encima, un huevo como el de los huevos fritos a la antigua. Lo coronamos con una salsa chalaca (Ver: La celebración / Más salsitas de sazón criolla, p. 273) a la que antes habremos añadido ½ pimiento rojo y 1 ají amarillo picado, y sudado como un aderezo por 5 minutos.

6 Huevos fritos de mi infancia

Hacemos un puré cocinando a fuego lento. Primero, cocemos y trituramos 2 papas amarillas. Aparte, sudamos 1 cebolla roja picada con 1 atado de espinaca. Luego licuamos, colamos y añadimos 2 cucharadas de mantequilla, un buen chorro de leche evaporada, sal, pimienta y nuez moscada al gusto. Mezclamos con la papa. Doramos 2 salchichas de Huacho cortadas en 4 trozos cada una. Hacemos 8 huevos fritos caseros. Servimos el puré montado con 2 huevos por persona y 2 trozos de salchicha.

7 Huevos fritos de estudiante

Preparamos 8 huevos fritos caseros. Aparte, freímos 4 papas blancas al estilo de las papas batalla (Ver: El cariño / Nuestra receta casera de papitas fritas crocantes, p. 196). Doramos una taza de tocino picado en daditos. Mezclamos las papas con la mitad del tocino y la mitad de los huevos. Encima, montamos los otros 4 huevos y terminamos con el resto del tocino.

8 Huevos fritos mal llamados «a la cubana»

Lo digo así porque en Cuba este plato no existe. Hacemos 8 huevos fritos caseros, que acompañamos con arroz blanco, plátanos de la isla fritos y salsa criolla clásica (Ver: La celebración / Más salsitas de sazón criolla, p. 273).

9 Huevos montados criollos

Estos son <u>huevos fritos caseros</u> que luego montamos sobre un <u>tacu tacu</u> de frejol canario (Ver: Los clásicos / Los ricos tacu tacus, p. 38). Cubrimos los huevos con 2 plátanos de la isla fritos y, encima, <u>salsa criolla</u>.

10 Huevos con calentado

Recuperamos cualquier guiso de ayer, con arroz de ayer, con menestra de ayer. Picamos todo y mezclamos con un aderezo de ajo, cebolla y ají. Lo saltamos rápidamente en la sartén y lo montamos en el plato con 4 <u>huevos fritos caseros</u>.

11 Huevos con jugo

Se nos acabó la carne del guiso de ayer, pero nos quedó salsa, arroz y menestra. Servimos en el plato arroz blanco con la menestra al lado, y montamos con 2 <u>huevos fritos caseros</u>. Bañamos con el jugo del guiso y cubrimos con <u>salsa criolla</u>.

LA RICA QUINUA

A finales de los años noventa, cuando en nuestra cocina todavía habitaban los sabores franceses, a unos metros de distancia de mi primer restaurante (Astrid & Gastón) un cocinero batallaba desde hacía tiempo para hacer que los productos y sabores del Perú brillasen en lo más alto. Mientras unos buscábamos con desesperación el hígado de ganso, el queso roquefort, la trufa y la pimienta verde francesa, don Cucho La Rosa guisaba con orgullo, en el corazón de Miraflores, el cuy, el queso paria, los hongos de Porcón, la pimienta molle del Perú y la rica quinua de Puno. Él fue el maestro y mentor que agitó nuestros corazones, rompiendo el hechizo de amor por las cocinas foráneas para sembrar —para siempre— la semilla del orgullo y el deber por lo nuestro. Estas ricas y sencillas recetas de quinua van dedicadas a él.

• **Quinua cocida**

Lo primero que debemos hacer es aprender a cocinar la quinua correctamente. Se lava varias veces en agua fría, frotándola bien hasta que el agua salga transparente. Debemos cambiar el agua varias veces hasta lograrlo. Se cocina en abundante agua, hirviéndola por unos 10 minutos. No la boten: sirve para hacer ricos refrescos de quinua. Una vez lista la quinua, podemos hacer ensaladas, chaufas y guisos al toque.

1 Una quinua atamalada

En una olla, doramos 400 gramos de carne de cerdo, de preferencia panceta, cortada en dados gruesos. Retiramos y hacemos un aderezo de 1 cucharada de ajo molido, 1 cebolla roja picada, ¼ de taza de ají amarillo licuado y ¼ de taza de ají panca licuado. Regresamos la carne, sazonamos con sal, pimienta, comino, culantro, hierbabuena y huacatay. Echamos 4 tazas de quinua cocida, un chorro de chicha de jora, 1 taza de caldo o agua, dejamos cocer unos minutos y echamos dos papas blancas en dados. Dejamos que cocinen, que coja punto el guiso y, al final, más hierbabuena picada y rocoto picado al gusto. Listo.

2 Un picante de quinua

Hacemos un aderezo en una olla con 1 taza de cebolla roja picada finita, 1 cucharada de ajo molido y 1 taza de ají amarillo licuado. Dejamos cocer por 10 minutos a fuego lento. Añadimos 1 taza de habas peladas, 2 de zapallo picado y una papa amarilla picada en dados. Dejamos cocer por 5 minutos a fuego tapado. Añadimos ahora 3 tazas de quinua cocida y un buen chorro de leche evaporada. Una vez que hierva echamos sal, pimienta, ½ taza de huacatay picado y 1 taza de queso fresco rallado. Otro hervor, una probadita de sal y listo el picante de quinua.

3 Un quinotto de hongos

Este plato es en realidad una quinua en punto de *risotto*. Hacemos un aderezo con 1 cucharada de ajo molido y 1 taza de cebolla roja picada muy fina. Añadimos ¼ de taza de ají amarillo licuado y 1 cucharada de ají panca licuado. Cocemos unos minutos y agregamos 4 tazas de quinua cocida. Echamos un chorro de vino blanco. Dejamos cocer y añadimos un poco de caldo de verduras, damos un hervor e incorporamos 1 taza de hongos frescos picados (champiñones, setas, los que tengan). Añadimos ahora un puñado de queso andino rallado, otro de parmesano rallado, un buen trozo de mantequilla, un chorro de aceite de oliva y un puñado de perejil picado. Mezclamos bien para darle punto de *risotto*, y listo.

4 Un chaufa de quinua

En una sartén echamos un chorro de aceite junto a ¼ de taza de cebolla china (la parte blanca) picada, 1 cucharada de kion rallado y 1 cucharada de ajo molido. Cocemos y añadimos ¼ de taza de pimiento rojo picado, 1 taza de picadillo de embutidos de cerdo combinado (lo venden en los supermercados: lleva jamón, jamonada, tocino y salchicha). Pueden cambiarlo por 1 taza de pechuga de pollo en dados o 1 taza de colas de langostinos peladas. Saltamos y añadimos 4 tazas de quinua cocida, un chorro de aceite de ajonjolí, otro de sillao, 1 cucharada de salsa de ostión, sal, pimienta y una pizca de azúcar. Saltamos a fuego fuerte y añadimos 1 tortilla de 4 huevos picada y una taza de cebolla china picada. Seguimos saltando y listo.

5 Una ensalada de quinua

En un bol echamos 4 tazas de quinua cocida, 1 taza de garbanzos cocidos, ½ taza de cebolla blanca picada, ½ taza de pimientos crudos picados, 1 palta picada, ½ pepino picado, perejil, culantro y hierbabuena picados al gusto. Le añadimos un chorrito de buen vinagre, gotas de limón, aceite de oliva, sal, pimienta y, si gusta, un poquito de rocoto picado.

6 Hamburguesa de quinua *con truco para los niños que no quieren comer quinua*

—Mamá, te anuncio que no voy a comer quinua nunca en mi vida.

—Hijito, tienes que comerla, la quinua es buenísima para tu cuerpo. Tiene un montón de vitaminas y proteínas que te harán mucho bien.

—Ay, mamá, eso es para tíos. No me gusta y no pienso comerla. Yo quiero una hamburguesa.

—Ah, ¿quieres una hamburguesa? Ya. Yo te voy a preparar tu hamburguesa, niñito engreído. Ya vuelvo.

En una sartén, con un poquito de aceite de oliva, sudamos a fuego lento 1 taza de cebolla blanca cortada muy, muy finita, con 1 cucharadita de ajo molido. Añadimos 2 tazas de quinua cocida, pero que sea bien cocida (o, como decimos en la cocina: atamalada). Echamos la mezcla un chorro del caldo de cocción de la quinua. Mezclamos y agregamos 1 taza de brócoli cocido (con tallo, hojas y todo, y luego picado bien chiquito) y un chorro del caldo de cocción del brócoli. Espesamos bien y añadimos perejil picado. Listo.

Sazonamos con sal, pimienta y una pizca de comino, y dejamos enfriar. Una vez fría, cogemos un puñado de la mezcla y la expandimos sobre la palma de la mano. Encima, colocamos 1 cucharada de queso andino mantecoso rallado. En realidad, puede usar su queso favorito para derretir: *mozzarella*, *gruyère*, *gouda* o *cheddar*; el que guste. Cogemos otro puñado de la mezcla y cubrimos el queso. Le damos forma de hamburguesa, la pasamos por harina, luego por huevo batido y finalmente por pan rallado.

Cortamos unas lechugas, unos tomates en rodajas, preparamos mayonesa y ajicitos caseros, y hacemos una salsa criolla a la que le ponemos cebolla, rabanito y pepino (todo cortado en juliana) y hojas de culantro. La aliñamos con sal, pimienta, vinagre y una pizca de azúcar. Doramos nuestras hamburguesas de quinua y brócoli en una sartén y montamos la hamburguesa en un pan. Echamos la mayonesa, si quieren alguna salsa barbacoa, lechuga, tomate, la hamburguesa, cebolla frita, la salsa criolla, más mayonesa y volvemos a tapar el pan. Provecho.

—Mamá, qué rica esta hamburguesa, parece de restaurante.

—Sí, hijito. Si quieres, te la preparo todos los días.

—Yeeeee, mami. ¿Y cómo se llama esta hamburguesa?

—Quinua *burger*, hijito.

—¡Mamaaaaaaaá!

OLLUQUITO

A maba el olluquito de mi casa. No llevaba ni charqui ni chalona, como lo suelo guisar hoy, sino carne picada y algo de papa blanca. Pero lo amaba. Amaba su juguito mezclándose con el arroz recién hecho. Amaba echarle ají licuado encima para que pique siempre rico. Con el tiempo descubrí que el olluquito tenía diversas interpretaciones según el hogar que lo acogía. Lo probé con pollo, con camarones, con cerdo, sin carne alguna, con papa o sin papa. Pero, al final, ese saborcito con su punto de ají panca y perejil siempre terminaba siendo el mismo, siempre estaba allí, para hacernos viajar al aroma a guiso de las tardes de infancia. Empecemos.

1 Olluquito casero

Hacemos un aderezo con un chorro de aceite, 1 cebolla roja picada muy fina, 1 cucharada de ajo molido y cocemos unos 10 minutos. Añadimos ¼ de taza de ají panca licuado, sal, pimienta, una pizca de comino, una pizca de orégano en polvo y cocemos 10 minutos más. Mientras, picamos 200 gramos de carne de bistec de res en tiras delgadas, que echamos al aderezo. Cocemos un minuto y añadimos 4 tazas de olluco cortado en juliana gruesa. Damos un hervor, añadimos 1 taza de papa blanca cortada un poco más gruesa que como cortamos el olluco, 1 rama de perejil, 1 rodaja de rocoto, 1 rama de hierbabuena y tapamos.

Dejamos que se cocine el olluco y el juguito coja cuerpo. Añadimos un poco más de perejil picado y listo. Acompañamos con arroz.

SUS VARIANTES

2 Olluquito antiguo

En una sartén tostamos 200 gramos de charqui (que es carne seca y salada de res o de alpaca) y 50 gramos de chalona (que es carne seca y salada de cordero). Ambos los venden en el mercado. Luego le damos un hervor en agua y retiramos. Cambiamos agua y volvemos a darle hervor 2 veces más. Esto para domar sus sabores salados. Luego procedemos de la misma forma que el olluquito casero, solo cambiando carne por charqui y chalona.

3 Olluquito con chancho

Picamos 200 gramos de panceta de chancho en dados y luego en tiras chiquitas. Doramos suavemente junto a 100 gramos de tocino, cortados de la misma
forma. Echamos panceta y tocino en el mismo momento en el que echamos la
carne en la receta del olluquito casero.

4 Olluquito con camarones

Seguimos la receta del olluquito casero pero sin la carne. En el aderezo añadimos 1 cucharada del coral de las cabezas de los camarones y echamos 32
colas de camarones, pero solo al final, cuando falte un minuto para que el
olluco esté cocido.

5 Olluquito con pato

Esta es una receta festiva. Lo que hacemos es guisar un pato troceado en un
aderezo hecho con una cucharada de ajo molido, 2 cebollas picadas finitas, ¼
de taza de ají panca, ají limo, culantro al gusto, sal, pimienta, gotas de naranja
agria o limón, comino y perejil. Lo cubrimos de agua y dejamos que se cocine
hasta que su carne se caiga del hueso. Deshuesamos, trozamos en tiras y regresamos la carne a la salsa. Hervimos dejando que absorba el jugo y listo.

En otra olla, hacemos un aderezo como el del olluquito casero. Echamos la
misma cantidad de olluco de dicha receta, la carne de pato, sal, pimienta, comino y tapamos. Una movidita de cuando en cuando y, al final, bastante perejil
picado. Unas rodajas de ají limo para que pique, y estará listo.

6 Olluquito sin carne

La receta es muy sencilla. A la preparación del olluquito casero simplemente
evitan echarle la carne al guiso. Solo le añaden 2 cucharadas de ají amarillo
al aderezo.

LA PATITA CON MANÍ

L a patita con maní es una de esas preparaciones de nuestra cocina que habla de la esperanza y de la oportunidad frente a la adversidad. Es una receta llegada desde el antiguo repertorio culinario limeño que guarda el recuerdo de aquellos tiempos en los que, día tras día, peruanos eran maltratados y esclavizados por otros peruanos que se creían superiores a ellos. Peruanos oprimidos que debían ingeniárselas para encontrar, dentro de sus carencias, una ventana de alegría. Y así, buscando entre restos y cenizas, hallaban en aquello que otros desechaban la oportunidad de hacer un plato sabroso que llenara no solo sus estómagos, sino también su alma.

El resultado es toda esa serie de guisos criollos que hoy colman de alegría los almuerzos en todos los hogares de la patria. Guisos como esta noble cazuela donde se guisa una pata con todo lo que otros no vieron ni valoraron. Pura gelatina llena de amor. Aquí les va la receta clásica, en dos versiones.

1 La patita con maní sencilla

Compramos 1 kilo de pata de res precocida y picada, que venden lista en los mercados. Se hace un aderezo con 2 tazas de cebolla roja y 2 cucharadas de ajo molido. Cocinamos por 10 minutos y agregamos 1 taza de ají panca molido, una pizca de orégano en polvo y otra de hierbabuena picada. Cocinamos por 10 minutos más. Luego agregamos 4 cucharadas de maní tostado y molido, y dejamos cocer por otros 5 minutos. Añadimos sal, pimienta, comino, la pata picada y agua o caldo (de pata) que cubra ligeramente la preparación. Dejamos guisar hasta que la patita esté muy suave y el juguito empiece a tomar buen cuerpo.

Incorporamos 2 tazas de papa blanca picada en dados (del tamaño de los dados de la patita) y 2 buenas cucharadas de maní molido tostado adicionales. Dejamos cocinar las papas y añadimos una rodajita de rocoto para darle un picor rico, una ramita de hierbabuena para un último hervor y listo.

2 La patita con maní laboriosa

Esta receta nos demandará ir al mercado y tener paciencia, pero si es amante de los guisos pura gelatina, le va a encantar. No es la deliciosa patita con maní que muchos hacemos en casa. Es una antigua receta de guisos, una receta para darse un tiempo.

Colocamos en una bandeja ½ kilo de pata de res, ½ kilo de patita de chancho, 200 gramos de oreja de chancho, 100 gramos de papada de chancho y 100 gramos de morros de cerdo. Dejamos remojar todo durante 2 horas en una salmuera hecha con 4 litros de agua, ¼ de taza de sal y una pizca de azúcar.

Escurrimos y cocinamos todos los cortes en agua con 2 hojas de laurel, hasta que estén suaves. Esto tomará entre 2 a 3 horas. Probamos la suavidad de cada corte y los vamos retirando a medida que estén listos. Deshuesamos las patas y cortamos sus carnes y el resto de carnes en trozos y reservamos el caldo.

Hacemos un aderezo con 2 cucharadas de ajos molidos y 2 tazas de cebolla roja picada, que cocinamos por 10 minutos. Agregamos una taza de ají panca molido, orégano, hierbabuena al gusto y cocinamos por 10 minutos más. Luego, añadimos 2 cucharadas de maní molido y seguimos dorando por otros 8 minutos. Condimentamos con sal, pimienta y comino, y echamos las carnes cortadas con un chorro de caldo de la cocción (que cubra la preparación) y dejamos cocinar por 20 minutos, aproximadamente.

Luego, agregamos 2 papas blancas picadas y 2 buenas cucharadas de maní molido otra vez. Seguimos cocinando todo a fuego medio, probamos la sazón y añadimos una salchicha de Huacho y una morcilla o relleno, ambos cortados. Dejamos reposar 10 minutos y servimos con mote sancochado y cancha.

SUS VARIANTES

3 Pollo en punto de maní

Cortamos un pollo en 8 trozos, los sazonamos con sal y pimienta, y doramos las presas en una sartén. Las retiramos y hacemos el mismo aderezo de la patita con maní sencilla. Regresamos las presas cuando el aderezo esté listo; echamos caldo de pollo (Ver: El cariño / Del cubo al caldo, p. 181) y dejamos cocer a fuego lento. Al final, añadimos 2 cucharadas más de maní molido, 1 rodaja de rocoto y 1 rama de hierbabuena. Se sirve con papas cocidas cortadas en dos y arroz blanco.

4 Pato en punto de maní

Troceamos un pato en 8 porciones y las dejamos macerar toda la mañana en un chorro de chicha, otro de vinagre, 1 taza de ají panca licuado, 1 taza de ají mirasol licuado y 1 hoja de laurel. Doramos las presas, las retiramos y, en la misma olla, preparamos un aderezo con 1 taza de cebolla roja picada, 1 cucharada de ajo molido y el macerado del pato.

Echamos ½ taza de maní molido tostado, regresamos las presas, las cubrimos con agua y las cocemos hasta que estén tiernas. Añadimos 2 cucharadas más de maní tostado, 1 rodaja de rocoto, 1 rama de hierbabuena y damos un último hervor. Acompañamos con yuca sancochada y arroz blanco. Este guiso también puede hacerse con conejo, siguiendo la misma preparación.

5 Chanchito en punto de maní

Reemplazamos la patita por panceta de cerdo, que cortamos en cubos, sazonamos con sal, doramos y retiramos. Preparamos un aderezo igual al de la receta de la patita con maní sencilla, regresamos la panceta y seguimos la receta igual, hasta el final.

6 Pescado en punto de maní

Seguimos la receta de la patita con maní sencilla, solo que en vez de patita colocamos 4 trozos de mero o cualquier otro pescado gelatinoso, con su hueso y su piel. Cuando esté listo el aderezo, echamos un poco de caldito suave para pescado (Ver: El cariño / Del cubo al caldo, p. 182), las papas blancas cocidas cortadas en dos, la rodaja de rocoto y la rama de hierbabuena. Dejamos que la salsa espese. Si no espesa antes que el pescado esté en su punto, lo retiramos y dejamos que la salsa espese con más maní. Se echan gotas de limón y se regresan los trozos de pescado hasta que estén listos.

7 Coliflor en punto de maní

Una receta ideal para vegetarianos. Cocinamos una coliflor entera en leche: al dente, entera, sumergida en leche. Hacemos un aderezo de patita con maní sencilla, pero sin patita. Se añade la coliflor cortada en cuatro, se cubre con un poco de su leche de cocción, se añade más maní molido, y se deja cocer hasta espesar rápidamente. Al final, agregamos 1 rodaja de rocoto, 1 rama de hierbabuena y un poco de limón. Dejamos reposar un minuto.

CAU CAU

R ecuerdo que mi primer encuentro con el cau cau fue como el primer encuentro que uno tiene con esos amigos que terminan siéndolo para toda la vida: al comienzo, lo odié. Odiaba ese olor que de pronto recorría toda la casa, mientras el mondongo se iba ablandando. No olía ni a chupe de camarones ni a arroz con choclo —olores que me enternecen hasta hoy—; no, olía a mondongo. Tampoco ayudó la textura que le daban en casa: claramente le faltaba una buena hora de cocción para no ser acusado de chicloso. Poco a poco, sin embargo, el juguito mezclado con el arroz blanco fue doblegando mi alma. Hasta que finalmente acepté su amistad.

No sería hasta uno de los almuerzos criollos que mi padre organizaba para sus trabajadores cuando descubrí los verdaderos secretos de este guiso de manos de —nada más y nada menos— la gran cocinera Teresa Izquierdo. Aderezo con alma, mondongo desmoronado, papas en su punto, jardines de hierbabuena: eso era el cau cau de Teresita. Vamos con la receta.

1 Cau cau de mondongo

Empezamos cocinando en agua 1½ kilos de mondongo largo rato, hasta que uno pueda cortarlo con las manos. Luego, hacemos un hermoso aderezo con 1 cucharada de ajo molido, 1 taza de cebolla roja picada, 1 taza de ají amarillo licuado, sal, pimienta blanca, comino y palillo al gusto. Dejamos que el aroma de este aderezo impregne toda la casa durante 15 minutos y le echamos el mondongo picado, con 1 taza de su caldo de cocción. Dejamos cocinar unos minutos más para que se mezclen bien aderezo y mondongo, y echamos 2 papas blancas grandes (o 4 medianas) cortadas en dados, además de abundante hierbabuena recién picada. Cuando la papa esté cocida, probamos la sal y agregamos, al final, un par de cucharadas de ají amarillo crudo licuado y 1 rodaja de rocoto. Volvemos a añadir hierbabuena picada y dejamos entibiar un ratito para que todo se asiente. Servimos con su arrocito blanco (Ver: La nostalgia / Mi querido arroz blanco, p. 131) y ya.

SUS VARIANTES

2 Cau cau de choros

Cocinamos 4 docenas de choros en una olla tapada con un poquito de agua. Cuando se abran, retiramos los caparazones y quitamos pelos e impurezas. Guardamos el caldo. Luego, procedemos de la misma forma que el cau cau de mondongo.

Cambiamos el mondongo por los choros y el caldo de mondongo por el caldo de choros.

3 Cau cau de conchas

Seguimos la receta del cau cau de mondongo. Eliminamos el mondongo y cambiamos el caldo de mondongo por caldo de choros o caldo de verduras (Ver: El cariño / Del cubo al caldo, p. 183). Echamos 24 conchas de abanico crudas sin caparazón al último momento, cuando las papas estén listas.

4 Cau cau de pollo

Reemplazamos el mondongo por pechuga o filete de pierna sin piel de la receta inicial. Añadimos caldo de pollo (Ver: El cariño / Del cubo al caldo, p. 181) en lugar de mondongo y echamos el pollo junto con las papas. El resto es similar.

5 Cau cau de verduras

A la receta de cau cau de mondongo le cambiamos el mondongo por ½ taza de zanahoria, ½ taza de arvejas, ½ taza de vainitas, ½ taza de pallares tiernos y ½ taza de habas. Reemplazamos el caldo de mondongo por caldo de verduras (Ver: El cariño / Del cubo al caldo, p. 183) y dejamos cocer unos minutos antes de echar las papas. Seguimos con la preparación.

6 Cau cau de patitas

Un cau cau muy especial y poco habitual. Cocemos 4 patitas de cerdo en agua hasta que la carne se salga del hueso con las manos fácilmente. Deshuesamos, picamos en dados y seguimos los pasos del cau cau de mondongo, eliminando el mondongo y cambiando su caldo por caldo de patita.

7 Cau cau de valientes

Cocemos ½ kilo de morros y papada, junto a una patita y una oreja, todo de cerdo. Vamos retirando todas las carnes a medida que estén suaves y se puedan cortar con cuchara, y las picamos en trozos pequeños. Luego seguimos la receta del cau cau de mondongo, pero eliminamos el mondongo y cambiamos el caldo de mondongo por el caldo de estas carnes.

LA CARAPULCRA Y SU SOPA SECA

Siempre me entran dudas sobre si compartir o no mi receta de carapulcra, porque es la típica receta que, por estar presente de formas distintas en muchos pueblos del Perú, suele desatar inusitadas pasiones. Por ello me permito hacerlo de forma muy detallada para evitar encender exaltaciones regionales comprensibles.

Comí una carapulcra a la leña inolvidable en Huaral, según la receta huaralina. Probé una carapulcra al estilo sulcano en Lima y otra al estilo criollo —también limeño— de Teresita Izquierdo. Conocí una sorprendente carapulcra maleña con garbanzos y otra deliciosa en Cañete para luego volver a comerla en Chincha y descubrir, por primera vez, que allí la carapulcra no se hace con papa seca, sino con papa fresca. A su hermana traviesa, la sopa seca, la probé por vez primera en Lunahuaná. Luego la volví a ver en Surco, otra vez en Mala y otra en casa de Mamainé, nuevamente en Chincha.

¿Puedo decir que una es mejor que otra? ¿Cómo podría, si todas son diferentes, todas peruanas, todas deliciosas, preparadas por grandes cocineras y cocineros que las hicieron siendo fieles a sus recetas? Descubrí la receta de carapulcra que comparto aquí en un antiguo recetario de cocina limeña del siglo XIX. Lo que me llamó la atención fue el uso de las dos papas. ¿Será porque la autora tenía una abuela cañetana y otra chinchana?, pensé. ¿Será que, como nunca se pusieron de acuerdo, decidieron complacerse ambas usando las dos papitas? Es probable que así haya sido.

Porque la carapulcra es un plato de abuela, de madre, de hija, de familia, de terruño. Recetas y discusiones como estas al final nos dan la oportunidad para descubrir que no solo lo de uno es bello ni existe una única verdad. Más allá de nuestro horizonte, hay familias como las nuestras que celebran como propio y distinto aquello que nosotros pensábamos como propio e irremplazable. Esa es la grandeza de nuestro Perú y de toda América Latina, diversa, única y mágica.

¿Cómo hacer carapulcra con sopa seca en casa sin fracasar en el intento? Aquí les va.

• La carapulcra

La prepararemos con 2 papas: la seca (como la hacen en Cañete) y la fresca (como la hacen en Chincha). En una sartén tostamos ligeramente 2 tazas de papa seca y la dejamos remojando en agua tibia. Picamos un par de cebollas rojas muy finitas, que sudaremos a fuego lento con 1 cucharada de ajo molido. Luego, añadimos ½ taza de ají panca licuado y doramos bien. Añadimos ½ kilo de carne de panceta de cerdo cortada en trozos chicos, seguimos dorando y agregamos la papa seca con una pizca de clavo, otra de canela, anís, pimienta de chapa, sal, pimienta y comino. No le echaremos punto de chocolate, como hemos probado en otros lugares.

Seguimos dorando. Añadimos ahora 4 tazas de <u>caldo</u> hecho con huesitos de cerdo que compraremos y herviremos aparte en agua que los cubra, durante media hora. Cuando empieza a espesar, añadimos 1 taza de papa blanca picada en daditos, ½ taza de maní tostado y molido y dejamos que coja punto a fuego lento mientras agregamos 1 taza más de caldo. Si se seca, añadimos más caldo y así hasta que coja punto de guiso cremoso o, como decimos en casa, punto de manjar. La acompañamos con su prima traviesa: la sopa seca.

1 La sopa seca

En una cazuela doramos una cebolla picada finita con 2 cucharadas de ajo molido. Luego de 5 minutos añadimos ½ taza de ají panca licuado. Doramos a fuego lento por 15 minutos más. Añadimos achiote al gusto, sal, pimienta y comino. Agregamos también 1 taza de tomate picado finito, otra de albahaca molida, una hoja de laurel y un par de hongos secos. Se puede añadir un puntito de vino dulce, como lo hacen en algunos lugares.

Echamos ½ kilo de tallarines gruesos crudos, y mojamos todo con un par de tazas de un <u>supercaldo de cerdo</u> o <u>caldo de pollo</u> (Ver: El cariño / Del cubo al caldo, p. 181). Vamos cocinando y moviendo la cazuela, de manera que cuando el fideo chupe el caldo seguimos añadiendo más caldo, hasta que el fideo esté cocido y al dente. Terminamos con más albahaca y perejil picados. Servimos en una fuente la carapulcra con la sopa seca al lado y, aparte, su ajicito molido.

Las variantes son de sopa seca con carapulcra, que no es lo mismo que carapulcra con sopa seca, ya que el orden de los factores sí altera el producto cuando se trata de la cocina.

SUS VARIANTES

2 Sopa seca de camarones

Seguimos la receta de la sopa seca, solo que en el aderezo echamos 2 cucharadas de coral de camarones. Mojamos con caldo hecho con las cabezas de los camarones y echamos 36 colas de camarones, casi al final de la cocción. Acompañamos con carapulcra al lado.

3 Sopa seca de pato

Al aderezo de la sopa seca añadimos un pato troceado en 8 pedazos. Luego, mojamos con caldo de pollo y cocinamos a fuego suave hasta que el pato esté tierno. Recién en ese momento echamos los fideos y seguimos con la receta de sopa seca de la misma forma. Acompañamos con carapulcra.

4 Sopa seca de pollo o gallina

Igual que la sopa seca de pato, solo que echamos un pollo o gallina cortados en 12 trozos. Si usamos pollo, cortamos la cocción a la mitad, y la duplicamos en relación con la de pato si usamos gallina. Luego seguimos con la misma receta.

5 Sopa seca de pavita

Seguimos la receta de la sopa seca de pollo, solo que lo cambiamos por un kilo de pechuga de pavita cortada en trozos medianos, que doramos y cocemos un minuto antes de echar los fideos y seguir con la receta tal cual.

6 Sopa seca marinera

Igual que la sopa seca de camarones, solo que al final echamos ½ taza de calamares, una docena de conchas limpias, otra docena de langostinos y, finalmente, unos trozos de filete de pescado (del tipo de la chita) o un pescado de roca en dados.

EL PALLAR

C uenta la leyenda que, hace unos 5000 años, un dios vestido de blanco llamado Yan Pallek llenaba de amor los valles de Ica regándolos con sus semillas del pallar bendito. Este daba alimento y vida a sus pobladores. Todo era felicidad y paz hasta que un día Yan Pallek descubrió que sus campos habían sido poblados por otras menestras que, poco a poco, iban reemplazando a su hijo el pallar. Y así, decepcionado, entre lágrimas, el dios de blanco decidió partir para nunca más volver. De pronto, un silencio hondo hizo estragos en todo el valle. Ríos de lágrimas corrieron por la partida del pallar bendito. Miles de sacrificios y peregrinaciones se hicieron en honor de Yan Pallek esperando su perdón y regreso. Sequías, hambre, desolación cruzaban el desierto, desde los Andes al Pacífico. «Yan Pallek, vuelve», se escuchaba entre los vientos Paracas.

Y volvió. Apiadado por aquella tierra a la que tanto amó, volvió para quedarse para siempre y convertirla en Ica, en el valle que cosecha los pallares más hermosos del planeta. Vamos con algunas recetas de pallares secos.

1 Pallares guisados en punto de manjar

Remojamos ½ kilo de pallares la noche anterior. Al día siguiente los escurrimos, los pelamos y los cocinamos en agua a fuego no muy fuerte, junto a 1 cebolla roja cortada en dos y 1 trozo de chancho. Puede ser de pellejo, papada o tocino. De los 3, mi favorito es el de la papada, pero entiendo que puede asustar a muchos y preferirán el tocino. Eso sí, que el tocino no sea ahumado. Vamos cocinando y moviendo de manera que el pallar vaya soltando su cremosa magia.

Mientras, en una sartén, echamos un chorro de aceite de oliva junto a 2 cebollas rojas picadas finitas que sudamos por 5 minutos. Luego, añadimos 1 cucharada de ajo molido. Es momento de ver cómo están nuestros pallares. Deberán estar rotos y deshaciéndose.

Retiramos el chancho y la cebolla y colamos los pallares suavemente, guardando el líquido resultante. Mezclamos los pallares rotos y cremosos con el aderezo de cebolla y añadimos un poco de este líquido. Llegó el momento de darles el punto de manjar. Echamos sal, pimienta blanca y dejamos que espese moviendo bien con una cuchara de palo. Cuando esté espeso, echamos un buen trozo de mantequilla, un buen chorro de aceite de oliva, un chorrito de leche evaporada y volvemos a probar de sal. Estamos listos para comerlos, solitos, con una salsa criolla, unos huevos fritos, arroz, cualquier guiso casero, pescado frito o un bistec a la sartén. Casi diríamos que con todo.

2 Pallares con patita

Remojamos ½ kilo pallares la noche anterior, los pelamos y los cocinamos en agua. En otra olla cocinamos 2 patitas de chancho en agua con sal, 1 cebolla, 1 hoja de laurel y granos de pimienta.

En la sartén doramos una cebolla roja picada finita, con 1 cucharada de ajo molido. Añadimos 2 salchichas de Huacho cortadas en dos, 4 rodajas de relleno o 2 morcillas cortadas en dos. Echamos 1 cucharada de pimentón en polvo. Cuando los pallares estén cocidos y su líquido bien cremoso, añadimos las patitas cocidas. Deben tener una textura muy suave, para poder deshuesarlas y cortarlas en trozos medianos. Incorporamos el aderezo de cebolla, la salchicha y el relleno. Mezclamos bien y dejamos cocinar unos minutos hasta que todo coja punto. Probamos de sal. Listo.

3 Pallares con mariscos

Seguimos la cocción de los pallares según las recetas anteriores. Mientras, hacemos un aderezo con 1 cebolla roja picada, 1 cucharada de ajo molido, 2 tomates picados, 2 cucharadas de ají panca licuado, sal, pimienta, comino, 1 rama de romero y 1 hoja de laurel. Añadimos 1 cucharada de achiote en polvo. Echamos ahora 12 colas de langostinos peladas, 12 conchas chicas sin su caparazón, ½ taza de calamar cortado en dados y 12 choros cocidos y pelados (Ver: Los clásicos / Choritos a la chalaca, p. 67). Hasta aquí la receta ya sale. Pero puede echarle vongole bien lavado, lapa picada, caracol cocido, uñas de cangrejo peladas, colas de camarones o incluso dados de langosta cruda. Agregamos un chorro de vino blanco, cocemos 1 minuto y mezclamos todo con los pallares. Damos un hervor y terminamos con un chorro de aceite de oliva.

4 Sopa de pallares

Cocinamos los pallares según las <u>recetas anteriores</u>. En otra olla hacemos un aderezo con 2 cebollas cortadas en dados chiquitos, 2 cucharadas de ajo molido y 1 cucharada de ají panca. Cocemos 10 minutos y añadimos 1 taza de tocino picado en dados. Seguimos cocinado por 2 minutos más y añadimos ½ taza de tomate triturado, 1 rama de orégano, otra de romero y 1 rodaja de rocoto picado. Echamos un par de litros de agua y 1 kilo de punta de pecho de res cortado en trozos pequeños. Dejamos cocer hasta que la carne esté suave y añadimos 2 papas blancas grandes peladas cortadas en cuatro, ¼ de taza de zapallo picado, ¼ de taza de nabo picado, ½ taza de col picada y 1 taza de fideos canuto.

Cocemos hasta que el fideo esté al dente. En ese momento echamos 2 tazas de los pallares cocidos con todo su líquido cremoso. Dejamos cocer y al final echaremos el siguiente menjunje: en un bol mezclamos 1 buena cucharada de perejil picado, 1 buena cucharada de cebolla picada, 1 cucharada de rocoto picado, un chorro de buen vinagre y otro de aceite de oliva. Echamos esto a la sopa, probamos de sal y servimos.

AGUADITO DE POLLO

1 Aguadito de pollo

Cocemos en 6 tazas de agua 1 kilo de rabadillas, pescuezos y patas de pollo para hacer un suculento caldo concentrado. Mientras se cocina, preparamos un aderezo con 2 cebollas rojas picadas finitas, 1 cucharada de ajo molido, 1 taza de ají amarillo licuado y una pizca de comino. Cocemos 15 minutos.

Añadimos culantro licuado, cocemos 5 minutos más, y agregamos un toque de chicha de jora, 4 tazas del caldo concentrado que hemos hecho, ½ taza de arvejas crudas, ½ taza de zanahoria picada, ½ taza de zapallo picado y ½ taza de choclo desgranado. Damos un hervor de unos 10 minutos y echamos una taza de dados grandes de pechuga de pollo y otra de dados grandes de pierna de pollo sin piel. Finalmente echamos 4 tazas de arroz cocido y 2 papas amarillas cocidas, cortadas en dos. Dejamos que espese y coja punto y probamos la sal y pimienta. Al final, más culantro picado, unas gotitas de limón, ajicito o rocoto picado, y listo.

SUS VARIANTES

2 El de pescado y mariscos

Se hace exactamente lo mismo que en el aguadito de pollo, con dos modificaciones. Preparamos un caldito suave para pescado o un caldo de choros (Ver: El cariño / Del cubo al caldo, p. 182) en lugar del de pollo. Al final, echamos filetes de pescado en dados, langostinos chicos pelados, calamar en rodajas, y el marisco que más le guste, justo después del arroz y las papas, cuando ya casi tomó punto. Unos segundos de hervor y terminamos con limón, ají y más culantro picado.

3 El amarillito de gallina

Igual al aguadito de pollo, solo que se hace un caldo de gallina (Ver: El cariño / Caldo de gallina, p. 175). El aderezo, en vez de llevar culantro licuado, lleva solo ají amarillo licuado, un punto de ají mirasol licuado y 1 cucharada de palillo en polvo.

4 El navideño

Seguimos la misma receta que el del aguadito de pollo, pero añadimos al final los retazos de pavo que nos sobraron de la cena navideña y el jugo de asado del pavo al horno.

5 El de chanchito

Cocinamos 4 patitas de chancho hasta que se salgan del hueso. Cocemos 1 kilo de panceta de cerdo en agua que la cubra, que luego cortamos en dados gruesos. Deshuesamos la patita y la picamos en dados. Seguimos la receta del aguadito de pollo, solo que le añadimos el caldo de la panceta obtenida (en vez del de pollo) y añadimos carne y patitas al mismo tiempo que las verduras.

6 El de los valientes

Hacemos un caldo con abundante agua añadiendo ½ kilo de mondongo, 2 patitas de chancho, ½ kilo de papada de cerdo, 2 orejas de cerdo y ½ kilo de lengua de cerdo. Vamos retirando cada carne a medida que estén suavecitas. Las picamos y deshuesamos según sea el caso. Reemplazamos el caldo de pollo por el caldo de estas carnes y las añadimos junto con las verduras, tal como dice la receta del aguadito de pollo. Agregamos las verduras, frejol tierno y nabo cortado en daditos.

7 El sustancioso

Seguimos la receta del aguadito de pollo, solo que añadiremos, junto a las verduras, ½ kilo de mollejas de pollo previamente cocidas. Cuando echamos el arroz, agregamos ½ kilo de higaditos de pollo (previamente cocidos unos segundos en agua) y 1 taza de corazones de pollo.

8 El vegetariano

Seguimos la misma receta del aguadito de pollo, solo que remplazamos el caldo por un caldo de verduras (Ver: El cariño / Del cubo al caldo, p. 183). Añadimos ½ taza de nabo en dados, ½ taza de frejol tierno, ½ taza de pallar tierno, ½ taza de loche rallado, ½ taza de vainita picada y seguimos la receta tal cual.

9 El de choros y conchas

Hacemos un caldo con 24 choros con muy poquita agua. Los pelamos, los limpiamos y los reservamos. Seguimos la misma receta del aguadito de pollo, solo cambiando el caldo de pollo por el de choros. Añadimos los choros casi al final, cuando coja punto, junto con 24 conchas de abanico peladas, con su coral. Un hervor y listo.

CHORITOS A LA CHALACA

1 Choritos a la chalaca

Lo primero que debemos saber para hacer unos choritos deliciosos es que deben estar vivos a la hora de comprarlos. Si están abiertos y no reaccionan al golpearlos, no los lleve. Deben estar bien cerrados o cerrarse al momento de golpearlos.

Lo segundo es que siempre se tienen que enjuagar en el caño con agua fría para limpiar sus impurezas. Lo tercero es que deben ser cocidos en una olla bien tapada, echándoles solo un chorrito de agua y dándoles un ligero aroma con unas ramitas de apio. La idea es que se cocinen solo con su vapor. Están listos cuando se abren. Se retiran, se cuela el caldo y se reserva.

Cuando se abran (deben estar aún jugosos), se retira su barba o los pelitos que tengan y se reservan a temperatura de ambiente unos minutos mientras preparamos la salsa chalaca. Para 2 docenas de choros empleamos 2 tazas de cebolla roja picada en daditos, 1 taza de tomate picado chiquito y ½ taza de ají limo o rocoto picado muy chiquito, sin venas ni pepas. También incluimos 2 cucharadas de culantro picado y ¼ de taza de choclo desgranado y cocido. Se mezcla todo en un bol con sal, pimienta y el jugo de 12 limones. Añadimos 1 cucharada del concentrado de choros que guardamos y cubrimos cada choro con bastante salsa chalaca.

Algunos gustan de echar un chorro de aceite vegetal o de oliva, pero esto es opcional. Si quiere, también puede echarle 1 cucharada de la parte blanca de la cebolla china (picada muy fina) y una pizca de ralladura de kion. Esto es según el gusto de cada uno.

SUS VARIANTES

2 Choritos a la rabona

Añadimos a la preparación de la receta anterior 4 cucharadas de ají amarillo y pimiento, ambos soasados, pelados y picados muy finitos. Al final, completamos con 4 cucharadas de perejil picado, unas gotas de vinagre y un chorrito de aceite de oliva.

3 Almejas a la chalaca de champiñones

Pasamos las almejas por agua hirviendo unos segundos y las cortamos en 3 o 4 trozos. La misma salsa chalaca que hacemos en choritos a la chalaca le añadimos 4 cucharadas de rocoto licuado y ½ taza de champiñón crudo, cortado primero en láminas y luego en bastones.

4 Conchitas a la Paracas

Dejamos las conchas crudas con su caparazón. Hacemos una salsa chalaca como la de los choritos a la chalaca, a la que añadimos 1 cucharadita de salsa inglesa, 1 cucharadita de tabasco, unas gotas de vodka y ¼ de taza de jugo de tomate. Cubrimos las conchitas con la salsa.

5 Ostras a la chalaca nikkei

Abrimos las ostras crudas con mucho cuidado. Luego, hacemos una salsa chalaca igual a la de la receta inicial, añadiendo 1 cucharada de kion rallado, 2 de cebolla china picada muy fina, 4 de sillao, 2 de rocoto rallado, 1 cucharadita de azúcar y 1 chorro de vinagre de arroz japonés.

LA PARIHUELA: AMOR AL MAR

L os peruanos amamos el mar, y lo amamos desde siempre. Desde las primeras horas de nuestra civilización, allá en Caral, cuando sus hombres salían a pescar la anchoveta que aseguraba el desarrollo de su pueblo. En tiempos del inca Túpac Yupanqui, cuyo espíritu explorador —según algunos cronistas— lo llevó hasta la Polinesia. En la Guerra del Pacífico, cuando nuestro gran héroe Miguel Grau dio una lección al mundo de caballerosidad.

Por ello amo el mar. Lo amé desde que recuerdo. Desde la orilla, en mi primer revolcón de ola en la Herradura. Desde la mesa, contemplando mi bahía limeña con las primeras conchitas a la parmesana. Desde sus aguas, surcándolas desde Tumbes hasta Arequipa, explorando sus parajes y tesoros al ritmo del viento del noble oh mar, un viejo bote a vela que nos llevaba aquí y allá en silencio, acompañados casi siempre de lobos, aves y delfines.

Y fue en aquellos viajes que descubrimos el otro lado de la historia. Fue allí que escuchamos la voz de nuestro mar pidiendo a gritos auxilio ante tanta agresión e indiferencia. Pesca indiscriminada e inescrupulosa arrasando con nuestras especies; contaminación con basura y plástico arrojados a sus aguas precisamente por aquellos que desde la orilla le juraban amor; autoridades ausentes permitiendo que todo ocurra impunemente. Y allí, el mar, rogándonos que no lo olvidemos. Diciéndonos que si lo cuidábamos seguiría dándonos ese amor y riquezas que siempre nos dio.

Lo importante es que todos comprendamos que cada vez que tenemos un cebiche frente a nosotros, o que celebramos la vida con unos choritos a la chalaca, tenemos también una oportunidad para agradecer a nuestro mar por todas las alegrías que nos da. Y no hay mejor forma de agradecerle que cuidándolo, estando siempre alertas desde nuestra noble trinchera —la cocina— que debemos elegir solo pesca del día para los platos del día. Es imprescindible tener siempre presente el origen, la temporada, el método de pesca, las tallas mínimas, la abundancia o escasez de la especie y todo lo que haga falta para que con nuestras decisiones ayudemos a cuidar el mar para las generaciones futuras.

Hagamos una parihuela entonces para celebrar la vida mientras cuidamos nuestro mar usando las especies correctas en el momento correcto.

1 Parihuela clásica

En una cazuela echamos un chorrito de aceite vegetal y sudamos 1 taza de cebolla roja picada finita por 5 minutos. Agregamos 2 cucharadas de ajo molido. Un minuto después agregamos ¼ de taza de ají amarillo licuado, ¼ de taza de ají mirasol licuado y ¼ de taza de ají panca licuado. Cocinamos 15 minutos y añadimos 1 taza de tomate pelado y triturado. Echamos sal, pimienta, comino, orégano en polvo, ¼ de taza de culantro picado, ¼ de taza de perejil picado, ½ taza de yuyo o algas picadas, 1 vasito de chicha, otro vasito de vino blanco, 1 hojita de laurel y dejamos que hierva por 5 minutos.

Ahora le toca al mundo marino. Primero, los pescados. Buscamos según la estación aquellos que más abundan. Tendrán calidad y buen precio. Eso sí, verificando sus tallas mínimas, tratando que sean siempre los más grandes. Los pescados de roca son los ideales. Tramboyo, pejesapo, pintadilla o chita. También la cabrilla, la cachema, el congrio o el mero. No vale la pena usar corvinas o lenguados ni tampoco pescados muy grasosos.

Colocamos los pescados enteros o en trozos con su piel y su hueso, según sea la especie. Los filetes no funcionan en una parihuela clásica. Luego vienen los mariscos. Revisamos las vedas y, nuevamente, los tamaños. Por ejemplo, no debemos comprar camarones muy chicos aunque estén permitidos; tampoco cangrejos ni langostas chiquitos. Elegimos 4 cangrejos grandes, 4 camarones grandes, 8 choros grandes, 8 conchas grandes y 4 calamares medianos cortados en cuatro.

Cubrimos todo con un poco de caldo suave hecho con las cabezas de los pescados grandes (Ver: El cariño / Del cubo al caldo, p. 182) y tapamos. Dejamos cocer retirando aquello que se va cocinando rápido como las conchas, los choros, los calamares o los pescados más frágiles. Cuando lo demás está cocido, probamos de sal, añadimos 1 rodaja de rocoto, el jugo de 1 limón y regresamos lo que habíamos retirado. Damos un reposo de 2 minutos y listo. Servimos en su misma cazuela. Algunos, para espesarla, le echan 1 cucharadita de chuño diluida en caldo. A mí me gusta sin nada, pero es cuestión de gustos.

SUS VARIANTES

2 Parihuela mellicera

Seguimos toda la receta anterior, hasta el momento de agregar el pescado o mariscos. Añadimos un tramboyo grande entero (sin vísceras ni escamas), un pejesapo grande, también entero, y 4 cangrejos Popeye, bien grandes y enteros. Luego seguimos el mismo procedimiento que la receta clásica. Cómala bien caliente y luego espere el desenlace. Es poderosa.

3 Parihuela de crustáceos

Es la misma receta de la parihuela clásica, solo que no usaremos pescado. Lleva 4 cangrejos Popeye grandes, 4 cangrejos peludos grandes, 4 langostinos jumbo con cabeza, 4 camarones jumbo enteros y una langosta grande cortada en cuatro (o 2 medianas cortadas en dos). Aparte, le pedimos al pescadero que nos regale cabezas de langostinos, camarones o langostas. Usaremos su coral para añadirlo al aderezo con cebolla y ají. Las cabezas serán para un caldo ligero que haremos cubriéndolas con agua y dejando hervir por veinte minutos. Emplearemos este caldo en vez del de pescado.

4 Parihuela franchute

No es una *bullabesa* (la famosa sopa de pescado francesa); esta es una parihuela que coquetea con ella. Hacemos la parihuela clásica y llevamos todos los pescados y mariscos a una fuente. En la cazuela del caldo añadimos 4 papas amarillas grandes peladas, que cortamos en dos. Las dejamos cocer para que chupen todo el sabor de ese caldo. Retiramos unos cuantos trozos de las papas y hacemos con ellas una salsa, machacándolas y mezclándolas con un poco del caldo, ajo molido, perejil picado y rocoto licuado. Las montamos con aceite de oliva del mismo modo que una mayonesa: es decir echando el aceite en hilo lentamente y batiendo al mismo tiempo. Agregamos, al final, gotas de limón. Servimos la sopa con las papas, pescados y mariscos aparte, y la salsa para ir acompañándolos.

5 Parihuela Bermeo

Bermeotarra ilustre, Juan de Acurio, el abuelo de mis ancestros (siglo XVI), fue piloto de la nave Victoria y uno de los supervivientes de la expedición de Magallanes que dio por primera vez la vuelta al mundo. Hijo ilustre de Bermeo (País Vasco, España), jamás se imaginó que un día, en un pueblo lejano allá en las alturas de los Andes —Maras—, muchos de sus habitantes se apellidarían como él.

Uno de ellos, mi abuelo Rómulo, tenía también el sello de héroe. Dejó a su familia de hacendados para irse al Cusco como abogado, a defender gratuitamente a los indefensos. Amante del deporte, fundó el Cienciano Fútbol Club, del cual fue presidente vitalicio hasta su partida. Pero lo más importante eran sus almuerzos de los domingos en la hermosa casa cusqueña donde vivía. Una enorme mesa en la que todos eran bienvenidos por igual. Sus hijos y ahijados, las señoras que trabajaban en la casa y los hijos de ellas. Todos disfrutando de fuentes de choclos en el verano y de papas en el invierno; de una gran sopa donde se echaba todo lo que aportara al sabor; de una carne, un cuy, un lechón o lo que la granja familiar proveyera.

Pasaron los años y yo, su nieto, llego a Bermeo en un viaje y descubro una sopa que, al probarla, se me hace cercana, amiga. No es el famoso *marmitako* de Guipúzcoa con papas y bonito. Es una sopa sencilla de pescado desmenuzado, verduras y pan que me transporta rápidamente a nuestra parihuela.

Hacemos una parihuela clásica, pero solo con pescados. Los retiramos, deshuesamos y les quitamos la piel. En 4 platos hondos colocamos 4 tostadas grandes de pan, las cubrimos con los trozos del filete desmenuzado y las enriquecemos con aceite de oliva y sal. Bañamos todo con el caldo de la parihuela.

OTRAS VERSIONES

6 Parihuela vegetal

No se debería llamar parihuela, pero es una buena alternativa para los vegetarianos. Remplazamos todos los pescados y mariscos por un nabo cortado en cuatro, 2 zanahorias cortadas en cuatro, 4 papas amarillas cortadas en dos, 2 caiguas picadas en dados, 1 col cortada en cuatro, 1 yuca cortada en cuatro y 1 poro entero. Procedemos como en la receta de la parihuela clásica.

7 Parihuela confundida

Esta receta se confundió: en vez de llevar pescado y mariscos le echó interiores a la olla. Cocemos ½ kilo de lengua, ½ kilo de mondongo, ½ kilo de ubre y ½ pata de res hasta que estén muy suaves. Picamos todo y lo agregamos al aderezo de la parihuela clásica. Añadimos un vaso de chicha, otro de cerveza y el caldo donde se cocinaron las carnes.

Agregamos ahora un poco de tripa (previamente cocida y picada), 4 criadillas (pasadas por agua hirviendo unos segundos y cortadas en cuatro rodajas), 1 taza de riñón de res cortado en trozos pequeños y 1 taza de pulmón de res picado en dados. Damos un hervor y, al final, echamos una mezcla de cebolla roja, cebolla china, perejil, hierbabuena y rocoto, todo picado finito y aliñado con limón, sal y pimienta. Listo.

PESCADO A LO MACHO

Me han pedido mucho esta receta. La verdad es que tenía algunas dudas de compartirla debido a que existen demasiadas versiones como para sumar una más a este mar de confusión. Algunos le echan leche, otros no. Algunos la espesan con chuño. Algunos la hacen amarillita; otros rojita. Unos echan vino blanco, otros cerveza, otros chicha. Unos con perejil, otros con culantro. En todo caso, intentaré compartir una receta que todos puedan hacer en casa que de alguna manera resuma todas las versiones y que conserve la tradición —y sobre todo la sazón— criolla típica de este plato.

Lo primero que debemos hacer es ir al mercado sin una idea fija de qué mariscos comprar. «Señor pescadero, ¿qué hay de fresco hoy día?». Si su pescadero es su amigo le dará lo mejor al mejor precio. Por ejemplo, dos docenas de choros, 4 calamares grandes, 12 langostinos chicos de criadero por la veda, 12 conchitas de abanico chicas, 4 almejas grandes (que le pedimos nos limpien) y, si saben cocinarlo, un poco de pulpo. También pueden ir lapas, caracoles, cangrejos, vóngoles y —si no están en veda— camarones y erizos. Lástima que no podamos recomendar machas porque estas hace tiempo se despidieron de nosotros. Para el pescado lo mismo: puede ser cojinova (mi favorita, aunque escasa), toyo, bonito, cabrilla, jurel, liza, cachema, coco, perico, trucha, pampanito o pez sierra. Necesitamos 4 filetes de unos 200 gramos cada uno. Manos a la obra.

En un sartén echamos un chorrito de aceite y calentamos bien. Saltamos por medio minuto los langostinos, las conchitas y los calamares cortados en rodajas y los retiramos a un plato. En la misma sartén doramos ahora los 4 filetes, los cuales habremos sazonado previamente con sal, pimienta y punto de ajo y luego pasados por bastante harina. Los doramos un minuto por cada lado y retiramos al plato de los mariscos. Bajamos el fuego, añadimos un chorrito de agua y raspamos bien esos jugos y esa harinita que se ha quedado pegada al fondo. Ahí habrá mucho sabor y ayudará a espesar todo un poquito.

Añadimos ahora un nuevo chorrito de aceite y una taza de cebolla picada finita y 1 cucharada de ajo molido, y cocemos por 5 minutos. Agregamos 3 cucharadas de ají amarillo licuado, 2 cucharadas de ají mirasol licuado, una cucharada de ají panca licuado, ½ taza de tomate y pimiento rojo licuados, sal, pimienta, comino, achiote o cúrcuma, unas ramas de perejil y otras de romero. Dejamos que rompa a hervir y cocemos por 10 minutos. Añadimos entonces un chorro de vino blanco o de cerveza, lo que prefiera. Dejamos que hierva un minuto más e incorporamos un chorro de caldo de choro hecho con muy poquita agua, solo hasta que los choros se abran.

Toca agregar 2 cucharadas de tomate picado y 2 de pimiento picado que le dará frescura al conjunto. Echamos nuevamente los pescados y dejamos que hierva un minuto. En este punto lo dejamos así —que es como me gusta— o le echamos un chorrito de leche. También podemos esperarlo con un poquito de chuño diluido en agua, como prefiera. Siga su instinto.

Echamos los langostinos y las conchas, luego los calamares y finalmente la almeja.

ARROZ CON MARISCOS A LA CRIOLLA

D urante años creí que ese arroz con mariscos delicioso que solía encontrar en las cartas de las cebicherías limeñas era guisado lentamente en una gran olla, como el arroz con pollo que invade con su aroma a culantro todos los rincones del hogar.

Y así lo hicieron en mi casa por mucho tiempo; sin éxito, claro está. No es que saliera mal. El resultado era un rico arroz graneado con un buen sabor marine-ro. Pero no se acercaba nunca a ese sabor criollo típico de esas mesitas frente a la playa.

Todo cambió cuando descubrí que el típico arroz con mariscos criollo, a dife-rencia del arroz con pollo que se prepara con arroz crudo, se hace en realidad con arroz cocido y está listo en pocos minutos. Es decir, la técnica es similar a la de nuestro arroz chaufa, solo que con la sazón propia de nuestra cocina criolla. Con ustedes, la receta para hacerlo en casa.

1 Arroz con mariscos a la criolla

Hacemos el aderezo. En una sartén grande echamos 4 cucharadas de aceite junto a 2 tazas de cebolla roja picada finamente. Dejamos sudar a fuego suave 1 minuto y añadimos 1 cucharada de ajo molido y 2 cucharadas de cabeza de cebolla china picada. Sudamos un minuto y añadimos ½ de taza de ají amarillo licuado y ¼ de taza de ají panca licuado. Dejamos sudar por 5 minutos y añadi-mos una pizca de sal y pimienta, una pizca de comino y palillo o cúrcuma, y una pizca de orégano, sea en rama o en polvo. Listo el aderezo.

Añadimos ahora ¼ de taza de pimiento rojo picado, otro ¼ de taza de ají ama-rillo picado, 1 taza de arvejas cocidas, ½ taza de choclo cocido desgranado, ¼ de taza de culantro picado y, finalmente, 1 copa de vino blanco y 1 taza de caldo de choros (Ver: El cariño / Del cubo al caldo, p. 182). Este último se prepara con 2 docenas de choros que cocinaremos previamente, bien lavados, con una taza de agua en una olla tapada hasta que se abran.

Recordemos que el arroz ya está cocido y que lo que queremos es un arroz seco y ligeramente grasocito. Dejamos hervir todo 5 minutos.

Una vez lista la mezcla, añadimos 6 tazas de arroz blanco cocido (Ver: La nostalgia / Mi querido arroz blanco, p. 131). Permitimos que el arroz absorba un poquito del jugo y echamos los mariscos. Primero 12 colas de langostinos y 12 conchas de abanico chicas. Segundos después, 1 taza de calamar crudo pelado y cortado en tiras, y, por último, las 2 docenas de choros del caldo, ya sin su caparazón. Reservamos 4 choros y 4 conchas con su caparazón. Dejamos un par de minutos más a fuego fuerte para que los sabores se mezclen, probamos la sal, exprimimos 1 limón y, finalmente, echamos ¼ de taza de queso parmesano rallado. Una movidita y listo.

SUS VARIANTES MARINAS

2 Arroz con camarones

Separamos las colas de las cabezas de 1 kilo de camarones de río. Pelamos las colas y reservamos las pinzas más grandes. Sacamos el coral de las cabezas. Hervimos estas últimas en 4 tazas de agua durante 20 minutos. Colamos. Hacemos un aderezo igual al del arroz con mariscos a la criolla, solo que al final le añadiremos el coral de los camarones y sudaremos 1 minuto más. Luego seguimos tal cual la receta del arroz con mariscos, pero en vez del caldo de choros echaremos 1 taza del caldo de camarones. Al final, en vez de los mariscos añadimos las colas y las pinzas de los camarones. Decoramos con las pinzas grandes.

3 Arroz verde con choros

Esta es una receta deliciosa que tiene solo 3 variantes de la receta del arroz con mariscos a la criolla. La primera es que añadiremos al aderezo ½ taza de culantro licuado. La segunda es que cambiaremos el vino blanco por 1 vaso de cerveza negra. La tercera es que aumentaremos la cantidad de choros a 4 docenas, cocidos y pelados. Finalmente, no le echamos parmesano rallado, sino que montamos el arroz con una deliciosa salsa criolla especial (Ver: La celebración / Más salsitas de sazón criolla, p. 273).

4 Arroz con conchas negras

Escogemos 4 docenas de conchas negras que deben estar vivas y ser cocinadas ese mismo día. No se pueden ni guardar ni congelar. Las abrimos con cuidado de guardar todo el jugo negro que botan. Luego, seguimos exactamente la receta del arroz con mariscos a la criolla.

6 Arroz negro con calamares a la criolla

Hacemos el mismo aderezo de la <u>receta inicial</u>, solo que añadiremos al final 2 cucharadas de tinta de calamar, que podemos obtener vendidas aparte, o podemos pedirle al señor pescadero que nos la reserve. Remplazamos los mariscos por 2 tazas de calamares crudos cortados en rodajas, que echamos en el mismo momento que indica la receta del arroz con mariscos. Este arroz queda muy rico acompañado de un <u>alioli picante</u> que hacemos triturando 4 dientes de ajo que batimos con una cucharada de rocoto licuado y un chorro de aceite de oliva; montamos todo como una mayonesa.

PESCADO A LA CHORRILLANA

C horrillos, heroico distrito limeño, ha sido desde siempre hogar de pesca-dores artesanales. Prueba de ello es la pequeña caleta que todavía acoge al pescador chorrillano, que cada madrugada sale a pescar a las islas y espigones cercanos en busca del poco pescado fresco que aún le queda a nuestra bahía, consecuencia de años de maltrato e indiferencia. Una caleta que, bien atendida, cuidada y dotada de lo necesario, podría ser un espacio único para que la familia limeña encuentre cada día pescado de calidad y buen precio, para guisar en casa todos esos platos que se solían preparar cuando éramos niños: el escabeche, el pescado al ajo, o el pescado a la chorrillana que aquí presentamos.

1 Pescado a la chorrillana

Compramos un pescado entero de aproximadamente 1 kilo a 1½ kilos. Todos los pescados son ricos para la chorrillana. Desde el bonito hasta la corvina, desde la chita hasta el congrio, desde la cojinova hasta el tramboyo. Todos sirven enteros, pero no todos sirven fileteados. Pedimos al pescadero que nos lo deje entero quitándole vísceras y escamas, o que nos lo filetee guardándonos espinas y cabeza para un delicioso chilcano o chupe.

Si decidimos hacerlo entero, sazonamos el pescado por dentro y por fuera con sal, pimienta blanca y 1 cucharada de ajo molido. Lo pasamos por harina sin preparar, de manera que quede bien impregnado, y lo freímos en una sartén con un poco de aceite bien caliente. Primero por un lado y, cuando esté bien dorado, le damos la vuelta. Lo mismo hacemos si son filetes. Los cortamos en 4 trozos grandes, sin piel, los sazonamos con sal, pimienta, ajo molido y los pasamos por harina para luego freírlos. En ambos casos, los pescados deben quedar muy jugosos. Una vez fritos, los reservamos mientras hacemos la salsa chorrillana.

En una sartén echamos un chorro de aceite y añadimos 1 cucharada de ajo molido, 2 cucharadas de ají panca molido y 1 cucharada de ají mirasol molido. Dejamos sudar 2 minutos y añadimos 2 cebollas rojas cortadas en tiras gruesas y 2 cabezas de cebolla china cortadas en dos a lo largo. Saltamos unos segundos y añadimos 4 tomates chicos (o 2 grandes) cortados en tiras gruesas y 2 ajíes ama-rillos también cortados en tiras gruesas. Saltamos todo durante unos segundos y añadimos un chorro de vinagre de vino tinto, unas hojas de culantro picadas, sal, pimienta y comino al gusto. Bajamos el fuego y regresamos el pescado, que colo-camos encima. Dejamos terminar de cocer por un minuto. Así, el pescado le dará un ligero saborcito a la chorrillana y ambos terminarán de convertirse en un solo plato. No hay que colocar el pescado debajo, porque se va ablandar y recocinar.

Servimos con unos camotes, yucas o papas cocidas o un arroz blanco graneado.

SUS VARIANTES

2 Bistec a la chorrillana

Pueden hacerlo con lomo fino, con bistec de nalga o incluso con un bife angosto o bife ancho. En todos los casos no necesitará harina. Se trata de simplemente sazonar los filetes con sal, pimienta, ajo molido y cocerlos en la sartén con un poquito de aceite, dejándolos muy jugosos. Una vez fritos, se reservan para regresarlos a la preparación tal y como hacemos con el pescado a la chorrillana. No son antes recuperar, eso sí, los jugos que la carne dejó y que se echan a la salsa.

3 Hígado a la chorrillana

Cortamos filetes de hígado de novillo de un dedo de grosor y sazonamos con sal, pimienta, ajo molido y vinagre de vino tinto. Los pasamos por harina como los filetes de pescado en el pescado a la chorrillana. Luego seguimos la misma receta.

4 Huevera a la chorrillana

Uno de mis platos favoritos de toda la vida. Buscamos hueveras de pescado hermosas, sean chicas, medianas o grandes. Lo importantes es que siempre estén muy frescas. Las sazonamos con sal, pimienta, ajo molido y gotas de limón. Las pasamos por harina y las freímos hasta que estén doraditas. Continuamos con la receta del pescado a la chorrillana.

5 Coliflor a la chorrillana

Cortamos la coliflor de arriba abajo; es decir, sacamos unos filetes que nos permitan ver toda la coliflor de forma vertical como si fuera un árbol. La idea es que parezcan unos churrascos de coliflor de 2 dedos de grosor. Los sazonamos con sal, pimienta, ajo molido y los doramos sin pasarlos por harina en la sartén, por ambos lados. Luego los retiramos y reservamos. Hacemos la salsa como aparece en el pescado a la chorrillana y regresamos la coliflor, pero esta vez sí colocaremos la coliflor debajo y la salsa encima, de manera que esta chupe todos los sabores.

SUDADO DE PESCADO

E l sudado no es ni una sopa ni un guiso: es lo que su nombre indica, un sudado. A la sopa se le añade mucho líquido para que los ingredientes naden en él. Al guiso se le da una cocción larga, para que al final sus ingredientes cedan en textura y cariño.

El sudado no requiere caldos añadidos, sus propios jugos se encargarán de todo. Tampoco precisa de cocciones largas que desaparezcan las virtudes de los ingredientes en su propia esencia.

El sudado es de cocción relativamente corta. Tan solo bañado de un poco de chicha de jora o, para los que no la encuentran, de cerveza o vino blanco. En todo caso, lo ideal es no añadirle ni caldos de pescado o marisco que desequilibren su aroma natural. Después de todo, un sudado es eso, como una fiesta espontánea entre amigos íntimos, en la que el desconocido casi nunca es bienvenido.

1   Sudado de pescado

En una sartén honda hacemos un aderezo sudando en unas gotas de aceite 1 cebolla roja picada muy finita, 1 cucharada de ajo molido y 1 taza de ají amarillo licuado. Dejamos 5 minutos y echamos encima 1 cebolla roja, 1 tomate y 1 ají amarillo, todos cortados en tiras gruesas. Añadimos 2 cabezas de cebolla china cortada en 2 a lo largo, 4 ramas de culantro y 1 rodaja de rocoto. Encima colocamos 4 trozos grandes de pescado muy fresco, sazonados con sal y pimienta. De preferencia, que sean pescados que tengan mucha gelatina, como el congrio, la cabrilla, el mero, la chita o dorada, o la merluza. En todos los casos con su piel y su hueso. Sudarlo sin hueso ni piel es condenarlo al olvido.

Cubrimos con otra cebolla, 2 tomates, 1 ají, la cabeza de 1 cebolla china y ramas de culantro, todo cortado de la misma forma. Rociamos hasta la mitad con la mejor chicha de jora que encuentren. Si no encuentran, rocían hasta la mitad con una combinación de mitad cerveza, mitad vino blanco seco y un chorro de jugo de limón. Echamos sal al líquido y tapamos.

Dejamos cocer todo a fuego muy lento por unos 10 minutos. Destapamos, damos una movidita, probamos la sal, echamos 1 rodaja de rocoto adicional y listo. Lo servimos acompañado de yucas cocidas o, por qué no, un arroz blanco servido aparte.

SUS VARIANTES

2 Sudado de camarones

Seguimos la misma receta del <u>sudado de pescado</u> solo con 2 modificaciones. La primera es que cambiamos el pescado por ½ kilo de hermosos camarones de río o langostinos enteros con cabeza, los cuales acomodamos de la misma forma que en la versión original. La segunda es que reducimos la chicha a la mitad y añadimos un chorro de jugo de naranjas agrias o de Sevilla, y el jugo de 1 limón.

3 Sudado de pescados de roca

Cuando nos referimos a pescados de roca, hablamos de pejesapos, tramboyos, pintadillas, lisas y todos esos pescados sabrosos que habitan cerca de las rocas de los muelles o de las rocas costeras. En este caso, lo ideal es sudar el pescado entero y añadirle a la receta del <u>sudado de pescado</u> tan solo ½ taza de ají panca licuado, en lugar de echar el ají amarillo licuado al aderezo.

4 Sudado de criadillas

Una receta no apta para temerosos. Lo primero es pasar las criadillas cortadas en trozos medianos por agua hirviendo, tan solo unos segundos. Luego procedemos exactamente igual que el <u>sudado de pescado</u>, solo que añadimos a la preparación una pizca de comino y, al final, 3 rodajas de rocoto, el jugo de 1 limón y 2 cucharadas de cebolla china picada.

5 Sudado de conchas

Este es un sudado delicioso que requiere solo un pequeño cambio en relación al <u>sudado de pescado</u>, además de cambiar el pescado por las conchas. Dejamos sudar todos los vegetales sin las conchas, reducimos la chicha a la mitad y añadimos el jugo de 1 naranja y de 1 limón. Solo cuando los vegetales hayan formado un jugo, añadimos unas 24 conchas de abanico con todo su coral, abiertas pero pegadas a su caparazón. Mezclamos bien y tapamos ya con el fuego apagado. En 3 minutos destapamos y las conchas al vapor estarán en su punto. Una movidita y listo.

6 Sudado de loche

Este es un sudado vegetariano muy rico, en el que el zapallo loche (o cualquier otro zapallo o calabaza) es la estrella. En este caso cocinamos primero el zapallo en caldo de verduras hasta que esté muy suave.

Luego seguimos la receta del sudado de pescado, solo que reducimos la chicha a la mitad, añadimos la otra mitad en caldo de verduras (Ver: El cariño / Del cubo al caldo, p. 183) y el jugo de 1 limón. Colocamos el zapallo cocido sobre las verduras, lo cubrimos con más verduras y echamos, al final, no solo culantro, sino también abundantes ramas de hierbabuena.

7 Sudado de navajas, palabritas, vongoles, machas u otros moluscos

Teniendo en cuenta su cocción rápida, en esta receta (sea cual fuere el molusco) todas las verduras deben ser cortadas en cubos pequeños. De esa forma, sueltan su jugo más rápido. En todos los casos se dejan los mariscos en su caparazón. Solo hay que lavarlos muy bien.

Se sigue la receta como en el sudado de pescado, pero con dos cambios. El primero es que la cocción es más rápida, solo hasta que el marisco se abra. El segundo es que la cantidad de chicha se reduce a la mitad y se le añade el jugo de 1 limón.

CONCHITAS PARA COMER EN SU CONCHITA

Z amburiñas, vieiras, *scallops*, *pétoncles*, *capesante*, ostiones. Con todos estos nombres es conocida en el mundo nuestra conchita de abanico. En este libro encontrará decenas de recetas que incluyen conchas en preparaciones conocidas. Hemos querido dedicar un espacio especial, sin embargo, para que la conchita pueda brillar por su dulzor y sensualidad. En su propia concha, para comerla con la mano o con cucharita. Ya sabe: más allá de su tamaño, siempre debe comprarlas frescas; solo allí podrá disfrutar de su dulzor natural. Conchas que, además, deberán estar firmes y ser transparentes a la vista. Si ve conchitas de carne turbia u opaca, no las compre.

1 Conchitas al natural

Si consigue conchas vivas en su caparazón, no dude en comerlas de esta forma. Simplemente, échele unas gotas de limón, una pizca de sal, una vuelta de molino de pimienta y, si le gusta picante, una pizca de ají picado o gotas de tabasco.

2 Conchitas a la chalaca

Se hacen con conchitas muy frescas, que dejamos en su concha y bañamos con una salsa chalaca (Ver: La celebración / Más salsitas de sazón criolla, p. 273), a la que añadiremos un poco de perejil picado.

3 Conchitas al rocoto

Para esta preparación también las dejamos en su concha como en las recetas anteriores. Licuamos 1 rocoto con 1 diente de ajo, 1 tira de cebolla china, 2 ramas de culantro y 1 rodaja de cebolla roja. Colamos la mezcla y añadimos 1 taza de cebolla roja, 1 taza de tomate rallado, ¼ de taza de cebolla china, una pizca de kion rallado, ¼ de taza de culantro picado y ½ taza de rocoto picado. Añadimos ¼ de taza de jugo de limón, sal, pimienta, gotas de tabasco y gotas de salsa inglesa. Con esto bañamos 24 conchitas.

4 Conchitas a la parmesana

Calentamos el horno al máximo. Dejamos las conchitas en su concha y les echamos sal, pimienta, unas gotitas de limón, una gotita de salsa inglesa y un trocito de mantequilla. Cubrimos con parmesano rallado muy finito, pero no

demasiado: solo lo justo. Echamos encima otro trocito de mantequilla. Las colocamos en una fuente de horno y conservamos en la refrigeradora hasta que el
horno esté bien caliente. Las metemos por 5 minutos o hasta que el parmesano
se vea ligeramente dorado.

5 Conchitas al pesto

Calentamos el horno al máximo. Dejamos las conchitas en su concha y les
echamos sal, pimienta, gotitas de limón, 1 cucharada de pesto a la genovesa
(Ver: El cariño / Pestos, p. 207) y cubrimos con una mezcla de parmesano y
mozzarella rallados en partes iguales. No demasiado, solo lo justo. Llevamos
al horno hasta que el queso esté ligeramente dorado por encima. Listo.

6 Conchitas con poros

En una sartén echamos 2 cucharadas de mantequilla y 2 tazas de poros, que
habremos picado en dados chicos. Dejamos sudar por 5 minutos, echamos
un chorrito de vino blanco, damos un hervor y añadimos ¼ de taza de crema
de leche. Damos otro hervor y dejamos enfriar. Colocamos un poco de esta
preparación sobre cada conchita y cubrimos con una pizca de perejil picado,
parmesano rallado y un trocito de mantequilla. Llevamos al horno muy caliente por 3 minutos.

EL ESCABECHE

E l delicioso escabeche es un plato que poco a poco vuelve a recuperar el protagonismo de antaño. Originario de la cultura árabe persa, el escabeche llega a Andalucía, de ahí al resto de Europa, y de Europa a América, donde el Perú no fue la excepción. El método es muy sencillo. Se trata de crear un ambiente ácido para que las carnes se conserven sin pudrirse y, de paso, vayan ganando en sabor. Este es el caso del escabeche de pescado típico del Perú, cuya receta manda a hacerse durante la noche, porque es en la madrugada que poco a poco irá ganando ese saborcito que al día siguiente nos alegrará el almuerzo.

1 Escabeche de pescado

En una sartén honda freímos 4 filetes de pescado. Pueden ser de bonito, cojinova o corvina, según su economía. Los freímos sazonados previamente con sal, pimienta, comino y ajo molido, y pasados por harina ligeramente. Los retiramos y reservamos. En la misma sartén dejamos el aceite y echamos ¼ de taza de ají mirasol licuado, ¼ de taza de ají amarillo licuado y ¼ de taza de ají panca licuado. Cocinamos lentamente mientras añadimos 1 cucharada de ajo molido, 1 ají amarillo fresco cortado en tiras, 1 hoja de laurel, 1 rama de orégano, unos granos de pimienta de chapa y unas ramas de hierbabuena. Retiramos los granos de pimienta y las hojas, y mezclamos la preparación con 3 cebollas rojas que habremos cortado en tiras gruesas, pasado por agua hirviendo con sal unos segundos y macerado en un vaso de buen vinagre tinto durante 1 hora.

Mezclamos la cebolla en vinagre con el aderezo de ají y cubrimos el pescado frito completamente con esta preparación, con un papel film o un trapo, y lo dejamos reposar durante toda la mañana (en caso se haya preparado temprano) para el almuerzo, o por toda la noche si va a ser comido al desayuno del día siguiente. Se sirve con su trozo de queso fresco, su aceituna, su medio huevo duro por persona, su lechuga y su camote cocido y cortado en rodaja gruesa.

2 Escabeche de pollo

Seguimos la misma receta que el <u>escabeche de pescado</u>, pero la hacemos dorando piernas de pollo con hueso y piel hasta que estén cocidos. Luego continuamos con el mismo procedimiento.

3 Escabeche de coliflor

Igual que la receta del <u>escabeche de pescado</u>, pero cocemos la coliflor en 4 trozos grandes hasta que esté completamente cocida. Seguimos con el procedimiento tal cual.

4 Pan con chimbombo

La receta es deliciosa y muy sencilla. Se trata de calentar 1 pan francés, abrirlo en dos, ponerle 1 hoja de lechuga, 1 trozo de <u>escabeche de pescado</u>, sus cebollas y encima un poquito de su salsa de ají favorita.

LA SARSA

L a sarsa es la respuesta de la gran cocina arequipeña a las ensaladas del mundo. Contundente, casi siempre rebelde y provocadora en sus ingredientes. Si aún no la ha probado, coja un avión rumbo a Arequipa y al llegar vaya de frente a una picantería. Allí descubrirá un mundo hermoso de sarsas. Solo al probarlas podrá comprender su esencia y equilibrio, para luego hacerlas en casa sin fallar en el intento.

1 La sarsa de patitas

Cocemos 4 patitas de chancho enteras en abundante agua con sal durante algunas horas o hasta que podamos sacar la carne del hueso con las manos con facilidad. Retiramos, cortamos cada una en 4 trozos y procedemos a sazonar. Añadimos ahora 4 cucharadas de buen vinagre blanco o tinto. Mezclamos bien y dejamos reposar 1 hora. Echamos 2 cucharadas más de vinagre, sal, pimienta y el jugo de 2 limones. Movemos nuevamente y agregamos 1 taza de cebolla roja cortada en juliana, ½ taza de rocoto cortado en juliana, 2 tomates cortados en juliana y ¼ de taza de perejil picado. Mezclamos todo y añadimos, al final, un chorro de aceite de oliva. Servimos sobre unas rodajas gruesas de papa blanca cocida, que bañamos con todo el jugo.

2 La sarsa de carne

Cocemos ½ kilo de carne de pecho de res en agua con sal hasta que esté suave. Retiramos y cortamos en tiras. Mezclamos la carne con 1 cebolla roja cortada en juliana, ½ rocoto cortado en juliana y 2 tomates cortados en juliana. Sazonamos con sal, pimienta, 6 cucharadas de buen vinagre tinto, 2 de perejil picado, ½ taza de habas cocidas y ½ taza de choclo cocido y desgranado. Mezclamos todo y echamos un chorro de aceite de oliva. Probamos el punto de sal y de vinagre, y servimos sobre papas blancas cocidas en rodajas. También puede hacer este plato como lo hacen en Arequipa, con hocico o papada de res. Falda de res, cola de buey cocida y cortada en trozos o asado de tira cocido y deshuesado también son buenas opciones.

3 La sarsa de chicharrón

Cortamos en tiras gruesas 1 kilo de chicharrón de chancho (de preferencia de panceta o costilla) que nos quedó del desayuno. Le añadimos una cebolla, 2 tomates y 1 rocoto cortados en juliana. Agregamos ½ taza de hierbabuena picada, sal, pimienta y 4 cucharadas de buen vinagre tinto. Mezclamos bien y echamos un chorro de aceite de oliva. Servimos sobre papas blancas cocidas.

4 La sarsa de lengua

Cocemos 1 kilo de lengua en abundante agua con sal hasta que esté muy suave. Mientras esté aún caliente, se corta en rodajas ligeramente gruesas. Seguimos tal como la receta de la sarsa de patitas.

5 La sarsa de mariscos

En una fuente echamos ½ taza de pulpo cocido (Ver: El encuentro / El pulpo suavecito, p. 226) y cortado en láminas; ½ taza de calamares cortados en rodajas y pasados unos segundos por agua hirviendo; ½ taza de lapas pasadas unos segundos por agua hirviendo y cortadas en tiras; 1 docena de choros cocidos, pelados y sin pelitos (tal cual se hacen en la receta de choritos a la chalaca en la p. 67); y 2 docenas de machas saladas (lamentablemente será muy difícil que las consiga frescas) previamente remojadas la noche anterior y pasadas por agua hirviendo unos segundos. Echamos sal, pimienta, un chorro de vinagre blanco, el jugo de 6 limones, 1 cebolla roja, 2 tomates y 1 rocoto cortados en juliana, ½ taza de choclo desgranado y cocido, ½ taza de habas cocidas y peladas y ½ taza de perejil picado. Mezclamos, echamos un chorro de aceite de oliva, probamos la sal, añadimos 8 lenguas de erizos y servimos sobre papas blancas cocidas y cortadas en rodajas. Pueden hacer esta sarsa con cada marisco por separado o solo con los de su preferencia.

6 La sarsa de camarones

Cocemos 24 camarones medianos en agua con sal, pero a 4 de ellos les retiramos previamente el coral de sus cabezas. Retiramos los camarones del agua luego de 2 minutos y pelamos las colas, pero dejamos las cabezas del camarón unidas a estas. Mezclamos el coral con el vinagre y el limón, y luego seguimos la misma receta que la sarsa de mariscos.

7 La sarsa de criadillas y ubres

Una receta solo para valientes y desvergonzados. Cocemos 4 criadillas de res, primero pasándolas por agua hirviendo 2 minutos. Las pelamos, cambiamos el agua y las volvemos a hervir por 2 minutos más. Las retiramos y cortamos en tiras gruesas. Cocemos 1 ubre de res por largas horas hasta que esté muy suave, y la cortamos en bastones gruesos. Hacemos un sofrito con 4 ajos picados y 1 rama de orégano picado fresco, doramos el ajo y echamos la mezcla en las criadillas y la ubre. Luego procedemos como en la sarsa de carne, pero añadimos perejil, culantro y hierbabuena picados. Se puede hacer también solo de ubres o de criadillas.

8 La sarsa vegetariana

Procedemos como en la sarsa de carne, solo que eliminamos la carne y añadimos 1 taza de queso fresco salado y 1 taza de queso paria, ambos cortados en tiras gruesas. Cortamos las papas en bastones, añadimos unas aceitunas de botija al final y duplicamos la cantidad de choclo y de habas. Terminamos con perejil, culantro y hierbabuena picados.

ROCOTO RELLENO

Palabras de una noble cocinera arequipeña: «Hijito, no hagas caso a eso que dicen por ahí. Come rocoto nomás, que es bueno para la gastritis y para las úlceras. Cuando entra a tu estómago, el rocoto se pone bravo y lo protege como un soldado. Además, baja la presión y tiene vitamina C como la tienen 4 naranjas. Y eso que pica rico. Así somos en Arequipa, hijito, picamos rico. Y dos veces. A veces tres». A partir de aquel momento el rocoto me acompaña día a día, en cada plato, cada momento, diciéndome siempre al oído: «Dale, hijito, dale, que todo, todo, es *rocoteable*».

1 Rocoto relleno

Elegimos 8 rocotos arequipeños (llamados «de árbol»), que son más chicos, o 4 rocotos de la otra variedad, que son más grandes. Les cortamos la tapa y retiramos venas y pepas con una cuchara. Los cocemos unos segundos en agua hirviendo con sal, una pizca de azúcar y un chorro de vinagre. Colamos y los pasamos a una olla con agua helada con hielo. Repetimos la cocción, pero solo con agua con sal hirviendo, y los volvemos a meter en agua con hielo. Con ello domaremos su picor manteniendo su textura y color.

Para el relleno cogemos ½ kilo de bistec de tapa, o cuadril, o lomo, que picamos en daditos. Doramos la carne rápidamente en una sartén y retiramos. Añadimos a la sartén 2 tazas de cebolla roja picada finita, que sudamos suavemente. Agregamos 1 cucharada de ajo molido y otra de ají panca licuado. Cocemos unos minutos y regresamos la carne con todo su jugo, seguida de 1 cucharada de orégano picado fresco, sal, pimienta, comino y 2 cucharadas de tomate picado en daditos que le dará algo de frescura y dulzor al relleno. Continuamos cociendo por unos minutos y, finalmente, añadimos 4 buenas cucharadas de maní picado, 1 cucharada de pasas y 2 huevos duros picados. Fuera del fuego y con el relleno frío, podemos incluir 2 aceitunas picadas, pero esto es totalmente opcional. Ya sabe que las aceitunas no les gustan a todos.

Rellenamos los rocotos, les colocamos encima 1 rodaja de queso fresco saladito y los tapamos con su misma tapa. Los acomodamos en una fuente y disponemos al lado 4 papas blancas grandes, cocidas y peladas. Si son chicas, las cortamos en dos; si son grandes, entran enteras. Las cubrimos con rodajas del mismo queso y bañamos todo con 1 lata de leche evaporada, que habremos sazonado previamente con una pizca de sal, pimienta, granitos de anís y 2 huevos batidos. Llevamos al horno a fuego medio por unos 30 minutos y listo.

SUS VARIANTES

2 Rocoto relleno montado sobre su pastel

Hacemos el rocoto relleno tal como la receta anterior. Esta vez cortamos las papas crudas en láminas. En un recipiente las mezclamos con la mitad de una salsa hecha con ½ cebolla picada, ½ rocoto picado, 1 rama de huacatay picado, 1 tarro de leche, un poquito de ajo molido, 2 huevos batidos y 1 taza de queso fresco rallado. Movemos bien todo y lo colocamos en una fuente. Cocemos las papas durante ½ hora. Acomodamos los rocotos y volvemos a cocer durante otros 20 minutos, bañando todo con la otra mitad de la mezcla. Horneamos hasta que estén doraditos.

3 Rocoto relleno de chancho

La opción que les doy tiene dos caminos. El primero es seguir la receta del rocoto relleno, solo que la reemplazamos por bondiola de cerdo picada. El segundo es usar un adobo de cerdo que les haya sobrado. Lo picamos en dados y seguimos con la misma receta del rocoto relleno.

4 Rocoto relleno de camarones

Igual que la receta sin carne del rocoto relleno, solo que echamos al comienzo del aderezo 1 cucharada de coral de camarones y, al final, solo al final, las colas de los camarones peladas. En este caso, reduciremos la cantidad de leche a la mitad y la cocción será a fuego muy fuerte, con el gratinador prendido y por solo 10 minutos. De lo contrario, las colas de camarones se secarán demasiado.

5 Empanadas de rocoto relleno

La idea es muy sencilla. ¿Nos sobraron unos rocotos rellenos que queremos volver a disfrutar, pero sin aburrir a la familia? Cogemos unas <u>masas de empanada</u>
(Ver: Los clásicos / Empanadas, p. 109) y las rellenamos con todo el rocoto (incluido el relleno) picado y enfriado. Horneamos y acompañamos con una <u>crema
de rocoto</u> (Ver: La celebración / Los ajicitos hechos salsa, p. 254).

6 Tequeños de rocoto relleno

Hacemos lo mismo que en la <u>receta anterior</u>, solo que rellenamos unas láminas
de masa de wantanes que enrollamos en forma de tequeños y freímos en abundante aceite. Acompañamos con una crema de <u>ají de huacatay</u> (Ver: La celebración / Los ajicitos hechos salsa, p. 253).

LA OCOPA, LA GRAN SALSA DE AREQUIPA

C alientes, aventureras, apasionadas. Así son las señoras picanteras de Arequipa. Las que día tras día, durante décadas, de abuela a madre, de madre a hija, han conservado en sus picanterías las tradiciones más sabrosas de su hermosa tierra. Si van por Arequipa, vayan a una picantería. Admiren la cocina a leña. Luego, siéntense a la mesa y entréguense. Primero, pregunten por la sarsa del día. Sigan con un escribano, un rocoto relleno y, por supuesto, con una cremosa ocopa hecha según la tradición: a mano en el legendario batán de piedra.

1 La receta de la tradición

En un batán de piedra echamos 10 ajíes mirasol (que habremos tostado, remojado y limpiado de pepas y venas previamente) junto a ½ cebolla roja, 1 diente de ajo y 1 rama de huacatay (que habremos cocido ligeramente en unas gotas de aceite para suavizar su bravura y arrancar sus aromas). Molemos a mano. Si esto lo desanima, siempre puede hacerlo en licuadora. Molemos o licuamos añadiendo un chorro de aceite y otro de agua. Mientras lo hacemos, incorporamos ¼ de taza de maní tostado y ½ docena de galletas de animalitos (o alguna otra galleta de vainilla sutilmente azucarada). Seguimos moliendo y añadimos, según se espese, más agua o aceite. Agregamos 2 cucharadas de queso fresco serrano saladito, probamos la sal y miramos el punto de espesor, que debe ser cremoso. Según sea necesario, o solo si le gusta, puede echarle un chorrito de leche o de aceite al final. Recuerde que debe quedar cremosa. La servimos sobre papa blanca y la acompañamos con quesito fresco frito, su lechuguita, su huevito y su aceituna.

2 Una ocopa especial: la ocopa de camarones

Cambiamos el maní por la misma cantidad de nueces de la receta anterior. Echamos el coral de 24 cabezas de camarones en la sartén donde doramos la cebolla, el ajo y el huacatay. Cocemos unos minutos las cabezas en un chorro de leche que luego licuamos y colamos. Usamos esta leche para darle el punto y textura a la salsa en vez de echarle agua. Al final, echamos en la salsa las colas de camarones cocidas y luego seguimos con la receta de la ocopa tradicional.

EL SANCOCHADO

E s llamado *cocido* en Madrid, *bollito misto* en Italia, *pot-au-feu* en Francia y *puchero* en otras regiones. Pero en Lima lo conocemos como sancocha-do. Cada uno tiene su estilo y sus cualidades. En el caso del limeño, su gran distintivo son las salsas que lo acompañan. Aquí les damos varias recetas: una para el diario, otra para el domingo y más opciones para ocasiones distintas.

1 Sancochado de diario

Este es un sancochado que se ahorra pasos con el objetivo de tener un sanco-chado en la mesa familiar y no morir en el intento.

En una olla con abundante agua cocemos a fuego lento 2 kilos de carne de punta de pecho de res. Cuando la carne esté suave, la retiramos y la reservamos con un poco del agua. En la misma olla donde la cocimos, echamos 4 zanaho-rias grandes peladas y cortadas en dos, 4 poros, 4 tallos de apio, 1 nabo grande pelado cortado en dos y 4 rodajas de zapallo grandes. Vamos retirando según las verduras estén cocidas.

Luego, añadimos 2 papas blancas grandes peladas y cortadas en dos, 4trozos de yuca amarilla pelada, y ¼ de col. Cocemos y retiramos a medida que cada uno esté cocido.

Cocinamos aparte 2 camotes que luego pelamos y cortamos en dos, y 2 cho-clos que cocemos y cortamos en dos.

Sazonamos el caldo con sal y pimienta blanca y le damos un buen hervor.

Servimos las verduras y la carne en una fuente, espolvoreamos todo con sal gorda y servimos el caldo en tetera bien caliente, aparte. Acompañamos al cen-tro de la mesa con salsa huancaína, ocopa, rocoto licuado, rodajas de limón y más sal gorda al gusto.

SUS VARIANTES

2 Sancochado de domingo

Un sancochado especial como para abrigar y alegrar a toda la familia en domingo.

En una olla echamos abundante agua y cocinamos 2 kilos de huesos de res (hueso manzano). Cocemos desde temprano en la mañana por unas 3 horas.

Colamos. En ese caldo resultante cocemos 1 kilo de punta de pecho, 1 kilo de asado de tira, 1 kilo de cogote de res, 1 pollo entero y 1 kilo de lengua de res. Vamos retirando las carnes a medida que estén cocidas, suavecitas. En la misma olla echamos las mismas verduras de la receta anterior, solo que añadiremos a la fiesta dos nuevos ingredientes: 2 papas huayro (que sumamos a las papas blancas) y 2 membrillos.

Servimos los vegetales por un lado; por el otro, las carnes. Bañamos todo con un poco de caldo caliente y espolvoreamos con sal gorda.

Calentamos el caldo y le añadimos un poco de arroz cocido y otro de garbanzos cocidos. Al final, agregamos un poco de rocoto, cebolla blanca, perejil y hierba, todo bien picado, y gotas de limón. Acompañamos con huancaína, ocopa, kapchi, rocoto molido, salsa de huacatay y salsa chalaca. Muchas salsas, que es domingo.

3 Sancochado de la huerta

Le añadimos muchos vegetales de temporada y seguimos la misma receta del sancochado de diario. En verano podemos incluir, además de membrillos, unas peras. En otoño e invierno, mashuas, ocas y papas nativas. Habas, loche, zapallito italiano, calabaza, cebollas grandes y coliflor nos sirven todo el año. Una fiesta.

4 Sancochado de chanchito

Cambiamos la carne de res del sancochado de diario por los siguientes cortes de cerdo: costilla de cerdo, panceta, bondiola, codillo, tocino, patitas, oreja, carrillera y papada de cerdo. También incluimos chorizos y morcillas, ambos de cerdo. Añadimos a las verduras membrillos, melocotones o duraznos y peras. Al caldo le agregamos, además del arroz y los garbanzos, unos frejolitos tiernos, rocoto picado y mucha hierbabuena picada.

ARROZ CON PATO

Por su carácter festivo, el arroz con pato merece un capítulo aparte en este libro. Salvo en Chiclayo, donde se hace en todos los hogares, en la mayoría de ciudades del Perú es un plato que solo se suele encontrar en los restaurantes de cocina peruana y, principalmente, norteña. Por ello, le dedicaremos buen tiempo para explicar las diferentes recetas posibles, de manera que se animen a hacerlo en casa un fin de semana. Manos a la obra.

1 Arroz con pato con paciencia

Cortamos un pato criollo en 8 presas. Las sazonamos con sal y las doramos en una olla con unas gotas de aceite. Las retiramos y preparamos un aderezo (en la misma olla que usamos) con la mitad de la grasita que soltó el pato y añadimos una cebolla roja picada muy finita. Cocemos por 5 minutos y agregamos 1 cucharada de ajo molido. Añadimos ahora ½ taza de ají amarillo licuado y 1 taza de loche rallado con su cascarita. Cocemos 15 minutos y agregamos 1 pimiento rojo cortado en dados y un atado de culantro licuado con un poco de agua.

Damos un hervor y añadimos 1 botella de cerveza negra. Otro hervor y regresamos las presas, que cubrimos con 4 tazas de agua. Primero dejamos cocer las pechugas durante unos 15 minutos y las retiramos. Tras 10 minutos más, retiramos las piernas. Añadimos 1 taza de arvejas tiernas, ½ taza de loche picado en daditos y ½ taza de ají amarillo cortado en tiras. Probamos la sal del caldo resultante y añadimos 4 tazas de arroz largo crudo. Dejamos que rompa a hervir a fuego fuerte, lo bajamos al mínimo y dejamos secar de 12 a 15 minutos aproximadamente, dependiendo del arroz. Regresamos las presas de pato, apagamos el fuego y dejamos reposar un par de minutos con la olla tapada. Destapamos y movemos todo con un trinche. Estamos listos para comer. Acompañamos con una salsa criolla especial (Ver: La celebración / Más salsitas de sazón criolla, p. 273).

SUS VARIANTES

2 Arroz con pato limeño

Seguimos la misma receta del arroz con pato con paciencia, pero esta vez el aderezo no será verde, sino amarillo. Para ello añadiremos 1 cucharada de palillo y no licuaremos el culantro, sino que picaremos ¼ de atado de culantro con unas cuantas hojas de hierbabuena. A las verduras agregamos 1 taza de choclo desgranado y ½ taza de zanahoria en daditos. Incluimos a los condimentos una pizca de comino. Todo lo demás sigue como la versión original.

3 Arroz con pato mojadito

La receta es igual al <u>arroz con pato con paciencia</u>, pero en lugar de usar arroz largo emplearemos el arroz redondo (el que se usa para las paellas) y echaremos al guiso de pato no 4, sino 6 tazas de agua. Luego cocinaremos el arroz hasta que esté ligeramente al dente. Apagamos el fuego y dejamos reposar un par de minutos. Lo servimos en la misma olla.

4 Arroz con pato achifado

Hacemos el guiso de pato como la receta del <u>arroz con pato con paciencia</u>, solo que le añadiremos 1 cucharada de salsa de ostión. Aparte, haremos una olla de <u>arroz blanco clásico</u> (Ver: La nostalgia / Mi querido arroz blanco, p. 131) con su punto de ajo.

En una sartén calentamos un chorro de aceite y añadimos 1 cucharada de kion picado y ¼ de taza de cabeza de cebolla china picada. Echamos el arroz blanco y añadimos el jugo del guiso del pato. Agregamos 1 cucharada de salsa de ostión, un chorro de sillao, un chorro de aceite de ajonjolí y mezclamos bien. Incorporamos las presas, una movidita y listo.

DE PEPIANES Y ESPESADOS

G enoveva tenía su sazón. El sabor corría por sus venas. Y es que ella era hija de Chepén, la Perla del Norte, la tierra del arroz de plata. Por eso es que sus platos salían tan ricos. Un picante de choros, cuyo jugo rogábamos que nunca se acabe. Un chupe de camarones que mi padre celebraba a los cuatro vientos. Un pepián de choclo que acompañaba con corvina encebollada. Y sus queques de plátano o de manzana, que hacía con la fruta que otros habrían despreciado. Porque, eso sí, Genoveva no tiraba nada. Todo lo guardaba, lo reutilizaba e incluso lo escondía (solo que, claro, a veces dejaba sus tesoros escondidos por años).

Ella jamás se dejó convencer de que todas las frutas debían ser siempre iguales: las manzanas gordas y rojas, las mandarinas sin pepa, los blanquillos sin ninguna manchita. No. Para ella todo tenía un valor, todo podía y, sobre todo, debía ser convertido en un plato agradecido y delicioso. El plátano mosqueado, la manzana harinosa, el níspero manchado, la lechuga marchita, el choclo secándose. Bajo su imperio, todo se convertía en compotas, mermeladas, más queques, torrejas y, bueno, esos pepianes que aquí nos convocan —cremosos y aterciopelados— que cocinaba para sus nietos con el amor más infalible de todos: el de abuela.

En estos tiempos, en que el 40 por ciento de los alimentos se tiran a la basura antes que lleguen a la cocina por simples caprichos del mercado, vale la pena recordar a Genoveva y a todas las Genovevas del mundo. Las que nada tiraban, las que todo aprovechaban, las que todo sabían.

Empecemos con un pepián de choclo como el que hacía mi abuela.

1 Pepián de choclo

Escogemos 4 choclos ya no tan tiernos. Los que nadie quiere. Los licuamos. Hacemos un aderezo con 1 cucharada de ajo molido y una taza de cebolla picada. Añadimos ½ taza de ají amarillo licuado y cocemos 2 minutos. Añadimos ½ taza de culantro licuado y el choclo, también licuado. Dejamos cocer añadiendo 1 taza de <u>caldo de verduras</u> (Ver: El cariño / Del cubo al caldo, p. 183). Debe quedar como un puré suelto.

Aparte, hacemos un escabechado rápido con 1 cucharadita de ajo molido, 1 cebolla roja en tiras gruesas, 1 ají amarillo en tiras, 2 cabezas de cebolla china y más culantro, que saltamos rápido en aceite. Añadimos un chorro de vinagre y 1 cucharada de ají amarillo licuado, sal, pimienta y comino en polvo.

Hacemos un arroz amarillito (Ver: La nostalgia / Mi querido arroz blanco, p. 132). Listo.

Combinamos todos los elementos y, si es carnívoro, puede acompañarlo con un guisito de carne o un trozo de pescado guisado o frito, con su salsa criolla encima.

SUS VARIANTES

2 Pepián amarillo

Seguimos la misma receta anterior, solo que eliminamos el culantro licuado. Aumentamos el ají amarillo licuado al doble, añadimos al aderezo 1 cucharadita de palillo y 1 ramita de culantro (que luego retiramos). Este pepián es ideal para acompañar cualquier guiso de carne o pescado bien criollo.

3 Pepián Bachiche

Seguimos la receta del pepián amarillo, solo que al final añadimos 1 buena cucharada de mantequilla, un chorro de aceite de oliva y un buen puñado de queso parmesano. Este pepián es ideal para acompañar cualquier guiso de influencia italiana o francesa. El osobuco, el asado a la olla o el asado de tira al vino tinto, por ejemplo.

4 Pepián de arroz

Remojamos 2 tazas de arroz crudo, lo secamos y luego trituramos con la ayuda de un rodillo de cocina. Hacemos un aderezo con 2 cebollas rojas picadas muy finitas, 2 cucharadas de ajo molido, 2 cucharadas de ají mirasol molido, 2 de ají panca molido y 2 de ají amarillo molido. Añadimos sal, pimienta, comino, orégano en polvo, palillo en polvo y una ramita de romero. Agregamos el arroz roto. Echamos caldo de ave o caldo de res (como los que aparecen en la página 181 y 183) y dejamos cocer a fuego lento hasta que espese. Este pepián es ideal para acompañar guisos de pato, de pollo, de pavo o incluso pollos o pavitos al horno con su juguito.

5 Pepián de pavita

Una receta muy especial que demanda paciencia y oficio. Cogemos 400 gramos de garbanzos secos y los tostamos en una sartén. Luego los molemos y cernimos. Lo mismo hacemos con 100 gramos de maní. Aparte, preparamos un aderezo muy sabroso con 2 tazas de cebolla roja picada muy finita, 1 cucharada de ajo molido,

3 cucharadas de ají panca licuado, 1 cucharada de ají mirasol licuado, 1 cucharada de achiote molido, sal, pimienta, comino, una pizca de romero en polvo o en
ramita. A continuación, añadimos 1 kilo de pechuga de pavita cortada en trozos.
Si tienen suerte y fortuna, que sea una pavita de corral pequeña, flaca y sabrosa,
cortada en 8 trozos. Doramos un poco y mojamos con agua que cubra todo. Cocemos hasta que la carne esté jugosa, pero no seca. Ojo: si es pechuga de pava,
será mucho más rápido que la pavita con hueso. Retiramos la pavita y reservamos.

Diluimos el garbanzo molido y el maní juntos en un poco de agua y añadimos
la mezcla al jugo de la cocción de la pavita. Cocinamos hasta que espese y regresamos la pavita. Seguimos moviendo y listo. Acompañamos con arroz aparte
y salsa criolla (Ver: La celebración / Más salsitas de sazón criolla, p. 273).

6 Espesado

En una olla cocemos 1 kilo de punta de pecho en 4 trozos junto a 1 cebolla, 1 zanahoria, 1 poro (cortados en dos), 1 diente de ajo, unos granos de pimienta, 2 ramas
de apio y sal. Cocinamos hasta que la carne esté suave. La retiramos y colamos
el caldo resultante. Aparte, picamos 1 taza de yuca pelada en trozos medianos, 1
taza de loche en dados, 1 taza de caigua en dados y 1 taza de frejol tierno. Molemos (o rallamos o licuamos) 6 choclos tiernos. Hacemos lo mismo con ½ atado de
culantro. Preparamos un aderezo rápido con 1 cucharada de ajo, 1 cebolla picada
finita, 2 cucharadas de ají panca licuado, sal, pimienta, comino y achiote al gusto.
Echamos al caldo la yuca, el frejol, el loche y la caigua, y dejamos cocer 10 minutos.
Agregamos ahora la carne reservada, luego choclo y culantro molidos y diluidos
en un poco de agua. Espesamos y probamos de sal. Servimos hirviendo y bañamos
con el aderezo. Arroz aparte, salsa criolla y listo.

Nuestro delicioso y cremoso pepián de choclo es el más conocido, aunque no
el único. La cocina peruana no deja de asombrarnos. En un reciente trabajo de
investigación los sabores del pepián se mostraban orgullosos de ser reconocidos y
degustados en sus variadas presentaciones. Pepianes de arroz, de maní, de harina
de maíz, de trigo, de sémola, de habas o de garbanzos, con aderezos mil y de variados colores, donde el «ahogado» se impregna del gusto de la carne elegida, sea
esta chancho, gallina, cuy, pavo, conejo, camarones, pescado o salchichas. Incluso
cuando la carne es escasa, se le puede poner al pepián —antes de retirarlo del
fuego— unas papas sancochadas, peladas y picadas. Alimento, sustento y sabor.

ARROZ CHAUFA

E s difícil saber en qué momento el arroz chaufa se convirtió en un plato infaltable en el hogar de la familia peruana. Lo que sí podemos hacer es seguirle el rastro hasta sus orígenes. Corría la segunda mitad del siglo XIX. Miles de ciudadanos chinos llegaban al Perú a trabajar en el campo para aliviar la falta de mano de obra ocasionada por la abolición de la esclavitud. Todos lo hacían en contratos inaceptables, casi de semiesclavitud. Al cabo de unos años lograron renegociarlos para tener mejores condiciones. Ello les permitió ahorrar para el negocio propio que, en su mayoría, terminaba siendo una fonda donde se servía la cocina local de aquellos tiempos. Fue allí que —sin plan ni estrategia definida— fueron colándose en la sazón criolla el wok y fuego bravo de sus saltados; el arroz blanco de diaria compañía; y el punto de kion y cebolla china para dar sabor. Todo ello fue dando vida a platos que hoy forman parte de nuestra cotidianeidad y peruanidad. Platos como el lomo saltado, el tallarín saltado criollo o ese arroz chaufa que hoy aplaude toda la familia cuando se prepara en casa según los gustos de cada hogar.

En la mía, por ejemplo, el chaufa no se hacía ni con chancho asado, ni con pollo, ni con pato, ni con langostinos. En mi casa se hacía con un picadillo de embutidos que se vendía en el supermercado de aquella época, imagino que para darle un último respiro a aquellos embutidos que estaban a punto de morir. Jamonada, pastel de carne, jamón inglés, salchicha: todo se picaba en dados gruesos que luego saltaban en mi casa con el arroz y los demás ingredientes que suele llevar un típico chaufa. Como suele ocurrir, durante mucho tiempo pensé que esa era la receta casera y que en todas las casas se hacía igual. El tiempo me enseñaría que no. Que la gran virtud del chaufa es su capacidad para mostrarse único e incomparable según el gusto y la memoria de la diversa familia peruana.

1 Arroz chaufa estilo casero

En una sartén echamos un chorro de aceite con ½ taza de cabeza de cebolla china picada muy finita, 1 cucharada de ajo molido y 1 cucharada de kion rallado. Sudamos 2 minutos a fuego medio y añadimos ½ taza de pimiento rojo picado en dados chiquitos y 1 taza de alguna carne. Puede ser, por ejemplo, pierna de pollo sin piel, pechuga de pollo, lomo de res, lomo o panceta de cerdo, o picadillo de embutidos como en mi casa de la infancia. Lo que prefiera.

Doramos todo rápidamente por 2 minutos y añadimos 4 tazas de arroz cocido. Subimos el fuego al máximo y dejamos de mover hasta que empiece a sonar como si en el fondo se estuviera tostando o friendo. En ese momento raspamos el fondo, chancamos el arroz con el lado ancho de un cucharón y damos vueltas. Volvemos a dejar de mover, hasta que nuevamente suene como a tostado. Repetimos este proceso 3 veces. Recién allí agregamos 4 cucharadas de aceite de ajonjolí, 8 de sillao, sal, pimienta, una pizca de azúcar, 1 buena cucharada de salsa ostión y 2 tazas de cebolla china (la parte verde, picada finita). Al final, añadimos 1 tortilla picada hecha con 4 huevos, damos una movidita, y listo. Una yapa: a mí me gusta echarle al terminar unas gotitas de limón y un poquito de rocoto licuado casero, de esos que uno siempre tiene en la refrigeradora. Haga la prueba; después me cuenta.

2 Arroz chaufa tipo chifa

La diferencia con el chaufa de la receta anterior es que se requiere un wok con fuego fuerte y que la tortilla se hace al comienzo, luego de los condimentos iniciales. Es sobre esa tortilla que se echa el arroz. Todo se integra poco a poco durante la cocción y no al final, como ocurre en el casero. Otro secretito de muchos chifas es un polvito chino llamado Chicken Powder. Lo venden en las tiendas de productos chinos. Pero, por favor, no le digan a nadie que lo descubrieron en este libro.

3 Arroz chaufa de mariscos

Tenemos listas ½ taza de colas de langostinos (pelados y picados en dos; tres sin son grandes), ½ taza de calamares picados en aros delgaditos, ½ taza de pulpo cocido (Ver: El encuentro / El pulpo suavecito, p. 226) y picado, y 2 docenas de conchitas cortadas en dos, sin coral. Seguimos el mismo procedimiento del arroz chaufa estilo casero, pero sustituimos los mariscos por la carne y añadimos, al final, 1 taza de frejolito chino y ½ taza de fideo chino frito picado.

4 Arroz chaufa criollo

Seguimos la receta inicial pero lo haremos solo de carne de res (de preferencia lomo o bistec) y añadiremos 2 salchichas de Huacho desmenuzadas. Al final, agregamos ¼ de taza de culantro, 1 cucharada de rocoto licuado y el jugo de ½ limón.

5 Arroz chaufa vegetariano

Uno de mis favoritos. Cambiamos cualquier carne por ½ taza de champiñones en láminas, ½ taza de brócoli picado chico, ½ taza de arvejas cocidas y ½ taza de choclo cocido, que añadimos en el momento en que entran los pimientos en el arroz chaufa estilo casero. Al final añadimos ½ taza de lechuga americana o criolla picada en tiras, ½ taza de frejolito chino, 2 cucharadas de rocoto molido y gotas de ½ limón.

6 Arroz chaufa huachano

En el aderezo del arroz chaufa estilo casero cambiamos las carnes por 2 tazas de salchicha de Huacho picada sin piel. Echamos 1½ tazas de esa salchicha de Huacho, que doramos bien, y seguimos con la receta básica. Al final, agregamos una tortilla a la que habremos añadido esa ½ taza restante, y que romperemos sobre el chaufa de forma irregular. Encima, salpicamos todo con una salsa chalaca (Ver: La celebración / Más salsitas de sazón criolla, p. 273).

7 Arroz chaufa de todo el chanchito

Picamos finamente ½ taza de tocino, ½ de *cha siu* o lomo de chancho asado chino (venden en los supermercados) ½ taza de salchicha de Huacho picada, y ½ taza de morcilla. Echamos todo en el momento de agregar la carne en la receta de la receta inicial y añadimos ½ taza de arvejas cocidas. Terminamos con una taza de frejolito chino. Removemos unos segundos y listo.

8 Arroz chaufa ligerito

Hacemos una tortilla con 12 claras de huevo. Eliminamos la carne y el sillao de la receta del arroz chaufa estilo casero y añadimos 1 taza de brócoli y otra de espárragos verdes picados finamente. Luego continuamos como en la receta básica.

9 Arroz chaufa de camarones

Seguimos tal cual la receta inicial, solo que cambiamos la carne por 1 taza de colas de camarones peladas y picadas en dos. También echamos 1 cucharadita de coral de las cabezas del camarón al aderezo de ajo, kion y cebolla china. El resto es igual que a la receta.

TALLARÍN SALTADO CON POLLO A LA CRIOLLA
Una receta a modo de lección

S iempre se puede volver a empezar. Con esas palabras, uno de mis principales maestros me dio una de las lecciones más importantes de la vida,
1 cuando me tocó hacer mi primer **tallarín saltado con pollo a la criolla** y todo
fue un desastre. Esto fue lo que me dijo:

«Tus fideos están recocidos. Si la pasta se debe cocer siempre al dente, en este
caso más aún, porque luego tendrás que volver a echarla en un jugo donde con-
tinuará su cocción. La próxima vez, cocina ½ kilo de fideos en abundante agua
y poco menos de que estén al dente. Así, la pasta tendrá tiempo de absorber la
salsa. Además, tu pollo está seco. Es porque elegiste pechuga y sin hueso. Al
freírla, ya perderá mucho jugo. Imagínate si además la tienes que volver a poner
en una salsa: se secará. La próxima vez usa 4 piernas enteras con su hueso, que
cortarás en 5 o 6 pedazos. Las fríes bien doraditas y así, cuando las metas a la
salsa, aguantarán todavía unos minutos y seguirán jugosas.

«Tus verduras están demasiado cocidas. Recuerda, es un tallarín saltado. Salvo el tomate —que sí debe soltar jugo y tumbarse para equilibrar la salsa—, la
cebolla, el ají y la cebolla china deben estar ligeramente crujientes. Cuando lo
vuelvas a hacer, echa primero 4 tomates en tiras y deja que suelten su jugo; ahí
recién añades las 2 cebollas rojas en tiras, 1 cucharadita de ajo molido, 1 ají en
tiras y 2 cabezas de cebolla china cortadas a lo largo en dos. Saltas y echas el
pollo frito. Agregas pimienta y comino al gusto.

«Tu salsa también está fuera de punto. Está muy subida de vinagre, muy cítri-
ca y encima tiene demasiado sillao. Salada. Debes buscar siempre un equilibrio
perfecto entre los jugos que botan las verduras y el pollo, con un vinagre y sillao
que entren para realzar, nunca para dominar. La próxima vez elige y conoce
bien la acidez de tu vinagre y la sal de tu sillao, para que puedas lograr el punto
exacto sin errar. Echa en la sartén con tus verduras y pollo un chorro de buen
vinagre, un chorrito de sillao y 1 cucharadita de salsa de ostión.

«Por último, los elementos están separados. No has logrado unirlos en un
todo. La grasita no se unió a cada fideo, faltó brillo, los jugos se van por un lado
y los sólidos por otro. Te doy un secretito: guarda un poco del agua donde cocinas los fideos. En ella hay un poquito de harina que el fideo ha soltado. Echas
los fideos a la sartén luego del sillao y el vinagre. Una vuelta, pruebas la sal y,

si le agregas al final un poquito de esta agua (2 cucharadas como máximo), los elementos se unirán con más facilidad. Y los sentirás en cada bocado. Listo. Culantro y ají limo picados y ya está.

«Así que ya sabes. Mañana empiezas de nuevo. Verás cómo te saldrá mejor».

Y así fue. Una receta me abrió una ventana que me sirvió para todo en la vida: siempre se puede volver a empezar.

SUS VARIANTES

2 Tallarín saltado con lomo

Cortamos ½ kilo de lomo en tiras gruesas, lo sazonamos con sal y pimienta, lo saltamos unos segundos y lo retiramos. Saltamos las verduras, regresamos la carne, echamos sillao y vinagre y seguimos con la receta del tallarín saltado con pollo a la criolla.

3 Tallarín saltado con langostinos y tocino

Cortamos 200 gramos de tocino en dados gruesos, los doramos en una sartén, retiramos y añadimos 36 colas de langostinos, que también retiramos. Saltamos las verduras y seguimos la receta original. Regresamos tocino y langostinos y echamos los fideos. Nuevamente, continuamos con el mismo procedimiento.

4 Tallarín saltado con verduras

En vez de carne o pollo de las primeras recetas, añadiremos 2 tazas de coliflor cortada en trozos y una de vainitas cortadas en dos. Saltamos ambas como si fueran carne de res y seguimos la receta del tallarín saltado con lomo, retirando coliflor y vainitas una vez saltadas y luego regresándolas al final.

5 Tallarín saltado con chanchito

Lo ideal es usar bondiola de cerdo, que picamos en tiras gruesas. Luego continuamos con la misma receta del tallarín saltado con lomo.

6 Tallarín saltado con pescado

Cortamos ½ kilo de filetes de pescado muy fresco (el que más le guste: bonito, atún, pez espada, mero, jurel o lisa) en dados grandes. Sazonamos con sal y los freímos rápidamente. Lo ideal es que no los pasemos por harina, pero si son muy frágiles, es mejor hacerlo. Los reservamos. Al final, cuando el tallarín y la salsa están listos siguiendo la receta del tallarín saltado con pollo a la criolla, los regresamos. Una vueltita y ya está.

7 Tallarín saltado con mariscos

Cortamos 2 calamares grandes en rodajas, limpiamos 12 conchas de abanico, 12 colas de langostinos peladas y 4 camarones grandes (que dejamos enteros y cocemos en agua). Saltamos el calamar con las conchas y los langostinos, los retiramos y reservamos. Continuamos con la receta del tallarín saltado con lomo, solo que, cuando ya esté el tallarín en la salsa, regresamos los mariscos y echamos los camarones enteros. Probamos la sal y listo.

EMPANADAS

L as empanadas son el orgullo de nuestros amigos argentinos, bolivianos y chilenos. Y no les falta razón. Son simplemente deliciosas.

Pero lo cierto es que, fruto de la influencia española en nuestra cultura, encontramos empanadas en toda América del Sur. Se hacen en Colombia con masa de maíz; en Ecuador con masa de plátano verde; en mi tierra, el Perú, con su azúcar en polvo sobre la masa horneada. ¿Qué tal si se animan a hacer unas empanadas en casa este fin de semana?

Empecemos con nuestras empanadas.

1 Las empanadas peruanas

La masa

½ kilo de harina sin preparar y ½ cucharadita de polvo de hornear, que mezclamos con 250 gramos de mantequilla. La receta original es con manteca de cerdo, así que, si la consigue, hágala con ella.

Mezcladas ambas, vamos añadiendo un vasito de agua en el cual diluimos una cucharadita de sal y 1 cucharada de azúcar. Amasamos rápidamente y dejamos reposar la masa tapada mientras hacemos el relleno.

El relleno

Picamos ½ kilo de carne de res en dados chiquitos. De preferencia, que sea corte para bistec, de cadera o de tapa, aunque también puede ser con carne molida. También picamos finamente 2 cebollas rojas, 2 cebollas blancas y 3 ajíes amarillos.

Sudamos la cebolla con 1 cucharada de ajo molido. Luego de 5 minutos añadimos el ají amarillo. Después de otros 5 minutos, agregamos la carne. Inmediatamente sazonamos con sal, pimienta, comino en polvo y retiramos del fuego rápidamente. Enfríe rápidamente para que no se evaporen mucho los jugos.

El armado

Con el relleno bien frío, estiramos la masa y cortamos en círculos del tamaño que deseemos. Colocamos al medio una porción generosa del relleno y, encima, huevo duro, aceituna y pasa. Cerramos y pintamos con huevo batido. Llevamos al horno bien caliente por 15 minutos.

Al salir del horno dejamos que entibien un poco y las espolvoreamos con azúcar en polvo.

OTRAS VERSIONES

2 Empanadas argentinas

Receta de la gran cocinera argentina, mi admirada amiga Dolli Irigoyen.

El relleno

Picamos 3 cebollas blancas finitas y las ponemos a rehogar con 2 cucharadas de manteca de cerdo o mantequilla, hasta que estén transparentes. Agregamos ½ cucharada de pimentón dulce, sal, pimienta, comino al gusto y una cucharadita de ají en polvo molido. Reservamos en un tazón.

Cortamos 300 gramos de lomo de res en cubos pequeños. Pasamos la carne por un instante por agua hirviendo, colamos rápidamente y unimos a la cebolla. Volvemos a sazonar con pimentón, sal, pimienta, comino y ají en polvo. Enfriamos en una bandeja y distribuimos por encima 3 huevos duros picados y 2 tiras de cebolla china picada. Reservamos.

La masa

Comenzamos tamizando ½ kilo de harina. Hacemos una corona y vaciamos en el centro ½ taza de manteca de cerdo y un vaso de agua en el que antes habremos diluido 1 cucharada de sal gorda. Amasamos hasta que quede completamente lisa. La dejamos reposar cubierta con un trapo por el lapso de 30 minutos. Estiramos la masa a 5 milímetros de espesor. Pintamos con manteca derretida, espolvoreamos con harina y doblamos en dos. Repetimos este procedimiento 3 veces. Envolvemos en papel film y llevamos la masa a la refrigeradora por 2 horas, como mínimo. Transcurrido ese tiempo, estiramos la masa en el espesor deseado y cortamos discos de 10 centímetros de diámetro.

El armado

En el centro de los discos colocamos una cucharada del relleno añadiendo una aceituna verde y un par de pasas. Sellamos y formamos el borde con pliegues. Colocamos en una placa engrasada y cocinamos en un horno bien caliente hasta que estén doradas.

3 Empanadas chilenas

Conocidas como empanadas de pino, esta receta es la favorita de mi amigo el gran cocinero chileno Tomás Olivera.

El relleno

Siempre debe hacerse el día antes. Calentamos una olla grande con aceite, sofreímos ½ kilo de carne (de res, bistec de tapa o cadera, por ejemplo) hasta que se dore un poco, por unos 8 minutos. Agregamos 1 cucharada de ají en polvo, una pizca de orégano en polvo, sal, pimienta y comino. Sofreímos unos minutos más.

Añadimos ½ taza de <u>caldo de carne</u> (Ver: El cariño / Del cubo al caldo, p. 181) y dejamos cocinar 30 minutos a fuego bajo. En paralelo, y en otra olla, sofreímos 2 cebollas blancas picadas finitas y dejamos cocinar a fuego medio hasta que estén suaves, unos 30 minutos más.

Mezclamos la carne con la cebolla, incorporamos bien y agregamos 1 cucharada de harina. Revolvemos y ajustamos la sazón de ser necesario. Dejamos enfriar y refrigeramos.

La masa

Hacemos una salmuera con ½ taza de leche, ½ taza de agua y ½ cucharada de sal. Revolvemos hasta disolver la sal totalmente. En un bol grande ponemos ½ kilo de harina, agregamos 2 yemas (todas juntas) e incorporamos revolviendo con una cuchara de palo, con un tenedor o con la punta de los dedos, como pellizcando. Agregamos 150 gramos de manteca vegetal derretida y trabajamos un poco más de la misma manera. A esta altura solo se tendrán migas, aún no una masa.

Seguimos trabajando la masa mientras se agrega la salmuera, hasta obtener una textura suave y elástica. En caso de necesitar más humedad, agregamos agua y leche sin sal. Precalentamos el horno a 180-200 °C para las empanadas de pino. Separamos la masa en 20 porciones y cubrimos con un paño húmedo. Trabajamos cada porción individualmente, uslereando (pasando el rodillo o estirando por la masa) hasta conseguir una masa fina.

El armado

Cortamos en círculos y colocamos en cada uno de ellos 2 cucharadas de relleno, ¼ de huevo duro, aceituna y pasas si así lo deseamos. Cerramos untando con huevo crudo el borde, presionamos firmemente y hacemos los dobleces. Pincelamos con un huevo batido antes de llevar al horno. Horneamos por 30-35 minutos hasta que estén doradas. Es importante vigilarlas durante la cocción. Si se inflan, se puede enterrar un mondadientes para desinflarlas, y así no se abren.

LUNES DE LENTEJAS

L o primero que hay que hacer para que las lentejas de los lunes sean una tradición que nadie olvide ni abandone es asegurar que nuestro guiso sea siempre sabroso y sustancioso. Este libro no pretende cambiar su receta de lentejas (seguro que en su casa las hacen deliciosas) solo queremos compartir la nuestra como referencia.

1 Lentejas

En una olla hacemos un aderezo con 1 cucharada de ajo molido y 1 taza de cebolla picada finita. Añadimos ¼ de taza de tocino picado finito o 1 chorizo estilo español chiquito picado (o ambos, según gusto). Añadimos ahora 1 cucharada de pasta de tomate, sal, pimienta, comino, laurel y orégano, todo al gusto. Luego, ½ zanahoria pelada y picada finita y, finalmente, un chorrito de caldo de carne o verduras (Ver: El cariño / Del cubo al caldo, p. 181) o agua. Damos un hervor, probamos la sal y echamos ½ kilo de lentejas previamente remojadas. Cocemos hasta que todo esté sabroso y espeso. Al final probamos la sal, añadimos un chorro de aceite de oliva y listo. Lo combinamos con todo lo que nos guste.

SUS VERSIONES

Algunas ideas sencillas para que ese lunes de lentejas no se pierda, se aplauda.

2 Unas torrejas

Cocer las lentejas como siempre lo hacemos en casa. Podemos seguir la misma receta que hemos dado aquí, por ejemplo. Si tenemos 4 tazas, licuamos la mitad y dejamos enteras la segunda mitad. Mezclamos. Luego añadimos 1 taza de arroz cocido, curry en polvo, comino y ¼ de taza de aderezo de ají amarillo licuado, según la receta de la p. 179 de este libro. Batimos con 2 huevos y 2 cucharadas de harina. Ya tenemos torrejas de lentejas listas para dorar en la sartén. Servimos con una hermosa ensalada criolla hecha con lechuga criolla, tomates, rabanitos, cebolla roja, apio, palta, vinagre, sal, pimienta y aceite.

3 Un solterito

Cocemos las lentejas en agua y mezclamos 4 tazas con 1 taza de papa cocida y cortada en dados, ½ taza de queso fresco, ¼ de taza de rocoto picado, un poco de aceituna, ¼ de taza de cebolla picada, 2 tomates picados, un choclo cocido desgranado, vinagre, perejil y aceite de oliva al gusto. Un solterito con lentejas: sabroso, nutritivo y contundente.

4 Al horno

Preparamos las lentejas como siempre se hacen en casa o según la receta inicial de lentejas. Colocar 4 tazas en una fuente con 2 chorizos, 2 morcillas y 2 salchichas de Huacho, todas picadas. Agregamos 2 tazas de cebollas, tomates y ajíes saltados, y mezclamos. Cubrimos con aceite de oliva y daditos de pan frito picado. Horneamos por unos minutos.

5 Un burger

Cocinamos las lentejas según la receta. Si son 2 tazas, licuamos la mitad y la mezclamos con la mitad no licuada. Regresamos la preparación a una sartén donde añadiremos un aderezo hecho con una cucharada de ajo molido, ½ taza de cebolla, 1 cucharada de perejil y ½ taza de pimiento picado muy finito. Retiramos de la sartén y separamos en porciones. Damos a cada una forma de hamburguesas y las pasamos por harina, luego por huevo batido y, finalmente, por pan molido. Las doramos en la sartén. En un pan de hamburguesa colocamos lechuga, tomate, la lenteja *burger*, 1 huevo frito, salsa criolla (Ver: La celebración / Más salsitas de sazón criolla, p. 273) y una mayonesa casera a la que le añade hierbabuena.

6 Un curry

Cocemos las lentejas según receta. Añadimos 1 taza de papa picada, 1 cucharada de curry en polvo, una pizca de comino, otra de palillo, ½ taza de tomate licuado, ¼ de taza de hierbabuena, y culantro y perejil picados. Dejamos cocinar unos minutos y listo. Servimos con dos huevos fritos y arroz al lado.

EL PICANTE DE LA VIDA

N unca antes el sabor picante ha sido tan popular como lo es en estos días en que se ha convertido en el más atractivo y seductor de todos. Atrás quedaron los tiempos en que norteamericanos y europeos huían con solo escuchar su nombre. Hoy todos quieren probarlo e incorporarlo a sus vidas. Y qué bueno que así sea. Porque eso quiere decir que un poco del alma de América Latina empieza a colarse en los hogares y corazones del mundo. Ese lado tan nuestro que desde siempre ha sido parte de nuestra picardía y ganas de vivir. Ese picante que los latinoamericanos le ponemos a la cocina y a la vida. Hagamos un picante casero.

1 Picante de carne

En una olla sudamos 2 tazas de cebolla roja picada muy fina con un chorro de aceite. Echamos ½ taza de ají panca licuado, sal, pimienta, orégano en polvo y comino al gusto. Añadimos ½ kilo de bistec de res cortado en cuadritos. Dejamos sudar unos minutos y agregamos 2 tazas de papas blancas crudas cortadas en daditos, 1 taza de arvejas crudas, 1 taza de zanahoria pelada y cortada en daditos, y 1 taza de choclo desgranado. Añadimos también un puñado de perejil picado. Echamos un chorro de agua o caldo y tapamos. El guiso estará listo cuando la papa esté cocida. No debemos dejar que se recocine. Al final, echamos (solo opcionalmente) rocoto molido con gotas de limón al gusto. Para que pique rico. Una movidita y listo.

SUS VARIANTES

2 Picante de alitas de pollo

Seguimos la receta tal cual se hace con el picante de carne, pero echamos primero las alitas. Las doramos, las retiramos y, en esa misma sartén, hacemos el aderezo. Cuando echamos el ají panca, regresamos las alitas a la sartén. Continuamos según la receta original.

3 Picante de pavita

En lugar de carne, echamos ½ kilo de pechuga de pavita cortada en dados. La incorporamos al mismo tiempo que las papas, de manera que no se seque. Seguimos con la misma receta que el picante de carne.

4 Picante de cerdo

Empleamos la receta del picante de carne solo que la hacemos con ½ kilo de panceta de cerdo picada, que doramos antes que el aderezo. La retiramos, preparamos el aderezo, la regresamos, echamos las verduras y añadimos col picada, hierbabuena picada abundante y un rocoto entero para que llene de aroma y picor al guiso. Al final, retiramos el rocoto y se lo damos al más valiente de la familia.

5 Picante de menudencia

Usamos pulmón, hígado y riñón de res, todo picado en dados. Los doramos bien, retiramos y hacemos el aderezo como en el picante de carne. Echamos las verduras, agua, cocemos unos minutos y regresamos la menudencia. Luego seguimos tal cual el picante de carne, con rocoto molido, gotas de limón y perejil, cebolla china y hierbabuena, todos picados.

6 Picante de la huerta

Picamos coliflor, vainita y nabo bien chiquitos, del tamaño de las demás verduras. Seguimos la receta del picante de carne, añadiéndole al guiso hierbabuena picada, rocoto molido, culantro picado y gotas de limón.

7 Picante del mar

Cambiamos la carne por mariscos como lapas picadas, calamares picados y choros cocidos y picados. Puede usar también almejas, machas, navajas o conchas. Si la preparación lleva lapas, calamares o choros, echamos primero lapas y calamares y cocemos como en el picante de carne, echando el marisco junto al aderezo. Se añade al aderezo 1 taza de yuyo o algas picadas, y el caldo donde se cocinó el choro. Si se usan navajas, se agregan al final, cuando la papa está casi lista. Terminamos con perejil, culantro y hierbabuena picados, rocoto molido y gotas de limón.

VÍSCERAS

E n la mesa de mi infancia las vísceras, los interiores y las achuras nunca fueron el invitado especial. Mis hermanas jamás aplaudían cuando la casa se impregnaba de olor a cau cau. Tampoco saltaban de alegría cuando el hígado encebollado anunciaba su presencia. Menos cuando, entre los anticuchos detrás del Estadio Nacional, se colaba un trozo de pancita o de rachi. Quizás por ahí un mondonguito a la italiana; quizás por otro un guisito de mollejas. Pero las vísceras para mis hermanas adolescentes (siempre bien conservadas) no eran precisamente un camino hacia las estrellas.

Yo, en cambio, las amé desde que tengo memoria. Lo hice desde aquella ubre frita que sucedía a un suculento chaqué de tripas en una picantería arequipeña a la que mi padre me llevaba furtivamente, en Lince. También desde esa chanfainita que aprendí a comer con un amigo taxista, o el rachi que descubrí algunas madrugadas, tras pasar horas confitándose al pie del fogón. Las volví a amar con aquellos anticuchitos de hígado, rosados al interior, que devoraba cuando había fiesta en la Granja Azul; y con esa tripulina con todo, frente al camal de Yerbateros. Lo mismo con el cebiche de criadillas que descubrí en La Tranquera, hasta esa sarsa de criadillas que probé por primera vez donde una amiga picantera.

Con el tiempo, además de confirmar la suculencia de sus sabores —la cremosidad del choncholí, la elegancia de los sesos, el manjar de dioses de la molleja de res— me di cuenta de que las vísceras eran, sobre todo, una forma de rendir tributo y honor a una cocina que debe usar todos los ingredientes con agradecimiento, respeto y responsabilidad.

Recuerdo que era ese amor prohibido el que me llevaba en bicicleta al Súper Epsa a comprar con mi propina una bolsa de corazoncitos de pollo. Regresaba a casa casi cantando y los echaba en una sartén con un poco de ajo, cebolla china, mantequilla, comino, pimienta y limón. Era una adaptación de una receta del viejo libro de Pellaprat que reinaba en casa, en el que la receta recurría a las mollejas de res, imposibles de conseguir en el mercado. No sé si salían horribles a mis escasos diez años. El hecho es que, para mi suerte, nadie moría por probarlas y el plato quedaba solo para mí. ¿Se animan a hacer un recorrido por los interiores, las vísceras, la sabrosa menudencia de la vida? Empecemos con mi favorito.

LAS MOLLEJITAS

1 Un guiso de mollejas de pollo a la trujillana

El secreto de un guiso de mollejitas está en su cocción larga. No es lo mismo que unas mollejitas a la parrilla, donde muchos valoran la textura firme. En el guiso, la clave es domar su carácter, cocinándolas a fuego lento hasta que queden suavecitas. Ese es el caso de este plato.

Hacemos un aderezo con 1 taza de cebolla roja picada muy fina, la sudamos lentamente por 5 minutos y añadimos 1 cucharada de ajo molido. Sudamos 2 minutos más y añadimos 4 cabezas de cebolla china picada, 1 taza de ají amarillo licuado y ½ taza de loche rallado con cascarilla. Dejamos sudar 10 minutos más y añadimos culantro picado, sal, pimienta, comino, ½ kilo de mollejitas de pollo y un chorro de buena chicha de jora. Cubrimos con agua, tapamos y cocinamos a fuego lento, hasta que podamos cortar las mollejas con las manos. Agregamos 1 rodaja de rocoto, probamos la sal, añadimos unas yucas cocidas, damos un hervor y listo.

SUS VARIANTES

2 Mollejitas de pollo al sillao

Preparamos un aderezo con cebolla, ajo molido y cebolla china como en la receta anterior. Añadimos 1 cucharada de kion rallado, las mollejas, un chorro de pisco, 1 cucharada de salsa de ostión, 4 cucharadas de sillao, 1 rodaja de rocoto, un puñado de culantro, sal, pimienta, comino y 1 cucharada de azúcar. Echamos agua y dejamos cocer hasta que las mollejas estén suavecitas. Si la salsa está muy suelta, la pueden espesar con un poquito de chuño diluido en agua. Acompañamos con yucas cocidas o arroz blanco.

3 Picante de mollejas de pollo

En una olla hacemos un aderezo de cebolla, ajo, cebolla china, ají amarillo y loche rallado; igual al de la receta de un guiso de mollejas de pollo a la trujillana, pero le añadimos ½ taza de ají panca licuado. Echamos las mollejas de pollo y cubrimos con agua. Cocinamos hasta que estén suaves. Añadimos 2 tazas de papa blanca cruda cortada en dados, 1 taza de choclo desgranado, 1 taza de vainita picada y 1 taza de zanahoria en daditos. Cocemos las verduras y agregamos un puñado de perejil picado y 1 rodajita de rocoto para que pique rico. Después de todo, se trata de un picante. Terminamos con gotas de limón y probamos la sal. Un toque de hierbabuena picada y listo.

AHORA LOS RIÑONCITOS

4 Riñoncito al vino

Lo primero que debemos hacer es comprar un kilo de riñones de novillo, los más chicos que puedan conseguir (también pueden hacer estas recetas con riñones de cordero). Los remojamos durante una hora en agua con un chorro de vinagre y un puñado de sal. Los lavamos, los abrimos y les retiramos los nervios y grasas internas. Seguidamente, los cortamos en trozos grandes. En una sartén echamos un trozo de mantequilla y añadimos los riñones sazonados con ajo molido, sal y pimienta. Los saltamos a fuego fuerte durante 1 minuto y retiramos. En la misma sartén añadimos 2 tazas de cebolla roja cortada en tiras finas y un trozo más de mantequilla. Agregamos 1 cucharada de ajo, sal, pimienta, comino, una pizca de azúcar y 1 cucharada de harina. Cocemos 1 minuto más y añadimos 1 taza de vino tinto. Dejamos que rompa a hervir y regresamos los riñones (con un chorrito de agua si hiciera falta) y dejamos cocer todo por otros 5 minutos. Terminamos con un trozo más de mantequilla y un buen puñado de perejil picado.

5 Riñoncito a la mostaza

Seguimos la misma receta del riñoncito al vino, solo que al final añadimos 1 cucharada de mostaza y un chorro de crema fresca.

6 Riñoncito a la parrilla

Cortamos los riñones (luego de lavados) en rodaja gruesas. Calentamos la parrilla. Mientras, preparamos un chimichurri criollazo (Ver: La celebración / Chimichurris, p. 268) y un menjunje parrillero de la siguiente manera: mezclamos 1 taza de aceite con ¼ de taza de vinagre, un puñado de orégano, sal, pimienta, comino y 1 taza de agua.

Cocemos en la brasa las rodajas de riñón, cubriéndolas bien con el menjunje. La cocción es rapidísima: 1 minuto por cada lado. Retiramos los trozos y cubrimos con el chimichurri.

¿Y EL HIGADITO?

7 Hígado encebollado

Cortamos hígados de res en filetes gruesitos. Los sazonamos con ajo molido, sal, pimienta, comino y gotas de vinagre. En una sartén doramos rápidamente los hígados por ambos lados y retiramos. Echamos 4 tazas de cebolla roja cortada en tiras, un trozo de mantequilla y 1 cucharada de ajo molido. Cocemos y agregamos un chorro de vinagre de vino tinto, un puñado de cebolla china picada y otro de perejil picado. Regresamos los hígados, damos 1 minuto de cocción y listo. Los cubrimos con el encebollado. También puede prepararse con higaditos de pollo.

8 Higadito a la milanesa

Puede prepararse con hígados de pollo o con hígado de res. Si se hace con hígados de pollo, los dejamos como vienen; si es con res, hacemos filetes delgados. En ambos casos los sazonamos con sal, pimienta, comino, ajo molido y perejil picado. Luego, los pasamos por harina, huevo batido y pan rallado. Los doramos en una sartén con mantequilla, por un lado y por el otro. Lo acompañamos con <u>puré de papa amarilla</u> (Ver: La celebración / Un asado a la olla musical, p. 257) y <u>ensalada criolla</u> hecha con lechuga criolla, tomates, rabanitos, cebolla roja, apio, palta, vinagre, sal, pimienta y aceite.

¿CORAZONES?
Más allá del anticucho, los corazones de res y de pollo son una gran opción para platos ricos y contundentes.

9 Corazón a la pimienta

La receta es pariente directo del lomo a la pimienta. Cortamos el corazón en trozos grandes, sin venas ni grasa: solo puro corazón. Cuanto más grandes, mejor. Los sazonamos con sal y los pasamos por abundante pimienta negra machacada. Los doramos en una sartén con un trozo de mantequilla, muy rápidamente por ambos lados. Añadimos un chorro de brandy, pisco o jerez (lo que tengan a mano). Luego echamos un buen chorro de crema de leche, un puñado de perejil picado y más pimienta negra machacada. Retiramos los corazones y dejamos que la salsa coja punto. Bañamos los trozos de corazón con la salsa, y listo.

10 Corazones de pollo al jugo

Echamos ½ kilo de corazones de pollo en una sartén con un chorro de aceite muy caliente. Los doramos rápidamente y retiramos. En la misma sartén agregamos 2 tazas de cebolla en tiras, 1 cucharada de ajo molido, sal, pimienta y comino. Además, añadimos cebolla china, culantro, perejil, hierbabuena, ají amarillo y 2 tomates, todo bien picado. Sudamos unos minutos y regresamos los corazones, añadimos un chorro de vinagre, otro de sillao, un trozo de mantequilla y tapamos unos minutos para que todo siga sudando. Al final, echamos más hierbas al gusto y rodaja de rocoto.

LOS SESOS

11 Sesos al limón

Empleamos 4 sesos chicos. Los remojamos en agua con vinagre por unos minutos. Los limpiamos en agua fría y les quitamos su piel. Seguidamente los cortamos en dos filetes y sazonamos cada uno con sal, pimienta, ajo molido y gotas de limón. Los pasamos por harina y los doramos en una sartén con un buen trozo de mantequilla. Doramos por ambos lados y retiramos. En la sartén echamos gotas de limón, 1 cucharada de agua, gotas de salsa inglesa y perejil picado. Bañamos los sesos con esta salsa.

12 Ravioles de sesos

Cocemos 4 sesos en agua con sal (previamente remojados en agua con vinagre) por ½ hora. Aparte, sudamos 1 taza de cebolla con 1 salchicha de Huacho y 2 tazas de espinaca, todo bien picado. Mezclamos con los sesos picados finamente y 1 taza de queso ricota, sal, pimienta y nuez moscada. Rellenamos ravioles (la receta de la masa está en El cariño / Los ravioles, p. 176) y los cocemos en agua con sal. En una sartén, echamos un trozo de mantequilla, hojas de salvia, gotas de limón y un punto de ají limo picado. Añadimos los ravioles, parmesano rallado y listo.

LA RECETA DEL DÍA: DON ANTICUCHO CORAZÓN

V ivimos un cambio de época. La estandarización como virtud da paso a la era de la diferenciación. Los jóvenes, conectados e informados sin importar condición, descubren que el mundo es deliciosamente diverso, dejan de aferrarse a lo conocido, pierden el miedo, se hacen libres y se despiertan con una sed inusitada de explorar, de crear. De vivir cada día una experiencia distinta.

En ese camino muchas tendencias nuevas van apareciendo. El crecimiento imparable de las cervezas artesanales. El retorno de los pequeños negocios de artesanos al barrio: carniceros, peluqueros, sastres, panaderos. La búsqueda de las propuestas independientes en la música, el cine, la moda. La exigencia de que los productos que uno compra sean buenos en calidad y buenos para la sociedad y el ambiente. Y en el mundo de la cocina, la nueva valoración horizontal que se da a todas las experiencias culinarias. No hay más una cocina más importante que otra. Si están hechas con calidad, todas son importantes. Todas pueden ser experiencias mágicas sin importar que se trate de alta cocina o cocina popular.

El *street food* (o cocina de la calle) no ha gozado, sin embargo, del mismo respeto o conocido el mismo desarrollo. Pero las cosas están cambiando. En todo el mundo conceptos que muchas veces eran vistos como un problema de salud pública, de informalidad económica o de vergüenza social, hoy se han convertido en iconos culturales. Se han convertido, también, en propuestas de diseño inspiradoras, en oportunidad empresarial y social para muchos, en atractivos productos turísticos. Por todos los rincones del planeta *food trucks*, quioscos y carretillas han alcanzado finalmente el reconocimiento y la gloria, y América Latina no es la excepción. Cebicheros que preparan sus platos al instante —y frente al cliente— cebiches que podrían estar en el más lujoso restaurante de París. Tamaleros que le ponen música a nuestros domingos. Sangucheros honestos que nos seducen entre ajicito y yapa. Y, por supuesto, nuestras queridas anticucheras, las que han hecho del anticucho un héroe nacional.

Cierto es que en todo el mundo hay palitos incrustados con algún ingrediente, cocinados a la parrilla, y todos son deliciosos. Los japoneses tienen el *yakitori*, que tiene un puntito dulce. Los tailandeses, el *satai*, con su punto de maní. Los franceses, sus *brochettes*. Los turcos, el *kebab*, con sus especias típicas. Los españoles tienen los pinchos morunos. Pero para los peruanos ningún palito nos conmueve más que nuestro querido anticucho de corazón, con su ají panca, su papita, su choclito al lado y sus ajicitos bien picantes, de esos que nos hacen sudar.

Vamos con las recetas de anticuchos. Empezamos con el padre de todos.

1 El anticucho de corazón

Cortamos 2 kilos de corazón en filetes gruesitos, quitándoles todo nervio y grasa, hasta dejar pura pulpa. Esto es esencial para que nos queden suaves y jugosos. Los ponemos en palitos de caña calculando 4 trozos por palito, y de 2 a 3 palitos por persona si será una única comida completa. Los maceramos en un menjunje de 4 tazas de ají panca licuado, una taza de buen vinagre de vino, 2 cucharadas de orégano molido, sal, pimienta, una cucharada de comino al gusto y 2 cucharadas de ajo molido. Lo dejamos en la mezcla por 4 horas. Pasado ese tiempo, los llevamos a la brasa y los vamos mojando —con la misma salsa de maceración— con una escobita mágica que hacemos con las hojas de nuestro choclo.

Dejamos el anticucho a término medio de cocción, máximo tres cuartos. Bueno, si le gusta bien cocido (estilo «suela»), será de entera responsabilidad suya. Los servimos con papas cocidas que cortamos en rodajas gruesas y que doramos en la misma parrilla. Las papas que ofrezca la temporada: blancas, amarillas o de colores. Servimos al lado rodajas de choclo cocido siempre, siempre, acompañadas de ajicitos bien picantes. Mi preferidos son el ají de huacatay y el ají amarillo de carretilla (Ver: La celebración / Los ajicitos hechos salsa, p. 253).

SUS VARIANTES

2 Anticuchos de hígado de pollo

Hacemos 12 palitos de anticucho colocando 4 higaditos enteros en cada uno. Los dejamos solo una hora en el macerado de anticucho según la receta anterior. Los cocinamos a fuego muy fuerte por ambos lados, mojándolos todo el tiempo. Con 3 minutos por cada lado quedarán rosados al interior. Los bañamos con la salsa de ají amarillo criollo (Ver: La celebración / Los ajicitos hechos salsa, p. 252).

3 Anticuchos de corazón de pollo

Seguimos la receta inicial. Armamos 12 palitos de anticucho, colocando 8 corazones de pollo por cada uno. Maceramos una hora y los colocamos a fuego muy fuerte, mojando con su macerado todo el tiempo. Acá es casi vuelta y vuelta, nada más. Los bañamos con ají de huacatay.

4 Anticuchos de pollo

Para 8 palitos compramos 6 filetes de pierna de pollo sin piel. Cortamos cada uno de ellos en cuatro y colocamos 3 trozos en cada palito. Los maceramos igual como en el anticucho de corazón, pero estos los cocinaremos primero a fuego lento, en la parte más suave de la parrilla. Cuando están casi cocidos los colocamos en la parte más fuerte, para dorarlos. No olvidemos ir mojándolos durante la cocción con su macerado. Los acompañamos con las mismas salsas del anticucho de corazón.

5 Anticuchos de lomo

Cortamos 1 kilo de lomo fino —sin ningún nervio ni grasa— en 24 trozos de 40 gramos cada uno. Hacemos 8 palitos de 3 trozos cada uno. Seguimos la misma receta del anticucho de corazón, solo que los maceramos solo 1 hora y les damos el punto de cocción que les gusta a la familia. Nuestra recomendación es término medio, dado que el lomo se seca con facilidad. El ají de huacatay es su salsa ideal.

6 Anticuchos de chanchito

Cortamos 1 kilo de bondiola de cerdo en 24 trozos de 40 gramos y seguimos la misma receta del anticucho de lomo. La diferencia aquí está en que estos los cocinaremos completamente, teniendo cuidado de no secarlos. Su salsa ideal es el ajicito de mostaza (Ver: La celebración / Los ajicitos hechos salsa, p. 254).

7 Anticuchos de pescado

Algunos pescados sugeridos para esta preparación son la trucha rosada grande, el bonito (se cortará en cubos grandes), el perico (se cortará en cubos medianos), el pez espada (siempre y cuando sea abundante y no esté amenazado), el jurel, la caballa y otros pescados con un buen porcentaje graso. Evitemos pescados magros o frágiles, como el lenguado, el congrio y otros.

Necesitamos 1 kilo de filetes que cortaremos en 24 trozos gorditos. Seguimos la receta del anticucho de lomo, solo que esta vez cambiamos el macerado, reduciendo el ají panca a la mitad y añadiendo la otra mitad de ají mirasol licuado. Cocemos rápidamente, dejándolo muy jugoso. El ají ideal es el ají amarillo criollo.

8 Anticuchos vegetarianos

Podemos combinarlos de esta forma. Unos de camote previamente cocidos y cortados en trozos como los de anticucho de la <u>receta inicial</u>. Otros de espárragos verdes grandes, que pelamos. Otros de coliflor que cortamos en trozos grandes (previamente pasamos por agua hirviendo unos segundos). Otros de champiñones grandes, que incrustamos directamente en el palito. Otros de papitas bebé que incrustamos con su piel, cocidas al dente. Otros de tomates cherry y cebolla blanca cortada en trozos. Y otros de zapallito italiano que cortamos en rodajas gordas. Todos los maceramos como el anticucho de corazón y los cocinamos a fuego fuerte. Todos <u>los ajicitos hechos salsa</u> les van bien (Ver: La celebración / Los ajicitos hechos salsa, p. 252).

9 Anticuchos de lengua

Uno de mis favoritos. Compramos 1 kilo de lengua (pedimos al carnicero la parte más grasosa) y la cocemos en agua con sal hasta que se pueda cortar con las manos. La dejamos enfriar con cuidado. Cuando esté recién fría, la cortamos en cubos y los insertamos con cuidado en los palitos. Los maceramos —nuevamente con cuidado— con el mismo macerado del <u>anticucho de corazón</u>, y los dejamos en la refrigeradora por 2 horas. Pasado ese tiempo, vamos a la parrilla y los cocinamos hasta que se doren por fuera y estén bien calientes por dentro. Bañamos con <u>ají de huacatay</u>.

10 Anticuchos de pulpo

Otro de nuestros favoritos. Cocinamos 1 kilo de <u>pulpo</u> (Ver: El encuentro / El pulpo suavecito, p. 226) y lo cortamos en 24 trozos, que colocamos en palitos. Los tiramos directo a la parrilla sin macerar, bañándolos primero con un <u>chimichurri clásico</u> (Ver: La celebración /Chimichurris, p. 268). Dejamos que la piel se tueste con cuidado y recién allí echamos el macerado clásico de anticucho para que cojan, al final, ese saborcito de anticucho. Los bañamos con más chimichurri de ajo y más macerado, justo al salir. No necesitan ninguna salsa de ají adicional.

PICARONES

« **N**o hay camino marcado que conduzca al hombre a su salvación; este debe inventar constantemente su propio camino. Pero, para inventarlo, el hombre es libre, es responsable y no tiene excusas. Es en él donde reside toda esperanza».

Ideas de Jean-Paul Sartre a finales de la Segunda Guerra Mundial, cuando la gente, al descubrir el horror, la barbarie y la destrucción ocasionada por los hombres, buscaba nuevas respuestas que definieran su libertad y existencia. Unas ideas, un escenario y unas emociones que hoy parecieran tocar nuestro vivir. En efecto, son muchas las señales que cada mañana de estos tiempos parecen desmoronar nuestro ánimo. Corrupción, intolerancia, catástrofes, incertidumbre. Todas ellas solo circunstancias a las que toca sobreponernos de la misma forma en que la mayoría hemos hecho desde siempre: enfrentando la decepción y el miedo con la acción. Seguros de que somos nosotros los únicos que hacemos nuestro camino; que solo nos queda avanzar.

Imaginemos una receta que a otros les sale natural, pero a nosotros no. Unos picarones, por ejemplo. A unos, gracias a haberlo hecho día tras día, o porque poseen la habilidad en las manos, la masa les queda siempre aireada, crujiente, y el hueco sale perfecto. A otros, en cambio, les sale mal incluso practicando un poco. Y es allí cuando de pronto aparece la voluntad que nos determina. Podemos abandonar la batalla y refugiarnos en la idea de que no hemos nacido para hacer picarones, y acudir a los brazos de una picaronera que lo haga por nosotros; o podemos practicar hasta que la masa nos salga crocantita y el hueco quede perfecto. Como en todo, en nuestras manos está decidir el camino que queremos tomar.

Queríamos hacer picarones. Al final, los haremos ¿o no?

- **Picarones clásicos**
  Cocinamos ¼ de kilo de camote amarillo y ½ de zapallo. Los cocinamos en una olla con poca agua hasta que estén bien cocidos, colamos, guardamos su agua y pasamos ambos por el prensapapas cuando estén aún calientes. Reservamos. Mientras, diluimos unos 50 gramos de levadura fresca con 1 cucharadita de azúcar, una pizca de sal y un poco del agua de cocción que guardamos. Tapamos bien y dejamos que la mezcla fermente en una zona templada por una ½ hora.

Transcurrido ese tiempo, la mezclamos con el puré de camote y zapallo. En ese momento añadimos ½ kilo de harina sin preparar, poco a poco, batiendo con cariño. Echamos un chorrito de licor de anís y seguimos amasando y batiendo hasta que nuestra masa de pronto cobre vida y nos empiece a hablar, con esas burbujas que irán apareciendo. Tapamos la masa y la dejamos reposar 3 horas, aproximadamente, esta vez en un lugar donde haya cierto calorcito.

Todo es referencial, como verán, y dependerá mucho de su capacidad de observación para salir bien parados. El calor es diferente, la humedad es diferente, las levaduras son diferentes, los camotes y el zapallo son diferentes. Sería casi un milagro que le salga bien a la primera.

Echamos abundante aceite en una olla grande o paila. Mojamos nuestras manos y dedos con agua. Cogemos un poquito de masa. Con los dedos, hacemos un huequito en el centro y soltamos cada porción con delicadeza sobre el aceite, como acomodándolas. Es cuestión de práctica. Freímos a fuego suave hasta que los picarones estén doraditos. Los retiramos con una vara que introducimos en cada picarón y los bañamos con una miel que podemos hacer mientras reposa la masa. Cocinamos ½ kilo de chancaca con 5 clavos de olor, 1 rama de canela, 2 hojas de higo y ½ litro de agua, hasta que va cogiendo punto de miel. Listo.

UNA SOPITA A LA CRIOLLA
para los que están de noche en casa buscando abrigo

1 Sopa criolla clásica

En una olla echamos un chorro de aceite, 2 tazas de cebolla roja picada muy finita y 2 cucharadas de ajo molido. Sudamos a fuego lento durante 5 minutos.

Agregamos unos 500 gramos de carne de bistec de res que picamos previamente muy chiquitito. Seguimos sudando y añadimos 8 tomates pelados y picados muy chiquitos, 2 cucharadas de ají panca licuado, 2 cucharaditas de ají mirasol licuado, 2 cucharadas de pasta de tomate, 1 buena cucharada de orégano (en polvo o seco), sal, pizca de pimienta y, si quiere, una pizca de comino. Cocemos todo por 5 minutos más.

Es momento de echarle 6 tazas de caldo de carne, el cual puede hacerse con huesos de res días antes y tenerlo congelado y listo para cuando quiera usarlo (también se puede ver: El cariño / Del cubo al caldo, p. 181).

Por último, y porque seguramente es de noche cuando la prepare (si no tiene nada de caldo ni de sabor a sustancia), podría echarle su cubito. Pero que conste que yo le dije que no lo haga. Seguimos. Dejamos que todo hierva 10 minutos y echamos ahora fideos cabello de ángel. Dejamos hervir nuevamente hasta que estén cocidos.

Una vez listos los fideos, echamos un superchorro de leche evaporada. Que la preparación rompa a hervir y agregamos 4 huevos, pero ya no movemos más. Otra alternativa es echarle 4 huevos fritos o pochados.

Si optamos por los huevos crudos, dejemos que cuajen. Al final, probamos la sal, echamos 2 ajíes amarillos cortados en dos y fritos, más orégano y pan frito o tostado, que puede ser en rodajas o en dados. Listo.

SUS VARIANTES

2 Su versión huachana

Se reduce la cantidad de carne a la mitad y se completa la otra mitad con salchicha de Huacho picada. Luego seguimos la misma receta que la sopa criolla clásica.

3 Sopa criolla con zapallo

Seguimos la receta de la sopa criolla en su versión huachana, solo que le añadimos al aderezo ¼ de taza de loche rallado y otro ¼ de taza de zapallo macre rallado. Cambiamos los cabellos de ángel por pasta caracol.

LA NOSTALGIA

15 RECETAS PRINCIPALES

GASTÓN ACURIO

MI QUERIDO ARROZ BLANCO

Todas las páginas de este libro no alcanzarían para contar los momentos felices que me has regalado a lo largo de mi vida. Desde aquel día en el que descubrí ese aroma tan tuyo —de ajo sutil y campo abierto— recorriendo todos los rincones de la casa y anunciando que el almuerzo estaba casi listo; hasta ayer, que llegué a casa cansado de un largo viaje y allí estabas, como siempre, recién hecho y esperándome para comerte de la misma olla. Así, solito, con una cuchara y un trozo de palta que iba dejando caer sobre ti. Cada vez que me preguntan cuál es mi plato favorito digo que eres tú acompañado de 2 huevos fritos, también he dicho que si tuviera que elegir un plato antes de morir, serías otra vez tú, recién hecho, con muchas arvejas y un buen trozo de mantequilla derritiéndose ante tu calor.

Pero no sé por qué, querido arroz blanco, siempre me queda un sinsabor. Siento que contigo ocurre eso que pasa con lo cotidiano, cuando damos por sentado que algunas cosas siempre estarán allí. Y que, por eso, nunca llegan a tener el reconocimiento que merecen. Siento que el seco y el cau cau se llevan todos los créditos cuando ellos saben bien que sin ti su jugo no sería nada. Siento que los frejoles, las lentejas y los garbanzos se hacen los locos cuando les preguntan a qué se debe su merecida fama. Ni el lomo saltado —sabes bien cómo se alborota su juguito ante tu presencia— es capaz de salir en público y decirlo en voz alta: «Gracias al arroz blanco soy quien soy».

Por todo ello, querido arroz blanco, no claudicaré en mi intento. Seguiré y seguiré gritando a los cuatro vientos que tú eres el compañero fiel de nuestros recuerdos culinarios más íntimos. Que gracias a ti, y tu presencia diaria para acompañarlo todo es que cada vez que miramos atrás saboreamos sonriendo. Que gracias a ti, y solo a ti, sonreímos saboreando.

1 El arroz blanco de mi casa

En una olla echamos 4 cucharadas de aceite vegetal y 2 de ajo molido. Dejamos cocer a fuego suave unos 5 minutos. Echamos 3 tazas de agua y sal al gusto, y dejamos que rompa a hervir. Añadimos luego 2 tazas de arroz largo crudo, previamente lavado y escurrido. Dejamos que hierva a fuego fuerte 2 minutos y bajamos el fuego al mínimo posible, tapando la olla. Cocinamos hasta que el arroz seque, lo cual dependerá del tipo de arroz. En ese momento agregamos 1 taza de choclo cocido y desgranado y 2 cucharadas de mantequilla. Tapamos nuevamente sin tocar aún el arroz, pero ya con el fuego apagado. Después de 2 minutos movemos el arroz con un trinche, del fondo hacia arriba, para que todos los granos se aireen un poco, se liberen del estrés de estar atrapados al fondo y se impregnen de la mantequilla y el choclito. Listo. A comer.

2 Arroz con arvejas

Es uno de mis favoritos. Seguimos el mismo proceso de la receta anterior, solo que cuando echamos las 3 tazas de agua también añadimos 2 de arvejas: 1 con las arvejas cocidas y aplastadas, la otra con las arvejas crudas pero tiernas. Dejamos que rompa a hervir y le echamos el arroz. Al final, mientras reposa, agregamos 2 cucharadas de mantequilla. Dejamos reposar otra vez y removemos como en el arroz blanco. Debe salir de un color blanco verdoso muy hermoso.

3 Arroz a la jardinera

Aplicamos la receta del arroz blanco, solo que usamos 4 tazas de agua. Echamos ½ taza de zanahoria pelada y cortada en dados chicos, ½ taza de arvejas crudas, ½ taza de loche o zapallo rallado, ½ taza de frejolito tierno crudo y ½ taza de choclo desgranado crudo. Dejamos hervir por 5 minutos. Recién entonces añadimos el arroz y seguimos con la receta del arroz blanco. Al final, mientras reposa, echamos 3 cucharadas de mantequilla.

4 Arroz amarillito

Aquí hay un cambio importante en relación con la receta original. Cuando echamos el ajo, echamos también 2 buenas cucharadas de achiote en polvo y 1 cucharada de palillo. Dejamos que el aceite tome un color naranja intenso y luego seguimos con la receta del arroz blanco.

5 Arroz con menestra

Si nos quedan frejoles, lentejas, garbanzos o pallares del día anterior, los usamos para esta receta. Preparamos el arroz blanco de mi casa, sumando a las 2 tazas de arroz 1 taza de la menestra cocida que nos sobró. Cocemos el arroz siguiendo los mismos tiempos que la receta de arroz blanco, pero en el reposo echamos un chorrito de aceite de oliva en vez de mantequilla.

AJIACO CAMPEÓN

V amos a hacer un ajiaco. Y esta vez vamos a imaginar que lo único que sabemos de cómo hacerlo es ese sabor a ajiaco de abuela, que nos acompañó de niños y adolescentes mientras vivíamos en el hogar materno. Ese ajiaco de papas que era, a veces, de ollucos; que de cuando en cuando se vestía de fiesta con su trozo de carne; o se volvía saludable añadiéndole unas habas, unas caiguas, pero que en todos los casos cumplía las funciones de salvavidas de nuestro corazón. Vamos con el primero entonces.

1 El ajiaco clásico de papas

En una olla echamos 2 tazas de cebolla roja picada finita y la cocinamos a fuego lento con un chorro de aceite. Cocemos hasta que se vea transparente y su olor a crudo se convierta en olor a perfume francés. Echamos 2 cucharadas de ajo molido y cocemos lentamente hasta que el aroma de ajo bandido se convierta en perfume de superhéroe. Es momento de echar ½ taza de ají amarillo fresco licuado con venas y pepas, con todo. Queremos que el ajiaco tenga bravura. Cocemos hasta que el conjunto se separe. Es decir, que se corte. Que de tanto cocerse, de tanto amarse, no se aguantaron más. Y se ve que la grasita se va por un lado y el aderezo por el otro, allí ya está lista la base.

Echamos ahora 4 papas blancas grandes que hemos cortado en dados chiquitos y 4 papas amarillas que hemos cortado en cubos algo más grandes. Damos una movidita y echamos 1 taza de habas cocidas y 1 taza de caldo de verduras o de pollo. Lo suficiente como para que se cocinen las papas.

Movemos, echamos sal, pimienta, comino y tapamos. Cocemos moviendo suavemente con una cuchara de palo para que se haga una especie de mazamorra con pedacitos. Al final, echamos un buen chorro de leche evaporada, ½ taza de queso fresco serrano en dados, ½ taza de huacatay, culantro y hierbabuena picados, y una rodaja de rocoto para que le dé aroma sabroso. Un reposo de 5 minutos y estará listo para comer con arroz y salsa criolla (Ver: La celebración / Más salsitas de sazón criolla, p. 273). Si quiere, móntelo con unos huevos fritos.

SUS VARIANTES

2 Ajiaco de ollucos

Seguimos la receta anterior, solo que le añadimos 2 tazas de ollucos cortados en trozos medianos. Al final agregamos solamente huacatay y eliminamos el culantro y la hierbabuena.

3 Ajiaco de hongos

Preparamos un ajiaco clásico de papas, y cuando este empiece a espesar echamos 2 tazas de hongos frescos: setas, callampas, champiñones picados, *portobellos* o los que consiga. Dejamos hervir un par de minutos y añadimos 4 huevos que reventamos en la olla con cuidado y dejamos que cuajen suavemente.

4 Ajiaco de caiguas

Mismo procedimiento que el ajiaco de papas, solo que cuando echamos las papas añadimos 2 tazas de caigua cortada en dados grandes.

5 Ajiaco de camarones

Igual que la versión con papas, pero en el aderezo debemos añadir 1 cucharada del coral de los camarones. Cuando el ajiaco empieza a cuajar, echamos 24 colas de camarones y dejamos cocer.

6 Ajiaco escabechado

Seguimos la receta inicial. Al final, montamos 1 filete de res, de hígado o de pescado, que habremos dorado en la sartén. Cubrimos cualquiera sea el caso con una salsa de escabeche (Ver: La celebración / Más salsitas de sazón criolla, p. 273).

7 Ajiaco adobado

Hacemos el ajiaco de papas y lo montamos con un adobo de panceta de cerdo que hacemos macerando ½ kilo de panceta en ½ litro de chicha de jora y ½ taza de ají panca licuado, sal, pimienta, comino y orégano. Cocemos la panceta en su propio macerado por media hora, añadiendo una cebolla roja cortada en 6, una rodaja de rocoto y una rama de huacatay. Probamos de sal, listo. Montamos con una salsa criolla hecha con abundante hierbabuena y tiras de rocoto.

EL INOLVIDABLE FETTUCCINE A LA CREMA
de mi infancia

Hubo una vez en Lima un restaurante llamado Roxi, al que mi padre nos llevaba de cuando en cuando. Recuerdo que su dueño, de inconfundible pinta italiana, solía acercarse a la mesa no solo para recomendarnos algunos de sus platos, sino también para prepararlos frente a nosotros mientras coqueteaba con mi madre, mis tías, mis hermanas y con todas las damas que estuvieran a su alrededor.

Saltimbocca de pavo con *fettuccine*; timbal de camarones; *scaloppine alla romagnola*; *capelletti alla panna*. Me acuerdo que en sus platos ni el tomate ni la albahaca —que hoy amamos en la pasta— eran protagonistas. En su reino, las cornetas sonaban con la mantequilla, la crema y el queso.

Quizás por eso amaba tanto este restaurante. Porque allí lograban convertir los dudosos tallarines a la crema que comía en casa en un mágico cuento de hadas cuyos secretos descubrí tiempo después. Las diferencias entre uno y otro eran tan simples como dramáticas. En el Roxi usaban mantequilla y crema. En mi casa usaban Astra y bechamel. En el Roxi servían queso parmesano de verdad, que rallaban en el mismo instante. En mi casa unas bolsitas de queso sin nombre ni apellido rallado algunos meses antes. En el Roxi, los *fettuccine* los hacían ahí mismo, con mucho, mucho huevo. En mi casa cocinaban la pasta que uno podía conseguir en medio de una dictadura que se creía capaz de todo, incluso hasta de hacer fideos. Por último, en el Roxi hacían el plato al momento, frente a uno. En mi casa, cuando llegábamos del colegio el plato ya tenía varias horas esperando en el horno. Dicho todo esto, no pretendo negar que amaba los tallarines de mi casa. Los amaba como se ama todo lo que habita en un hogar lleno de amor. Pero claro, llevar a un niño que soñaba con ser cocinero a comer tallarines con mantequilla al Roxi era simplemente como ir al cielo. Aquí les dejo una receta de *fettuccine* a la crema simple, fácil y rica.

- ## Fettuccine a la crema
Primero, comprar buena mantequilla fresca. Nada de margarinas. Mantequilla de verdad. Segundo, comprar crema fresca. Tercero, comprar el mejor queso duro que puedan encontrar. Lo ideal es que sea parmesano y que sea uno bueno, pero entiendo que esto puede alejarlos de su presupuesto, por lo que un queso local, de su tierra, con carácter, seco, durito y sabrosón también cumplirá la labor.

Por último, comprar la mejor pasta al huevo que encuentren. O, si se animan, hacerla en casa. Es un bonito ejercicio. Calculen ½ kilo de harina sin preparar, 6 huevos y sal; amasamos, estiramos y cortamos.

Necesitamos para el *fettuccine* a la crema, además, sal, pimienta negra para moler y una pizca de nuez moscada.

En una olla grande calentamos mucha, mucha agua, con un poco de sal. Cocinamos la pasta al dente. Mientras, tenemos lista nuestra mantequilla cortada en trozos chicos (que esté suavecita, a temperatura ambiente; no dura de refrigeradora). Rallamos abundante queso en el momento, usando el rallador más finito. Tenemos listo nuestro molino de pimienta y nuestro rallador de nuez moscada. Calentamos bien la fuentecita donde vamos a comer. Sentamos a nuestros hijos, nuestro novio, nuestro choque y fuga, en la mesa frente a nosotros.

Retiramos la pasta y la echamos escurrida e hirviendo directamente a una sartén, donde habremos echado los trozos de mantequilla. Ni se les ocurra enjuagar la pasta, se los suplico. Es más, escurrirla, pero sin exagerar. Rápidamente echamos un buen chorro de crema y vamos mezclando en el fuego. Si gustan, como yo, añaden más trocitos de mantequilla mezclando bien la pasta y dejando que se derritan, que conversen con el toque de crema. Echamos el queso rallado y seguimos moviendo, mezclando, dándole vueltas. Añadimos 1 cucharada del agua de cocción de la pasta de ser necesario, dejando que agüita, crema, mantequilla y queso vayan haciendo solitos una ligera crema. Echamos sal al gusto. Todo este proceso dura 2 minutos. Terminamos con pimienta negra de molino al gusto y una pizca de nuez moscada rallada. A comer.

TRIGO

El trigo es un plato casero que habita en la memoria de cada familia peruana. En algunas casas el trigo se guisaba —y se sigue guisando— solo con
su delicioso quesito fresco y muchas hierbitas. En otras, como en la casa de mi
infancia, se guisaba con trocitos de carne. En todas, la presencia del aderezo en
punto de ají es el que le da el sello de plato honorable del hogar. Comparto esta
receta de trigo que comimos a lo largo de la vida.

1 Trigo casero
En una olla hacemos un aderezo de 1 cucharada de ajo, 1 taza de cebolla picada,
¼ de taza de ají amarillo licuado y 1 cucharada de ají panca. Sazonamos con sal,
pimienta, comino y dejamos cocer por 15 minutos. Echamos 4 tazas de trigo
(que habremos cocido y previamente remojado en abundante agua hasta que
esté suave y listo para comer) y 2 papas blancas cortadas en dados. Agregamos
caldo de verduras (Ver: El cariño / Del cubo al caldo, p. 183), damos un hervor y
añadimos todas las hierbas frescas que más le gusten: culantro, perejil, huacatay, hierbabuena, etc. Sumamos una rodajita de rocoto, 1 taza de queso fresco
serrano picado en dados y un trozo de mantequilla. Movemos bien y terminamos con un chorro de leche evaporada. Una movidita y listo.

SUS VARIANTES

2 Trigo con camarones
Al aderezo de la receta del trigo casero le añadimos 2 cucharadas de coral de
camarones y el caldo que usamos es de las cabezas de los camarones. Al final,
echamos 24 colas de camarones peladas. Toda la receta es similar a la del
trigo casero.

3 Trigo con pollo
Seguimos la receta del trigo casero, solo que en el aderezo echamos 1 taza de
trozos de filete de pierna de pollo que doramos previamente. El caldo de pollo
(Ver: El cariño / Del cubo al caldo, p. 181) es el que usaremos.

4 Trigo con chancho

En el aderezo de <u>trigo casero</u> echamos 1 taza de panceta de cerdo picada en trozos, que doramos previamente. Luego seguimos con la receta.

5 Trigo de fiesta

Al aderezo del <u>trigo casero</u> le agregamos ½ kilo de trozos de carne para guiso, que doramos. Añadimos un chorro de vino tinto y caldo, y cocemos a fuego lento hasta que la carne esté suave. Incorporamos el trigo cocido y, al final, 1 taza de champiñones u hongos. Luego de 2 minutos echamos perejil, culantro y hierbabuena picada. Finalmente, agregamos quesito fresco y un chorro de aceite de oliva. Servimos colocando por encima láminas de queso parmesano y muchas hierbas frescas.

6 Trigo verde con mariscos

Incorporamos ½ taza de culantro licuado y un chorro de cerveza en el aderezo de <u>trigo casero</u>. Seguimos con la receta y, al final, echamos 12 colas de langostinos, 2 calamares picados, 12 conchas de abanico limpias y 12 choros cocidos (tal cual se hacen en la receta de <u>choritos a la chalaca</u> en la página 67). Continuamos con la receta reduciendo la cantidad de queso a la mitad, eliminando la leche y añadiendo un chorro de aceite de oliva.

7 Trigo como un risotto

Hacemos el aderezo de <u>trigo casero</u> y añadimos 1 taza de arvejas, pimiento picado, alcachofa en dados y brócoli picadito, todo mezclado. Incorporamos el trigo y un chorro de vino blanco. Agregamos un chorro de caldo y, cuando espese, parmesano rallado, mantequilla, un chorro de crema y perejil picado. Le damos a la preparación el punto de *risotto*.

MI PRIMERA TORTILLA

U no de los mejores ingredientes para la buena cocina es la práctica. Empezar una receta una y otra vez, tratando de mejorarla cada día hasta que alcance ese punto de destreza que hace que salga deliciosa siempre. Que se convierta en nuestra memoria; que lleve el sello indiscutible de nuestro hogar.

El secreto está en eso que los japoneses aplican en todo como su filosofía de vida: intentar hacerlo un poquito mejor cada día. Es decir, revisar en qué paso del procedimiento pudimos mejorar y dejar que sea el día siguiente una oportunidad para avanzar. En este caso, en la búsqueda de la buena sazón.

Mi primera tortilla fue, como muchas de mis primeras recetas, un desastre. Seca y quemada la primera vez, grasosa y destrozada la segunda, cruda e insípida la tercera. Poco a poco, todo fue mejorando, hasta que finalmente el resultado esperado llegó. Se trataba de una tortilla dorada por fuera y ligeramente jugosa por dentro, que además integraba a los otros ingredientes como un todo, con esa sazón criolla que hace que no sea ni un *omelette* ni unos huevos estrellados, sino una tortilla en su versión criolla, con su punto de cebolla y ají. Hagámosla.

Lo primero: los huevos. Ojalá pueda encontrar huevos de chacra, de esas gallinas que han crecido contentas en libertad. Los venden en las ferias distritales que hoy empiezan —afortunadamente— a estar por todos los distritos. Cuestan un poquito más, pero la diferencia es abismal. Después de todo, de todos los lujos posibles, este (con un sol más) sería quizá el más económico de todos.

Lo segundo: la materia grasa. Puede elegir mantequilla —existe un amor eterno entre ella y el huevo— o una opción con aceite de oliva, que también va muy bien.

Lo tercero: la sazón. Puede tomar un camino universal (es decir, solo cebolla y el ingrediente que guste) uno criollo (con cebollita, culantro y rocoto) o uno nikkei (con aceite de ajonjolí y cebolla china). Usted elige.

Manos a la obra.

1 Una tortilla criolla

En una sartén echamos 4 cucharadas de cebolla roja picada finita y 2 cucharadas de aceite de oliva o 2 de mantequilla. Dejamos sudar y añadimos 2 cucharadas de cebolla china, parte blanca. Cocemos un minuto, retiramos del fuego y echamos la mezcla en un bol con unos 5 huevos, que habremos batido previamente. Agregamos sal y pimienta blanca y volcamos todo en una sartén antiadherente, nuevamente con 2 cucharadas de mantequilla derritiendo o 2 de aceite de oliva. Dejamos que se acomode, que cuaje ligeramente, haciendo huecos al fondo con cuidado de manera que el huevo crudo vaya haciendo contacto con la sartén. Volvemos a hacer huecos, rompemos un poquito y dejamos que se siga haciendo lentamente. Cuando dore el fondo, le damos una vueltita, unos segundos más en la sartén y listo. Al final, cubrimos con salsa chalaca (Ver: La celebración / Más salsitas de sazón criolla, p. 273) y acompañamos con arroz blanco o ensalada.

SUS VARIANTES

2 De verduras I
Al aderezo de cebolla y cebolla china le añadimos 2 cucharadas de pimiento rojo picado, 2 de champiñones, dos de perejil y dos de zapatito italiano (todo picado) y sudamos. Luego seguimos según la receta de la tortilla criolla.

3 De verduras II
Echamos 1 taza de espinaca picada y 2 tomates picados al aderezo de cebollas. Sudamos 2 minutos, mezclamos con huevos y continuamos con los pasos de la tortilla criolla.

4 Del saltado de ayer
¿Nos sobró lomito saltado? Picamos todo en dados, incluso las papas. Mezclamos con los huevos y seguimos la receta de la tortilla criolla.

5 De camarones
Al aderezo de cebollas añadimos 12 colitas de camarones o langostinos pelados, que doramos 2 minutos. Echamos en la sartén los huevos batidos y continuamos según la receta de la tortilla criolla.

6 De conchas
Agregamos al aderezo de cebollas 12 conchitas de abanico que doramos rápidamente, con su coral o sin su coral. Luego, echamos los huevos batidos y procedemos según la receta de la tortilla criolla.

7 De erizos

Preparamos una tortilla criolla siguiendo la receta original, pero añadimos erizos al final, en el último movimiento de los huevos en la sartén.

8 De salchicha de Huacho

Al aderezo de cebolla y cebolla china añadimos 2 salchichas de Huacho desmenuzadas. Dejamos cocer, doramos la salchicha y echamos los huevos con menos sal de lo normal (la salchicha ya tiene sal). Continuamos según receta de la tortilla criolla.

9 De bacalao

Este es un plato especial para Semana Santa. El aderezo de cebolla cambia: aquí aumentamos 1 taza de cebolla blanca y ½ pimiento picados, que sudamos junto a 2 cucharadas de cebolla china. Luego añadimos 1 taza de bacalao (desalado la noche anterior) desmenuzado. Cocemos unos minutos y lo mezclamos con los huevos. Echamos en una sartén y seguimos según la receta original.

10 De sesos

Cocemos ligeramente 4 sesos en agua; los retiramos, los limpiamos de venas y nervios y los picamos para mezclarlos con el aderezo de cebolla, cebolla china y los huevos. Luego procedemos con la receta.

11 De hueveras

Abrimos las hueveras y eliminamos la piel. Mezclamos toda su carne cremosa con el aderezo de cebollas y los huevos, y batimos bien. Seguimos según la receta de la tortilla criolla.

12 De papas

Pelamos 4 papas blancas que cortamos en dos. Cada mitad la cortamos en rodajas delgaditas. Luego, las cocinamos a fuego lento en abundante aceite de oliva, sin dejar que se doren pero que queden cocidas. Aparte sudamos en un chorro de aceite de oliva una cebolla blanca picada en dados pequeños. Escurrimos las papas y mezclamos con las cebollas y con 8 huevos que habremos batido previamente. Sazonamos todo con sal y pimienta blanca. Dejamos reposar esta mezcla unos 10 minutos. En una sartén echamos un chorrito de aceite de oliva y volcamos nuestra mezcla. Cocinamos a fuego lento unos 3 minutos y, con la ayuda de un plato grande, cubrimos la sartén y le damos la vuelta en el plato, regresando el contenido con cuidado a la sartén. Cocinamos según nuestro gusto: si la queremos jugosa solo por unos pocos minutos; si es cocida, más minutos según la altura de su sartén.

LOCRO

Hay momentos en la vida en los que a uno le toca partir. El primer día de colegio, cuando te dejan solo rodeado de niños que nunca viste antes. El adiós al primer amor cuando termina el verano y todo vuelve a la realidad. La partida del hogar materno, a veces por el sueño de la independencia; otras para formar el nuevo hogar. El adiós al ser querido, que de pronto nos hace tomar conciencia de que la vida tiene un final.

Partidas que en el camino nos van dejando grietas y precipicios que muchas veces aprendemos a sortear gracias al auxilio de nuestra memoria que, por ejemplo, encuentra en nuestros platos de infancia un arma infalible para enfrentar con la sazón los sinsabores de la desazón.

Platos como un arroz tapado, una caigua rellena o, como en este caso, un cremoso locro, que llega justo cuando parecía que todo estaba perdido, recordándonos bocado a bocado que la vida es un camino de subidas y bajadas, de risas y lágrimas, de momentos que uno va dejando atrás, aunque siempre guardándolos como preciados tesoros en las bóvedas de nuestra memoria.

Vamos con los locros, plato inconfundible del hogar de nuestras infancias.

1 El locro de zapallo

En una cazuela echamos un chorro de aceite. Añadimos 1 taza de cebolla roja picada muy finita. Sudamos 5 minutos y añadimos 1 buena cucharada de ajo molido. Sudamos 2 minutos y añadimos 1 taza de ají amarillo licuado. Seguimos sudando, 5 minutos a fuego lento, y añadimos 2 tazas de zapallo macre picado y 1 taza de loche rallado. Añadimos <u>caldo de verduras</u> (Ver: El cariño / Del cubo al caldo, p. 183) o agua.

Cocemos 20 minutos y añadimos 4 papas amarillas peladas y picadas, 1 taza de habas cocidas y 1 taza de choclo cocido. Echamos sal, pimienta blanca, una pizca de comino, una pizca de palillo y 1 taza de huacatay picado. Dejamos hervir y que todo coja cuerpo y sabor. Al final agregamos un buen chorro de leche evaporada, 1 taza de queso fresco rallado, tiras de ají amarillo, 4 huevos pochados previamente o pasados o fritos, más huacatay picado y una rodaja de rocoto. Dejamos reposar 1 minuto y listo. Acompañamos con arroz aparte.

SUS VARIANTES

2 Locro de quinua y ollucos

Seguimos la receta anterior, solo que añadimos 2 tazas de ollucos crudos cortados en tiras gruesas. Junto con los zapallos y las papas, agregamos 1 taza de quinua blanca cocida. El resto del procedimiento sigue igual.

3 Locro de caigua

Tal cual se hace con el locro de zapallo, solo que añadimos 2 tazas de caigua cortada en tiras junto con los zapallos. El resto es similar.

4 Locro paisano

A la receta del locro de zapallo le añadimos, con las papas, ½ taza de arvejas cocidas, ½ taza de frejolito verde o tierno cocido, y ½ taza de pallares verdes cocidos. Luego seguimos con los mismos pasos.

5 Locro de otoño

Cuando llega el otoño llegan las primeras papas y tubérculos. A la receta del locro de zapallo le añadimos, junto con el zapallo, ½ taza de mashuas cortadas en trozos, ½ taza de ocas cortadas en trozos, 4 papas nativas de colores y de temporada (que cambiamos por las papas amarillas) y luego seguimos con la receta tal cual.

6 Locro con chancho

Una versión muy sabrosa. Empezamos dorando ½ kilo de dados gruesos de panceta de cerdo, retiramos y hacemos el aderezo del locro de zapallo. Regresamos la carne y seguimos la receta tal cual de locro de zapallo.

7 Locro de camarones

También puede ser de langostinos y conchas de abanico. Se hace el locro de zapallo según la receta, solo que al aderezo se le echa el coral de las cabezas de 24 camarones. Se moja con caldo hecho con las mismas cabezas y, en el último hervor, se echan las colas de camarones peladas.

8 Locro con pescado frito

Se hace el locro de zapallo tal cual, pero se acompaña de 4 filetes de 150 gramos de pescado fresco, previamente sazonados con sal, pimienta y ajo molido, pasados por harina y fritos. Una vez listo el locro, se montan los filetes y se cubren con un poquito de salsa criolla (Ver: La celebración / Más salsitas de sazón criolla, p. 273). Otro camino es freír dados de filete pasados por harina, pero del tamaño de un dedo, que añadimos al final al locro y damos un ligero hervor. Así el pescado se integra al guiso.

<u>ARROZ TAPADO</u>

Debo confesar que de niño nunca me emocioné tanto por el arroz tapado que hacían en casa. Y, sin embargo, ahora que lo recuerdo, cuánto lo extraño.

En aquellos tiempos los platos favoritos de la cocina de mi infancia eran otros. El picante de choros con papitas, el arroz verde con carne, el pastel de fideos, la causa de atún, la papa a la huancaína, y, bueno, el chupe de camarones de los domingos, que era el plato insignia de la familia. Pero había otros a los que nunca miré con buenos ojos. El pastel de choclo que siempre sentía seco; el lomo saltado que, a falta de wok, terminaba siendo lomo guisado; y el arroz tapado, que, si bien no tenía nada que objetarle, nunca alcancé a comprender.

Craso error que hoy me llena de remordimiento al probar el que hacen tan rico no solo en casa, sino también en mercados y pequeños restaurantes. Ese jugui-to de carne molida o picada con punto de pasa, mezclándose con el arroz con leve punto de ajo, lo es todo. Si además se monta con un huevito y un platanito, cada bocado termina siendo como un viaje relámpago a los brazos de mamá.

1 Arroz tapado de carne

Hacemos un aderezo con 2 tazas de cebolla roja picada, 2 cucharadas de ajo molido y 1 cucharada de ají panca licuado y cocemos 10 minutos. Añadimos 1 taza de tomate picado finito y 2 tazas de carne picada de bistec de res o de carne molida. Cuando el aderezo coge punto echamos sal, pimienta, orégano, comino, punto de pimentón en polvo y perejil. Por último, añadimos 2 cucharadas de pa-sas, perejil picado, probamos la sal y dejamos entibiar para finalmente agregar aceitunas al gusto y huevo duro picado.

Es momento de moldearlo con una capa de arroz blanco hirviendo, bastante relleno y otra capa igual de arroz. Se desmolda y se acompaña con huevitos y plátanos de la isla fritos.

SUS VARIANTES

2 Arroz tapado de calentado

Seguimos toda la receta igual al del <u>arroz tapado de carne</u>, solo que cambiaremos la carne por el guiso que le haya sobrado del día anterior. Picamos finito todo el guiso, no solo la carne. Seco, osobuco, asado a la olla: todos los guisos valen.

3 Arroz tapado de camarones

A la <u>receta original</u> le añadimos al aderezo 1 cucharadita de coral de camarones y echamos colas de camarones picadas solo al final, cuando ya el aderezo esté en su punto. Se cocinarán en 1 minuto.

4 Arroz tapado de pato guisado

Hacemos un aderezo con 2 tazas de cebolla roja picada, 2 cucharadas de ajo molido, ¼ de taza de ají panca licuado, 1 taza de tomate licuado con ½ pimiento y ½ taza de tomate picado finito.

Cuando el aderezo coge punto, echamos ½ pato cortado en presas. Añadimos sal, pimienta, comino, punto de pimentón en polvo y perejil. Agregamos una pizca de cáscara de naranja rallada y cubrimos con agua. Dejamos guisar hasta que la carne del pato se salga del hueso con la mano. En ese momento retiramos las presas, las deshuesamos, las picamos o deshilachamos y regresamos la carne de pato al jugo de guiso. Volvemos a hervir y echamos pasas, perejil picado, probamos la sal y, al final, echamos aceitunas y huevo duro picado. Dejamos entibiar el sabroso guiso un poco para que el jugo coja cuerpo. Procedemos a rellenar como el <u>arroz tapado de carne</u>.

5 Arroz tapado de cordero

Cambiamos la carne de res de la <u>receta original</u> por 2 tazas de carne de cordero molida gruesa. Añadimos al aderezo la carne de cordero en el mismo momento que la carne de res y usamos entre las especias una pizca de curry en polvo.

6 Arroz tapado de verduras

Siguiendo la <u>receta inicial</u> reemplazamos la carne por ½ taza de arvejas, ½ taza de zanahoria en daditos, ½ taza de vainita picada chiquita y ½ taza de choclo picado. Todo lo añadimos en el momento que se añade la carne siguiendo la receta del arroz tapado inicial. Incorporamos al aderezo 2 cucharadas de maní tostado y molido.

DE LA CAIGUA RELLENA
y otras travesuras rellenas

¿**T**e animas a hacer una caigua rellena? Sí. Una como las que comías en casa cuando niño. Como las que preparaba la abuela, con paciencia y saber. Como las de mamá, con amor y virtud.

1 Caiguas rellenas

Cocinamos 4 caiguas en agua con sal por unos minutitos y luego las enfriamos rápidamente en agua con hielo.

Las vamos a rellenar con eso que sabe a infancia, a travesuras. Necesitamos ½ kilo de carnecita que, si quieren, se muele. Si no se muele, aún mejor: se pica a cuchillo. La guisamos en un aderezo hecho lentamente con 2 tazas de cebolla roja picada finita, 1 cucharada de ajo molido, 2 tomates picados finitos, 1 cucharada de maní molido tostado, una pizca de orégano y ¼ de taza de ají panca licuado. Este es uno de esos aderezos que cuando huele embriaga y parece que hablara para hacerte llorar.

Es un relleno que se cree guisito y que, sazonado con sal, pimienta y comino, está listo para añadirle sus pasas, su huevito, su aceituna. Las caiguas están listas para rellenarse y acomodarse nuevamente en la olla, con más aderezo, un chorrito de agua, rama de huacatay y 1 cucharada de maní molido. Así, se guisan nuevamente mientras les dices cuánto las quieres por los recuerdos que llevan dentro. Las cocinamos 20 minutos a fuego bajo, tiempo suficiente para revivir toda una infancia. Al final, un secreto de casa: un chorrito de leche evaporada, una movidita, un hervor y las caiguas están listas para ser halagadas con un arrocito, con un puré o con un pepián de choclo.

UN AMIGO TRAVIESO

2 Repollos rellenos

Cogemos 8 hojas grandes de repollo que cocemos unos segundos en agua hirviendo, hasta que estén suaves. Luego, las pasamos a un recipiente con agua con hielo. Las escurrimos bien, las rellenamos con el mismo relleno de la caigua, las acomodamos en una olla con el mismo aderezo y los mismos ingredientes del guiso. Seguimos la receta igual hasta el final, solo que en este caso no le echamos leche. Además, la cocción solo será de 5 minutos. Acompañamos con arroz amarillito (Ver: La nostalgia / Mi querido arroz blanco, p. 131).

CABELLO DE ÁNGEL

1 Cabello de ángel de infancia

En una olla con abundante agua con sal hirviendo echamos ½ kilo de fideo cabello de ángel. Nos quedamos al pie de la olla cuidando que no se recocine. Vamos probando al minuto cómo va; debe estar al dente, porque cuando salga del agua seguirá cocinándose. La escurrimos con colador sin mojarla en agua fría ni nada de eso. Debemos hacerlo sobre la olla para recuperar un poco del agua de cocción. Escurrida la pasta, la pasamos a la sartén, donde echaremos 4 trozos grandes de mantequilla con sal. Añadimos 4 cucharadas del agua de cocción y pimienta negra molida. Mezclamos bien todo y volvemos a agregar otros 4 trozos de mantequilla y sal. Terminamos con un buen puñado de queso parmesano rallado finito. Mezclamos bien y listo.

2 Al ajo picante

Procedemos de la misma forma que la receta anterior, solo que echaremos los primeros 4 trozos de mantequilla en una sartén a fuego suave con 4 cucharadas de perejil picado, 2 de ajo molido y una de ají panca seco, picado finito. Allí añadimos el cabello de ángel con el agua de cocción; luego más mantequilla y, al final, parmesano.

3 A la huachana

Cocinamos en la sartén 4 salchichas de huacho picaditas, añadimos una cebolla roja picadita, 4 cucharadas de cebolla china picada finita, 2 tazas de tomate picado finito, 1 cucharada de ají mirasol licuado y 1 cucharada de orégano seco. Cocinamos unos minutos y añadimos 1 taza de crema de leche. Dejamos hervir, probamos la sal, añadimos pimienta y, finalmente, agregamos el cabello de ángel al dente. Le damos el punto con un poco del agua de cocción, un buen trozo de mantequilla y parmesano rallado.

DE SANGUCHONES Y SANGUCHITOS

En los campeonatos de natación del Campo de Marte había un señor que le daba sentido a la presencia de un niño aburrido —yo— que se sentaba a esperar que su hermana compitiera. Nunca pude recordar en qué estilo. Ni los disparos al aire anunciando la partida, ni las lindas nadadoras, ni los padres peleándose entre todos por querer las medallas más que los propios hijos lograban captar mi atención como lo hacía el señor del jamón. Apenas uno ingresaba, tenía que caminar unos pasos por la vereda que bordeaba la piscina, y allí estaba. Era un quiosco mínimo en el que solo cabían cinco cosas: una pierna de jamón que él cortaba a mano milimétricamente; 1 cebolla roja recién cortada, ají en rodajas, sal (que echaba con más generosidad que su jamón), hojas de lechuga bien lavadas y, finalmente, panes franceses más pequeños de lo habitual.

Ahí es donde me quedaba yo. Viendo el espectáculo de la butifarra, dándole la espalda a los cien metros libres. Observando en silencio la batalla entre el señor del jamón y el que lo compraba. Dentro del quiosco, el señor luchaba por no poner una rodaja más; después de todo, el sánguche era muy barato. Al otro lado, el comprador rogaba por una yapa. Pero nada. El señor daba lo justo, el comprador se lo comía en un segundo. No había nada que se podía hacer, ¿o sí?

—Buenas tardes, señor.

—¿Cómo estás, niño? ¿Cómo va tu hermana, ganó otra vez?

—No sé. Señor, ¿me podría hacer un favor?

—Dime, niño.

—¿Me podría vender dos sánguches, pero poner todo en un solo pan?

—No, niño, no se puede.

—¿Por qué?

—Porque tengo mis panes contaditos para la pierna de jamón. Después me sobra pan.

—Mmmmmm. Señor, ¿entonces me puede hacer otro favor?

—¿Cuál?

—¿Me puede vender dos sánguches y poner en uno todo el jamón de los 2 y en el otro nada?

—No se puede, hijo.

—¿Por qué?

—Porque si alguien ve que tu sánguche no tiene jamón pensarán que me he aprovechado de un niño inocente. Además, no está bien botar las cosas.

—Pero, señor, yo no quiero botar nada.

—¿Y el pan sin jamón?

—También me lo comeré. Solo que uno tendrá doble jamón y el otro nada. Uno será como si fuera mi santo. El otro como si estuviera de campamento.

—Ah, niño goloso. Así sí, pues. Ni modo. Toma tu sanguchón.

Empecemos con el rey de los sánguches del Perú.

1 La butifarra

En un pan francés bien crocante y de masa ligera, acomodamos 1 hoja de lechuga, colocamos 100 gramos de rodajas de jamón del país artesanal (Ver receta siguiente), una pizca de sal y acomodamos una salsa de cebolla roja cortada en juliana y sazonada con sal, gotas de limón, aceite y unas tiritas de ají limo.

2 ¿Jamón del país hecho en casa?

¿Por qué no? Múltiples caminos. Puede ser una pierna entera, pero hagamos una que todos puedan lograr. Le pedimos al carnicero que nos deshuese todo un costillar de chuletas, pero que le deje toda su grasita exterior. Eso, o que nos venda una paleta o pierna delantera que deshuese y enrolle, o una bondiola entera.

Sazonamos con 1 cucharada de ajo molido, 1 cucharada de sal, 1 cucharada de achiote, 1 cucharadita de pimienta y otra de comino, una pizca de orégano en polvo, un chorro de vinagre y un chorro de aceite. Mezclamos todo y maceramos con esto la carne durante 2 horas en la refrigeradora. La retiramos y la amarramos bonito, dándole forma redonda. La colocamos en una olla que cubrimos con agua fría. Añadimos un poco de sal, 1 cebolla cortada en cuartos y dejamos que rompa a hervir. Bajamos el fuego cocinando por 1 hora, más o menos. Retiramos la carne y dejamos enfriar. Mientras, cogemos 2 tazas del agua de cocción y añadimos bastante achiote. Con esto bañamos el jamón para que coja un bonito color y un poco más de sabor por fuera.

MÁS SÁNGUCHES

3 Sánguche de saltado

En una tabla de picar con heridas de guerra cortamos en tiras 1 cebolla roja tierna, de esas que no te hacen llorar. Hacemos lo mismo con 2 tomates algo trajinados, 1 ají amarillo más bien naranja, 1 pimiento verde bien joven y un buen trozo de lomo de res. Sazonamos todo con 1 cucharadita de ajo molido, sal, pimienta, una pizca de comino y encendemos el fuego. En una sartén humeando como loca, echamos un chorro de aceite y la carne. Damos una vueltita y agregamos las verduras. Un chorrito de vinagre, otro de sillao y culantro picado; 2 minutos al fuego y listo. Cogemos 1 pan crocante y colocamos nuestro saltado. Cubrimos del queso que más nos guste. Dejamos que el calor del saltado lo derrita y listo.

4 Pan con chimbombo

Hola.

No suelo salir mucho en público. No me gusta. Siempre he sido así. Lo mío es la música. La salsa especialmente. Porque en mi barrio el que no baila salsa pierde. Sí, soy del Callao y a mucha honra. Y estoy aquí porque me han contado que ayer un tal pejerrey ha venido a decir que él es el men. Que él es el sánguche del Callao. Y hasta se atrevió a decir que era el verdadero pan con chimbombo. He venido a decirles que no es cierto. Que el verdadero pan con chimbombo soy yo. Que no soy de pejerrey, sino de bonito. Que no llevo crema de rocoto, porque lo mío es el escabeche. Que no me hace falta salsa criolla porque con mi juguito le doy sabor a todo. Está bien, para que no digan que estoy celoso, lo admito. Al pan con pejerrey también lo encuentran en el puerto, en el Rovira o donde Giuseppe. Y sí, está rico. Pero eso no le da derecho a robarse mi nombre. Porque no somos iguales. A él le gusta la farándula; a mí, el perfil bajo. Él usa zapatos de marca, lo mío son las sandalias. Él sueña con el *glamour*; yo, con mi chanfainita.

Que, ¿no me creen? Entonces vayan al Callao y pregunten cómo se hace el pan con chimbombo. Todos dirán lo mismo: se fríen filetes de bonito en aceite. Se bañan en un <u>escabeche</u> que se hace sudando ají panca licuado con ajo molido, añadiendo cebolla en cuartos, ají en tiras, vinagre, sal, pimienta y comino. Se abre el pan en dos, se moja con un poquito del jugo del escabeche, se colocan los filetes y se baña con el mismo escabeche.

Ya lo saben, el pan con pejerrey no es el pan con chimbombo. El pan con chimbombo soy yo.

5 Pan con salchicha de Huacho y huevo

Variedad es una de las palabras claves para aprovechar la cocina en todo su esplendor. Tenemos a nuestra disposición miles de ingredientes que vienen y van según las estaciones gracias a miles de personas que se levantan cada día a cosecharlos, criarlos, pescarlos o fabricarlos. El productor arequipeño de esas cebollas rojas que no hacen llorar, sino reír. El criador de vacas en Chugur, con cuya leche elabora su insuperable queso mantecoso. El maestro charcutero que en Huacho sigue la receta familiar de su famosa salchicha. Y así como ellos, miles de ejemplos con las cuales podemos hacer combinaciones infinitas según nuestra economía, nuestro tiempo, nuestra memoria, nuestra salud y nuestro apetito. La clave está en que le pongamos variedad a eso que comemos cada día, de manera que nuestra dieta, además de deliciosa, sea saludable, sencilla y económica.

Por ejemplo, hay recetas como la de este pancito que, por su propia naturaleza, son ideales para darse un gustito de vez en cuando los fines de semana. La salchicha de Huacho, el pan de piso, todo es artesanal y hecho con ingredientes de la vida con recetas de la vida. Sin embargo, su alto contenido calórico lo convierte en una opción que no es para todos los días. En una sartén cocemos la salchicha de Huacho hasta que se dore y desmenuce. Retiramos el exceso de grasa y echamos huevos batidos. Mezclamos rápidamente a fuego lento hasta que cuajen. Probamos la sal y listo. En un pancito francés de piso ponemos un poco de cremita de rocoto y los huevos con salchicha de Huacho. Ahí tiene un gustito dominical.

6 Pan con pollo a la brasa de ayer

Un sánguche con sabor peruano que todos pueden hacer en casa en 5 minutos. Tomamos ¼ de pollo a la brasa que sobró del día anterior. Podemos usar un pan tipo *baguette*, *ciabatta* o francés. Añadimos palta, tomate, lechuga y una mayonesa de esas que todos hacen en casa, a la que añadimos ají amarillo licuado, un poquito de limón, comino, pimienta, huacatay picado finito y una pizca de mostaza. Listo.

Deshuesamos y picamos el pollo, y lo calentamos en una sartén con su jugo. Calentamos también el pan. Se colocan lechuga, tomate en rodajas, el pollo, la palta y la salsa de ají. Listo.

7 Pan con asado a la olla

Si nos queda asado a la olla de ayer (Ver: La celebración / Asado a la olla musical, p. 257), lo calentamos en la sartén con su juguito. En pan caliente echamos 1 cucharadita de mostaza. Encima las rodajas de asado y rodajas de palta. A comer.

8 Sánguche de pejerrey

Pasamos 4 pejerreyes fileteados sin espinas por harina sazonados con sal y pimienta. Los freímos en abundante aceite. En pan caliente, colocamos lechuga, salsa de rocoto (Ver: La celebración / Los ajicitos hechos salsa, p. 253), el pejerrey y, encima, salsa criolla (Ver: La celebración / Más salsitas de sazón criolla, p. 273).

9 Sánguche de apanado

Hacemos una milanesa de lomo (Ver: El cariño / La verdad de la milanesa, p. 216). En un pan caliente tipo francés ponemos 1 hoja de lechuga, unas rodajas de tomate, salsa tártara (Ver La celebración / Salsa y sabor, p. 272) y la milanesa. Tapamos con el pan con más tártara o crema de ají; como prefiera.

10 Sánguche de suprema

Preparamos una suprema de pollo (Ver: La nostalgia / ¿Y las supremas de pollo?, p. 159). Hacemos una ensalada con col morada, cebolla morada, tomate, sal, pimienta, azúcar, mayonesa casera y un chorrito de leche evaporada. En un pan caliente, colocamos una hoja de lechuga, la milanesa y cubrimos con la ensalada de col.

UNA SOPITA SIEMPRE ROBA UN SUSPIRO

E sa sopita de zapallo que reconforta el alma a cada cucharada. La sopa *sui kao* de chifa en tazón hondo que asegura el día. Esa sopa criolla con su huevito que lo cura todo. La sopa de cebolla con su queso fundido, que calienta el cuerpo.

Sopas de nuestra tierra y del mundo entero. Sopas de nuestra memoria y de la vida ajena. Todas sopas que a su vez son una ventana para imaginar un mundo en donde todo puede ser *sopeable* y en el que los límites los ponemos nosotros, con nuestros amores y desamores. Eso, precisamente, es lo que haremos en este momento. Acudir a nuestra memoria para hacer una sopita que nos haga sudar de nostalgia. Empecemos por la sopa que más nos gusta a todos: la de pollo.

1 La sopita de pollo

En una olla hervimos por una hora todos los huesos de un pollo —que habremos deshuesado previamente—, 1 cebolla cortada en dos, 1 diente de ajo, 2 ramas de apio y 1 poro. Una vez listo el caldo, colamos, dejamos enfriar y desgrasamos la grasa de la superficie. Mientras, retiramos la piel y la grasa a las piernas y pechugas. Cortamos en dos unas 4 papas amarillas peladas. Picamos la carne del pollo en trozos medianos. Picamos también 1 rocoto en dados y cebolla china, bien finita. Alistamos 400 gramos de cabello de ángel crudo. Calentamos el caldo colado y añadimos las papas. Cuando aún estén medio cruditas, añadimos el pollo picado. Dos minutos después, va el cabello de ángel e incorporamos 4 higaditos de pollo. Dejamos que todo hierva hasta que la pasta esté al dente y la papa suelte en el caldo un poquito de su pulpa. Probamos de sal y añadimos limón, rocoto y cebolla china al gusto. Listo.

2 La sabrosa sopa de verduras

Las verduras para una rica sopa deben seguir las estaciones. Solo así concentrarán precio y calidad garantizada. Equilibrando bien las variedades, todas se pueden emplear en una sopa de verduras. Aquí solo una muestra.

Una taza de cebolla y otra de poro —ambos picados finamente— van a una olla con un chorrito de aceite. Haremos con ellos un aderezo durante unos minutos. Luego reciben 1 cucharada de ajo molido. Sudan 5 minutos y llega ½ taza de apio picado muy finito, ½ taza de zanahoria cortada en juliana, ½ taza de habas peladas y picadas, 1 tomate picado en daditos, ½ taza de nabo picado en dados, sal, pimienta y una pizca de orégano. Echamos agua, caldo de verduras o caldo de pollo (según sus preferencias), damos un hervor y añadimos 1 taza de arroz cocido y 1 taza de papas amarillas cortadas en cubos grandes. Dejamos cocer por unos minutos hasta que el conjunto espese ligeramente. Probamos la sal, añadimos unas gotas de limón y listo.

3 Sopa de verduras con carne y fideos

Hacemos exactamente la misma sopa anterior, solo que le echamos trozos pequeños de carne de punta de pecho, que habremos cocido previamente hasta dejarla suave en una olla con agua. Usamos el caldo de carne como líquido en la cocción, eliminamos el arroz, echamos el doble de zapallo y unos fideos canutos o macarrones crudos, que cocinaremos en la misma sopa

4 Sopa de pollo con sémola

Siga la receta de la sopa de verduras y añada 1 taza de pechuga de pollo cruda en dados. Elimine el arroz y añada caldo de pollo. Finalmente, agregue 1 taza de sémola. Deje cocinar hasta que coja un punto ligeramente cremoso.

5 Sopa roja

Preparamos un aderezo a fuego lento con 2 cebollas rojas y 1 blanca picadas muy finas. La roja le da alegría; la blanca, dulzura. Luego, va 1 cucharada de ajo molido. Se sudan, se abrazan. Llegan 2 cucharadas de ají mirasol licuado y 1 taza de tomate, también licuado. Añadimos una pizca de achiote, comino, 1 ramita de romero, 1 hoja de laurel y, finalmente y al gusto, perejil, culantro, sal y pimienta. Todos ponen lo suyo. Alegría, aroma, sazón.

A continuación, llega una taza de frejoles verdes, otra de pallares verdes, una de arvejas y otra de yuca en dados pequeños; todo crudo. Echamos ahora el caldo. Dejamos que hierva y agregamos fideos corbatita cocidos al dente. Un hervor y terminamos con un chorrito de aceite de oliva y un puñado de parmesano.

5 SOPITAS PARA EL FRÍO

Las que se hacen al toque con cosas que uno encuentra en la refrigeradora.

6 La primera: sopa de guiso

En una olla sudamos 1 cucharada de ajo molido, 2 cebollas picadas, ½ taza de ají panca licuado y 1 taza de tomate triturado. Añadimos caldo de carne, laurel, hongo, orégano y perejil. Hervimos y añadimos frejoles cocidos que sobraron la noche anterior. La mitad van enteros y la otra, licuados. La cantidad es al gusto. Finalmente, añadimos un guiso (también de ayer) de carne, todo picado, con fideos canutos cocidos y el juguito del guiso. Un hervor y listo.

7 La segunda: sopa de brócoli

Preparamos un aderezo con 2 cucharadas de ajo molido y 1 taza de cebolla picada. Añadimos 4 tazas de brócoli picado y cubrimos con caldo de verduras. Cocemos y trituramos. Colamos el caldo y lo regresamos a la olla. Agregamos un chorrito de leche evaporada, 1 taza más de brócoli cocido picado finito, pasta caracol (cocida previamente), queso *ricotta* al gusto y queso parmesano rallado.

8 La tercera: sopa marinera

Hacemos un aderezo con 1 cucharada de ajo molido, 1 taza de cebolla picada, ¼ de taza de ají amarillo licuado, ¼ de taza de ají panca licuado, ½ taza de tomate y rocoto picado al gusto. Añadimos un chorro de vino blanco, <u>caldo suave para pescado</u> (Ver: El cariño / Del cubo al caldo, p. 182), 1 taza de papitas amarillas cortadas en cuatro, 1 caigua cortada en dados, sal, pimienta y orégano. Damos un hervor y, al final, agregamos dados de filete de pescado, 4 huevos, un toque de leche evaporada y culantro picado. Dejamos cuajar el huevo y listo.

9   La cuarta: la de pallares

Preparamos un aderezo con 1 cucharada de ajo molido, 1 taza de cebolla roja picada, ¼ de taza de ají amarillo licuado, 2 cucharadas de ají panca licuado, 2 tomates rallados, orégano, laurel, hongo y romero. Una vez listo, agregamos caldo de verduras. Hervimos e incorporamos 1 taza de pallares frescos pelados y 2 de pallares secos cocidos, mitad enteros y mitad licuados. Al final, añadimos un chorro de aceite de oliva y un puñado de queso parmesano.

10 La quinta (no tan al toque): la de pallares levanta muertos

En esta receta usamos el mismo aderezo que la cuarta: la de pallares, solo que luego añadimos (al gusto) patita de res, patita de chancho, papada de cerdo, hocico de res y oreja de cerdo, todo cocido y picado. Agregamos, además, chorizo, morcilla y garbanzos cocidos. Dejamos cocer una ½ hora. Se acompaña con pan para mojar.

¿Y LAS SUPREMAS DE POLLO?

¿**D**ónde estás, suprema Maryland? ¿Qué ha sido de tu vida? Te recuerdo como la más popular de todas. En el Haití; en el club; en la carretera. Allí estabas siempre, rodeada de un séquito de admiradores disfrutando con tu sola presencia. Ni el calamar frito que se creía lo máximo con su salsa tártara, ni el *pepper steak* siempre arrogante, podían contigo. Te huían nada más al verte llegar. Y es que eras lo máximo, suprema. Guapa, inteligente, generosa, llena de ritmo y sabor. Y, sobre todo, coqueta; coqueta como ninguna otra. Todos babeaban por ti.

Recuerdo aquella tarde de verano, en la terraza de ese local frente al mar, cuando, al verme solo y triste, te sentaste a mi lado y me consolaste por siempre. Me mostraste con orgullo de niña traviesa todos tus detalles. Me revelaste tus secretos más íntimos. Me contaste que descubriste en esta tierra al plátano de la isla, que superaba a cualquier otro plátano en la sartén. También que un día, aburrida de lo mismo, se te ocurrió rellenarlo de queso y, zuácate, a freírlo. Me dijiste que esa crema que te echaban en el Titanic —cuando te inventaron como plato— se encontró con el choclo de los Andes, el que mezclabas con la salsa bechamel al final, añadiéndole un poco de su agüita de cocción para que la crema sea inolvidable.

Que fue aquí donde descubriste que ese vestido de pan que te sueles poner para las fiestas queda mejor si se ha hecho con pan molido en casa, hay que pasarte primero por harina y luego por huevo batido. Que a veces usabas pechuga a la que le dejabas el huesito del ala y, otras, pierna. Que aún no sabías cuál se llamaba milanesa y cuál suprema, porque en unos países a una se le dice a la otra, y viceversa. Que, justamente por eso, al freírlas, también dejabas el camino libre: a veces con mantequilla, otras con aceite. Y, finalmente, que en el país de las papas puedes probar con nuevas variedades para tu porción de papas fritas; eso sí, siempre crocantes por fuera y cremosas por dentro. Aquella tarde fui feliz, suprema Maryland. Tan feliz, que muchas veces he sido tentado a volver. Pero no. Prefiero no ir para guardar aquel recuerdo intacto, perfecto, inolvidable. ¿Dónde estás, querida suprema Maryland? ¿Podré volver a verte alguna vez?

LA SALSA BLANCA HA VUELTO

Recuerdo que durante toda mi formación mis profesores renegaron hasta el cansancio del uso de la salsa blanca o bechamel en la cocina, así como de esas mezclas de agua y harina que se solían usar para darle el punto de espesor a la salsa. Después de todo, eran tiempos en que el gran Paul Bocuse había, para bien, explorado el camino de las reducciones y jugos naturales en favor de una cocina más sabrosa y ligera. Una que no escondiera esas grasas que la harina suele ocultar con travesura.

El asunto es que fue tan satanizada en aquellos años noventa que prácticamente desapareció de las cocinas de los grandes restaurantes, incluyendo el mío. «Prohibido usar harina en nuestras salsas», decíamos con orgullo mientras echábamos al final de cada preparación un trozo de mantequilla, igual de calórico, para darle ese punto que, sin la harina, no lograban coger. Como en todo, el equilibrio triunfa al final y hoy la salsa blanca y el menjunje de agüita y harina vuelven orgullosos para ser usados en croquetas cremositas, lasañas suculentas, rellenos sabrosos y salsas que no requieren reducirse tanto como en las cocinas del oriente. Hagamos una revisión rápida.

1 La salsa blanca o bechamel

En una olla echamos 50 gramos de harina sin preparar con otros 50 gramos de mantequilla. A fuego suave, dejamos que la mantequilla se derrita mientras se va cocinando la harina. Vamos mezclando bien el fondo, evitando que se doren ni mantequilla ni harina. Cuando esté de color ligeramente crema, echamos 1 taza de leche fresca y batimos bien dejando que rompa a hervir. Luego, echamos otra taza más de leche fresca. En total, ½ litro estará bien. Si la quieren más espesa, como para una lasaña, usamos un poquito menos. Si la quieren más suelta, como para croquetas cremosas, así estará bien. Echamos sal, pimienta blanca y, si gustan, nuez moscada. Ya está lista.

SUS VARIANTES

2 La salsa bechamel con queso

Cuando está lista y aún bien caliente la salsa blanca, se le añade un puñado de queso mantecoso, *gruyère*, o andino rallado, y otro de parmesano rallado. Se mezcla bien.

3 La bechamel poderosa

Se le agrega un chorro de crema a la preparación de la salsa blanca y un buen trozo de mantequilla al final.

4 La bechamel campestre

Antes de echar la leche a la salsa blanca, se añaden 2 tazas de champiñones picados finitos. Cuando espesa, entran un chorro de crema y un trozo de mantequilla. Es ideal para canelones.

5 La bechamel arequipeña

Trituramos 1 taza de cabezas y cáscaras de camarones (incluyendo su coral) y las mezclamos con ½ taza de mantequilla. Pasamos todo por un colador finito y reservamos. Preparamos la salsa blanca y, al final, echamos esta mantequilla de camarón. Perfecta para rellenos de sabor a camarón como unos canelones, unas croquetas o una lasaña de camarones.

LA PAPA RELLENA, EN MODO CUENTO

1 Querida papa rellena:

¿**R**ecuerdas nuestra primera vez? Al comienzo, como a veces ocurre, todo fue un desastre. Quedaste destrozada en mil pedazos en la sartén y yo allí, observándote, esperando que me dijeras que sería la primera y última vez que me dejarías prepararte.

Pero no. Una vez más me demostraste que en tu corazón solo habitaba amor y consuelo. Como aquella vez cuando muy niño te vi en el tren camino a los Andes en una canastilla cubierta de tela, cargada por una señora que te ofrecía a un sol. Sencilla, frágil, casi sin relleno, con un ajicito inolvidable que lo resolvía todo. O aquella otra, en medio de anticuchos y yucas rellenas, sentado con mi familia en la mesa aristocrática del restaurante José Antonio.

Te amé cada vez que llegaba de la escuela y te encontraba allí silente, en el horno, esperando nuestro apetito sin fin. Y te recontra amé cuando te veía en los escaparates del Queirolo o del Cordano, cuando mi padre me llevaba a sus tertulias políticas soñando con que algún día siguiera sus pasos.

Perdóname, querida papa rellena, no sé qué pasó esa primera vez en la sartén. No sé si fue el aceite, no sé si fue la masa. Lo único que sé es que vi cómo, poco a poco, te ibas desmoronando en la fritura, pedacito a pedacito. Y yo allí, inmóvil, consciente de que era el fin, sin poder hacer nada para remediarlo. Te prometo que eso no volverá a suceder nunca más. Ahora sé que debí combinar 4 papas blancas grandes cocidas con una papa amarilla, que ayuda a darte color, textura y sabor. Sé que debo pasarte por el prensapapas aún caliente, y que luego debo amasarte a mano, añadiendo un huevo grande, sal y pimienta, hasta que quedes suave y elegante.

Ahora sé que tu relleno, hecho suavemente con ½ kilo de carne de bistec picada a mano (o de carne molida) y sudada con una cebolla roja picada finita, una pizca de ajo molido, 1 cucharada de ají panca licuado, sal, pimienta, comino y orégano, con su trocito de huevo, su pasa y su aceituna al final, debía ponerlo sobre la masa solo cuando estuviese bien frío, para que ese juguito se esconda y vuelva a aparecer jugoso al freírte.

Sé que antes de rellenarte debía poner harina en mis manos, estirarte sobre mi palma, pero sin golpearte, hacerlo más bien con dulzura. Poner una porción generosa de relleno, cerrarte en forma oval, pasarte por harina y por huevo batido, dejarte un ratito reposar en paz, calentar el aceite y recién freírte con delicadeza.

Y es que allí estuvo mi error aquel día, querida papa rellena. En olvidar que detrás de tu apariencia robusta y generosa escondes un alma frágil y delicada, a la que había que tratar con suavidad en cada gesto y que, al tocarte, debía hacerlo con suma ternura, como el amor eterno. Ese que sentí por ti desde la primera vez que te vi y que hoy sigo llevando en lo más hondo de mi corazón. Confía en mí, querida papa rellena. Dame una oportunidad. Te aseguro que esta vez no te defraudaré.

Acompañar con salsa criolla (Ver: La celebración / Más salsitas de sazón criolla, p. 273) y crema de ají amarillo (Ver: La celebración / Los ajicitos hechos salsa, p. 252).

SUS VARIANTES

2 Papa rellena de camarones

Reemplazamos la carne de la receta anterior por 24 colas de camarones chicos picados, que echamos al final del aderezo. Incorporamos 1 cucharadita de coral de las cabezas del camarón, que añadimos al comienzo.

3 Papa rellena de verduras

Seguimos la misma receta de la papa rellena de carne, solo que la cambiamos por 2 tazas de verduras picadas pequeñitas. Zanahoria, nabo, habas, papa blanca y arvejas. Cocinamos el relleno como si fuera la carne.

4 Yucas rellenas

El único cambio que debemos hacer aquí es reducir la cantidad de papas a la mitad, es decir, 2 papas blancas en vez de 4. Prensarlas y añadir una cantidad de puré prensado de yuca cocida. El resto es igual a la receta original.

5 Papas rellenas de guiso

La idea es utilizar siempre todo. Si les sobra picante de carne, caigua rellena, rocoto relleno, estofado de res o de pollo, seco, etc. Lo pican chiquito todo y lo dejan enfriar. En un seco de carne, por ejemplo, se pica la carne, la zanahoria, las arvejas, la papa, se mezclan con su salsa y se deja enfriar. Esto se usa tal cual como relleno. Si es un rocoto relleno, se pican todo, incluido el rocoto. Y así con cada plato de ayer.

LA LECHE DE TIGRE LEVANTA MUERTOS

C uando la noche se hizo larga, cuando amaneció la jarana, cuando el amor exigió goleada, todos buscamos un levanta muertos que nos ayude a seguir el camino.

Unos lo encuentran en un caldo de gallina. Otros, en una patasca con su rocoto y hierbitas. Otros prefieren un cebichón bien picante. Otros, un caldo de choros humeante. En esos momentos en los que el cuerpo parece pedir auxilio, todos buscamos con desespero esa pócima mágica que nos ayude a reponer todo aquello que la alegría en exceso consumió sin límite. En la mayoría de casos, la elección no resiste aprobación médica o nutricional. Lo recomendable es dormir, tomar agua y dejar descansar al cuerpo porque ni la grasita, ni el juguito ni el acidito ni el picantito ayudarán. Pero una cosa es el cuerpo y otra, el sentimiento. Porque en las mañanas frías, cuando acaba el amor, cuando el amigo se despide, cuando la música deja de sonar, es el corazón el que llora. El que pide un levanta muertos que lo ayude a continuar.

1 Leche de tigre levanta muertos

Picamos 50 gramos de filetes de pejerrey o de cualquier pescado fresquito, 50 gramos de calamar previamente pasado por agua caliente y 50 gramos de los mariscos que más le gusten: concha de abanico, caracol, almeja, lapa, chanque, erizo, langostino, camarón; los que consiga. Esta cantidad es por vaso.

Aparte, licuamos para 4 vasos: 50 gramos de retazos de pescado con sal, pimienta, un diente de ajo, 2 ramas de culantro, un tallo de apio, ¼ de cebolla, un ají limo sin venas ni pepas, ½ rocoto sin venas ni pepas y 3 tazas de jugo de limón. Si gustan, pueden añadir una pizca de kion. Licuamos bien, colamos y añadimos 4 cucharadas de rocoto licuado.

Probamos la sal y añadimos los mariscos picados. Agregamos ahora —al gusto— cebolla, ají limo y culantro picados. Probamos nuevamente la sal y el limón. Debe estar acidito, picantito, saladito. Echamos finalmente choclo desgranado y canchita. Listo. A algunos les gusta añadir un chorro de leche evaporada. Si se les entibia demasiado o se les sala demasiado, un trozo de hielo ayuda a equilibrarlo todo: temperatura, acidez, sal.

SUS VARIANTES

2 La leche de tigre rompe calzón

A toda la preparación anterior del licuado añadimos ¼ de taza de erizos, y lo licuamos todo. Agregamos, al final, 4 lenguas de erizos por vaso.

3 La leche de tigre negra

Incorporamos al licuado el jugo de 12 conchas negras y servimos 12 conchas negras por vaso.

4 La leche de tigre del amor

Añadimos al licuado un poco de coral de camarón o de cangrejo crudo. Servimos con colas de camarón y uñas de cangrejo, peladas y crudas.

5 La leche de tigre caliente

A la preparación de levanta muertos se le añade un buen chorro de caldo de choros, de cangrejo o de mariscos o incluso u poco de chupe de pescado. Calentamos y servimos humeando, echando al final lo mismo que la levanta muertos.

¡BRAVAZO!

EL CARIÑO

22 RECETAS PRINCIPALES

GASTÓN ACURIO

EL GRAN POLLO AL HORNO

U na de las cosas más bonitas de la vida son las sorpresas. No solo para quien las recibe, sino, sobre todo, para quien las da. Dicho esto, vivir cada día con la intención de darle una sorpresa a alguien para hacer que todo sea más bonito es una hermosa manera de vivir.

Un chocolate en la mesa de nuestro compañero de trabajo. Un ramo de rosas al amor de siempre. Unas palabras inesperadas en un correo, en una carta, en una hoja vieja, simplemente porque sí. Una mesa puesta con velas al llegar a casa. Un postrecito —el favorito— que llega desde muy lejos en tu cumpleaños. Una receta especial hecha al caer la tarde esperando al amor o al amigo en un día cualquiera. Un pollito al horno hecho con paciencia, cariño y mucha sazón. Esta sorpresa, les puedo asegurar, es un éxito asegurado.

1 El pollo al horno que nunca falla

Parece más complicado de lo que es, pero no. Solo es organizarse y listo.

Paso I: 8 a.m.

Diluimos en 4 litros de agua caliente 1 taza de sal y ¼ de taza de azúcar. Dejamos enfriar y colocamos dentro el pollo entero. Lo dejamos reposar 3 horas en esta salmuera casera. Esto le dará sabor, volverá más suave la carne y más crujiente la piel. Normalmente esto se haría toda la noche, pero estamos adaptando la receta a casa.

Paso II: 11 a.m.

Retiramos el pollo y lo enjuagamos en agua fría. Lo secamos bien y lo dejamos en la refrigeradora una hora, para que seque un poco más.

Paso III: 12 m.

Retiramos el pollo de la refrigeradora. En un bol mezclamos 1 cucharada de ajo molido, pimienta blanca, una pizca de comino, un toque de mostaza, romero, 1 cucharada de ají mirasol licuado y un chorrito chiquito de cerveza. Frotamos la piel y el interior del pollo con esta preparación (cuidado de no echar más sal).

Paso IV: 12:15 p.m.

Precalentamos el horno a 180° C. Echamos en una bandeja un chorro de agua y, encima, colocamos el pollo. Horneamos por 30 minutos. En ese momento añadimos diferentes tipos de papas chicas cortadas en cuartos o mitades. Seguimos horneando por 10 minutos. En los últimos 5 minutos agregamos un trozo de mantequilla encima del pollo y lo comenzamos a rociar con su juguito, todo el tiempo. Esto hará que se termine de dorar bonito. Servimos en su propia fuente, con las papitas, una ensalada verde y una cremita de ají al lado. Me cuentan qué tal les salió.

SUS VARIANTES

2 El pollo al horno achifado

A la preparación anterior solo le añadimos al macerado 1 cucharadita de canela china, un chorrito de sillao, 1 cucharada de *mensi*, una pizca de azúcar y listo. Seguimos el mismo procedimiento.

3 El pollo al horno pachamanquero

Al pollo al horno que nunca falla le añadimos 4 tazas de hierbas frescas (muña, laico, chincho, hierbabuena, culantro o huacatay). La mitad va en el macerado; la otra mitad, dentro del pollo. Luego seguimos la receta tal cual.

4 El pollo criollo

A la misma receta sumamos un chorro de pisco, un chorro de vinagre, ½ taza de ají panca y ½ taza de culantro picado.

5 El pollo bachiche

A la receta del pollo al horno que nunca falla agregamos ramas de orégano y de albahaca, una copa de vino blanco, hojas de salvia, 8 dientes de ajo picado y un chorro de aceite de oliva.

EL ESTOFADO, LA VIDA A FUEGO LENTO

L a cocina a fuego lento es la que suele sacar los mejores sentimientos que llevamos dentro.

El sonido sereno de la olla burbujeante, el aroma impregnando toda la casa, el aderezo haciéndose pacientemente. Todo nos transporta, en un segundo, hacia esos momentos que alguna vez vivimos en familia en torno a una mesa.

Comidas que antes preparábamos a diario y que nos permitían estar siempre abrazados, escuchados, queridos. Pero que hoy —por la vorágine de la vida, por el tráfico infernal, por la necesidad de poseer cosas más allá de las que necesitamos o por la urgencia de reconocimiento, de una idea mal entendida de éxito— hemos ido perdiendo en el camino.

«Ahora los hijos ya ni almuerzan en casa», me decía hace poco una señora con tono melancólico. Lo hacen en el centro comercial, en el patio de comidas; donde sea. Siempre hay una excusa.

¿Y la memoria?, le preguntaba yo. ¿Y todos esos recuerdos tan bonitos que llevamos quienes hemos vivido el desayuno diario en familia, el almuerzo después de la escuela, la cena con la llegada de papá a casa? ¿Los recuerdos que nos arrancan una sonrisa o una lágrima, los que nos ayudan a ser mejores personas, más sensibles, cuidadosas, generosas y solidarias? ¿De dónde saldrán esos recuerdos para quienes hoy no disfrutan de estos momentos?

Debemos animar a aquellos que han olvidado la importancia de cocinar en casa a que vuelvan a hacerlo. Ese es el gran desafío de este libro. Quizá ya no todos los días, ni 3 veces al día. Quizá, sí, los fines de semana o solo por las noches. Pero cocinar en casa es necesario para llevar una vida de paz y bienestar. Y una gran alternativa es un estofado hecho a fuego lento.

1 Un estofado de carne casero

Escogemos 1 kilo de carne de res para estofado. Si es con hueso, busque asado de tira en trozos grandes u osobuco cortado grueso. Si es sin hueso, elija falda, punta de pecho, paleta, asado pejerrey, asado ruso o carrillera.

La sazonamos con sal y pimienta y la doramos con un chorro de aceite en una olla no muy alta y, de preferencia, de fondo grueso. La retiramos y en esa misma olla hacemos un aderezo con 1 taza de cebolla roja cortada muy finita en daditos.

La sudamos 5 minutos junto a ½ taza de pimiento rojo picado finito. Luego echamos 1 cucharada de ajo molido, sudamos 1 minuto y añadimos 2 cucharadas de ají panca licuado y 1 cucharada de ají amarillo licuado. Cocemos por 5 minutos y añadimos 1 taza de tomate licuado y 1 chorrito de vino tinto.

Dejamos hervir añadiendo sal, pimienta, una pizca de orégano, comino en polvo, 1 rama de romero, 2 ramas de perejil y una hoja de laurel. Regresamos la carne y añadimos agua que la cubra. A estofar se ha dicho, a fuego muy lento hasta que la carne esté suave. Puede ser de 40 minutos a 1½ horas, dependiendo del corte elegido. Hay que ir mirando.

Cuando sentimos que le falta unos 10 minutos, añadimos 1 zanahoria grande cortada en rodajas, 1 taza de arvejas tiernas y 4 papas amarillas cortadas en dos. Cuidado que las papas amarillas no se desarmen ni enturbien la salsa: no debemos cocerlas demasiado. Si prefiere, puede echarle papas blancas, que aguantan mejor el líquido. Cuando las papas estén a punto, echamos 2 cucharadas de pasas negras. Damos un hervor, probamos de sal y listo. El acompañamiento ideal es un arroz blanco.

SUS VARIANTES

2 Estofado de pollo

Cortamos un pollo en 8 trozos, sazonamos con sal, pimienta y doramos en la olla. Retiramos y seguimos toda la receta anterior del <u>estofado de carne casero</u>, solo que cambiamos el vino tinto por vino blanco y cocemos el pollo en el guiso por unos 15 minutos. Retiramos primero las pechugas y, cuando las piernas estén listas, las regresamos a la olla.

3 Estofado de res al vino

Cortamos 1½ kilos de asado de tira en 8 trozos con su hueso. Vaciamos una botella de vino tinto y dejamos macerando toda la noche con 1 cebolla roja, 1 zanahoria, 1 rama de apio y ramas de perejil y de romero. Al día siguiente sazonamos la carne con sal y pimienta, y la pasamos por un poco de harina. La doramos y retiramos. Doramos también las verduras y regresamos la carne. Cubrimos todo con el vino de maceración. Añadimos ahora agua que cubra la carne y dejamos cocinar el estofado a fuego lento, hasta que la carne salga del hueso.

Mientras eso ocurre, cortamos ¼ de kilo de tocino en bastoncitos chicos. Los doramos y retiramos. En la misma sartén, saltamos una taza de champiñones chicos. Si son grandes, los partimos en dos o cuatro. Retiramos y echamos una docena de cebollitas tipo coctel peladas, que cocemos con un chorrito de agua y un trozo de mantequilla. Cuando seque el líquido, regresamos los champiñones y tocino. Una vez que la carne esté lista y la salsa haya cogido cuerpo, le agregamos la preparación de champiñones, tocino y cebollitas.

Le damos un hervor, probamos de sal y listo. Acompañamos con un puré de papas (Ver: La celebración / Un asado a la olla musical, p. 257), una pasta a la crema o un pastel de papas.

4 Estofado de cordero

Compramos una paleta de cordero que deshuesamos y cortamos en cubos grandes. También puede ser cuello. Con el hueso hacemos un caldo rápido de ½ hora con poca agua, mientras preparamos el resto de pasos. Sazonamos los cubos de carne de cordero con sal y pimienta; luego los pasamos por harina y los doramos. Retiramos y hacemos el mismo aderezo del estofado de carne casero. Regresamos la carne y seguimos tal como sigue esta receta, solo que eliminamos el vino tinto y usamos un chorro de vino blanco. El resto es exactamente igual.

5 Chanchito estofado

Cortamos 1½ kilos de bondiola, paleta o panceta de chancho en trozos medianos, que sazonamos con sal y pimienta. Los pasamos por harina y doramos en una olla. Los retiramos y seguimos la receta del estofado de carne casero, solo que duplicamos la cantidad de cebolla en el aderezo, le añadimos 1 cucharada de buen pimentón en polvo y eliminamos al final las pasas negras. El resto es igual.

6 Estofado de la huerta

Debemos seguir la misma receta que el estofado de carne casero, pero la reemplazamos con nabo cortado en 4 trozos grandes, ½ col cortada en cuatro y 4 trozos grandes de coliflor. Seguimos la receta cuidando la cocción de los vegetales añadidos, porque el tiempo es mucho menor.

7 Estofado de pato

Escogemos un pato tierno que cortamos en 8 trozos. Sazonamos con sal y pimienta, doramos los trozos, retiramos y seguimos tal como la receta de estofado de carne casero. Esta vez añadimos 1 rama de culantro y también cuidamos la cocción de las presas. Primero retiramos las pechugas y las regresamos cuando las piernas estén a punto. Entonces añadimos los vegetales y seguimos con el procedimiento. Acompañamos con arroz blanco.

8 Estofado de bonito

Cortamos 1 kilo de bonito sin piel en cubos grandes. Lo sazonamos con sal y pimienta y doramos muy rápidamente en la olla. Retiramos y seguimos la receta tal como el estofado de carne casero. Esta vez echaremos el bonito nuevamente a la olla solo al final, cuando las verduras estén en su punto.

9 Estofado de rabos

Sazonamos 2 kilos de rabo de res cortado en trozos grandes y los doramos en una olla. Retiramos y seguimos la receta del aderezo del estofado de carne, solo que duplicaremos la cantidad de la cebolla y aumentaremos la cantidad de comino a 1 cucharadita bien llena. Regresamos la carne y cocinamos de 2 a 3 horas a fuego lento. Cuando se desprenda la carne del hueso, significa que está listo para recibir las verduras. Al final, añadimos unas gotas de tabasco.

CALDO DE GALLINA

P ara muchos, el rey de los caldos. El caldo de gallina no es un plato más de nuestra hermosa cocina; hoy en día es un modelo de negocio, un concepto culinario. Es una experiencia gastronómica que se expande por toda la ciudad con la promesa de recuperar cuerpo y alma gracias al sacrificio de la noble —y nunca bien ponderada— gallina. La receta reúne dos condiciones: tener una buena gallina, de preferencia la famosa gallina negra o las gallinas de corral o chacra; y tener paciencia, mucha paciencia.

1 Caldo de gallina sencillo

Esta receta nos sirve para usar el caldo en diversas preparaciones. Troceamos una gallina entera en 10 presas. La hervimos a fuego muy lento por 1½ horas con un tallo de apio, ½ cebolla, granos de pimienta y 2 ramas de cebolla china. Una vez transcurrido ese tiempo, podemos darle a la gallina y al caldo el uso que queramos: ya sea en un ají de gallina (deshuesando la carne), en un aguadito o en un guiso de gallina.

2 Supercaldo de gallina como plato único

Ponemos a hervir en agua durante una hora lo siguiente: una gallina troceada en 10 presas, una cebolla cortada en dos, 4 ramas de apio, 4 ramas de cebolla china, 1 rodaja de kion, unos granos de pimienta y sal al gusto. Retiramos las presas, colamos el caldo y lo dejamos enfriar, retirando la grasa de la superficie cuando esta se ponga dura. Volvemos a hervir el caldo y echamos 4 papas amarillas cortadas en dos y 200 gramos de fideos tipo tallarín (crudos) y dejamos que hierva. Cuando el fideo esté al dente echamos ½ taza de cebolla china picada, regresamos las presas de gallina y damos otro hervor. Probamos de sal, echamos gotas de limón y servimos con más cebolla china picada aparte, rocoto picado aparte y canchita serrana. En cada tazón colocamos un huevo duro que no esté muy cocido, y listo.

LOS RAVIOLES

Hacer ravioles siempre es una buena idea. Claro, si es que nos gusta la cocina. Si la cocina es trabajo, mejor no cocinar. Si, en cambio, la cocina es placer, es sentimiento, es vivencia que emociona, entonces dediquemos una mañana a hacer ravioles. Siempre serán garantía de un sábado o un domingo memorables.

Los más diestros harán la masa. Harina, huevos, sal y listo. Amasamos y amasamos. Si nos gusta lo clásico, la dejamos así, al natural. Si nos gusta explorar, podemos echarle betarraga y volverla roja; tinta de calamar y vestirla de negro; puré de espinaca y darle un punto verde.

Otros, los más pacientes, harán el relleno. Es una buena terapia para su vida agitada. Si les gusta el queso, harán un relleno licuando *ricotta* con parmesano, con su punto de ajo y perejil. Si les gustan las verduras, licúan alcachofas cocidas y las mezclan con parmesano; o licúan zapallo loche cocido que mezclan con *ricotta*, parmesano, rosquitas y punto de fruta en almíbar. Si, en cambio, prefieren la carne o el pescado, cogen el guiso de ayer, lo desmenuzan y lo mezclan con parmesano; o cogen cangrejo cocido que mezclan con langostino crudo molido y un poco de hierbitas.

¿Y la salsa? Ah, la salsa. Para el queso, tomates licuados se encuentran con tomates picados, ajo molido, albahaca y aceite de oliva en la sartén. Si es con alcachofa, crema fresca y puré de alcachofa. Si es con estofado, servirá el jugo del estofado y un poco de mantequilla. Si es con zapallo, simplemente con un poco de mantequilla, hojas de salvia y parmesano. Con cangrejo y tinta, un caldo de cangrejo con mantequilla y punto de pisco y huacatay. Al final, la fuente al medio de la mesa, una botella de ese vino que guardamos todo el año, y a celebrar. Manos a la obra.

PRIMERO: LA MASA

La básica
Necesitamos ½ kilo de harina sin preparar, 3 huevos, sal y un chorrito de aceite de oliva. Colocamos huevos, sal y aceite al medio de un volcán de harina, batimos aceite y huevos, y empezamos a jalar harina al centro. Amasamos y

amasamos. Formamos una bola, tapamos, reposamos ½ hora y estiramos como nos provoque. Esta masa se puede usar para ravioles, canelones o *tortellini*.

La especial
Usamos ½ kilo de harina, 5 yemas, 2 huevos, sal y aceite de oliva. Procedemos de la misma forma que en la masa básica, solo que esta tiene bastantes yemas y sale superespecial.

RAVIOLES PARA TODO EL MUNDO

1 Ravioles de asado

Hacemos un asado a la olla tal cual la receta de este libro (Ver: La celebración / Asado a la olla musical, p. 257). Separamos la carne de la salsa y la picamos finamente. La mezclamos en un bol y le echamos 1 taza de queso *ricotta* y ½ taza de queso parmesano. Amasamos bien todo y rellenamos los ravioles, que habremos estirado antes con el rodillo o la máquina de pasta. Cerramos bien con otra capa de masa, marcando con huevo previamente alrededor del relleno. Presionamos bien —nuevamente alrededor del relleno— con el molde que elijamos. Si no tiene molde, hágalo con los dedos. Espolvoreamos de harina por encima una vez selladas las dos capas. Cocinamos los ravioles en abundante agua con sal, mientras calentamos la salsa del asado a la olla a la que le añadimos un buen trozo de mantequilla. Escurrimos los ravioles y les echamos un chorro de aceite de oliva. Los colocamos en una fuente y los bañamos con la salsa. Encima, abundante parmesano rallado.

2 Ravioles de queso con salsa de tomate

En un bol mezclamos 4 tazas de queso *ricotta* con 2 de queso parmesano, sal, pimienta y nuez moscada. Con esto rellenamos nuestra masa de pasta siguiendo la receta. Los cocinamos en abundante agua con sal, los escurrimos y los bañamos con un chorro de aceite de oliva. Finalmente, los servimos en una fuente y los bañamos con salsa de tomate (Ver: El cariño / La rica salsa caliente, p. 180), a la que le añadimos albahaca picada y parmesano rallado.

3 Ravioles de estofado

Hacemos un estofado de carne al vino (Ver: El cariño / El estofado, la vida a
fuego lento, p. 171). Picamos la carne finamente y separamos la salsa aparte.
Mezclamos la carne con 1 taza de *ricotta* y ½ de parmesano. Rellenamos nuestros ravioles y, luego de cocidos, los ponemos en una sartén con mantequilla y
una pizca de agua de cocción. Echamos parmesano rallado. Servimos en una
fuente y bañamos con un poco de la salsa de estofado al vino.

4 Ravioles de espinaca y queso azul

En una sartén salteamos un atado de espinaca (con tallo y todo), con 2 dientes
de ajo, ½ cebolla picadita y un trozo de mantequilla. Cuando esté bien cocida
y el agua evaporada, retiramos y picamos. Mezclamos con 2 tazas de *ricotta* y
una de parmesano. Añadimos sal, pimienta, nuez moscada y listo. Rellenamos
nuestros ravioles. Mientras se cocinan, calentamos 2 tazas de crema de leche
con una de queso azul, gorgonzola o roquefort, el que gusten. Batimos bien y
bañamos la salsa sobre los ravioles acomodados en fuente.

5 Ravioles de alcachofa

Cocinamos 8 corazones de alcachofa que trituramos y mezclamos con 2 tazas
de *ricotta*, una de parmesano y un poco de ralladura de cáscara de limón y orégano. Los rellenamos, cocinamos en abundante agua y los pasamos a una sartén
con mantequilla, un poco de agua de cocción de las alcachofas, más ralladura
de cáscara de limón y parmesano.

6 Ravioles de zapallo

Necesitamos 2 tazas de loche cocido y licuado, 1 taza de *ricotta*, ½ taza de parmesano, ¼ de taza de rosquitas de manteca molidas, un camotillo en almíbar
(de los que venden las dulcerías) que trituramos y listo. Mezclamos todo con sal
y pimienta y rellenamos los ravioles. Una vez cocidos, los pasamos a una sartén
con mantequilla, un poquito del agua de cocción de los ravioles, añadimos unas
hojas de salvia, parmesano rallado y listo.

7 Ravioles de cangrejo

Mezclamos 2 tazas de pulpa de cangrejo con ½ taza de <u>aderezo de ají amarillo</u> <u>licuado</u> (que preparamos sudando ½ cebolla roja picada con 1 cucharadita de ajo molido durante 5 minutos, y añadiendo luego 4 cucharadas de ají amarillo licuado) y 1 taza de langostinos molidos. Añadimos un chorrito de crema. Mezclamos bien con sal y pimienta. Preparamos una salsa de tomate a la que le añadiremos un chorro de caldo de cangrejo, 2 rodajas de ají limo, culantro picado, un trozo de mantequilla, gotas de limón y, al final, 1 taza más de pulpa de cangrejo. Rellenamos los ravioles con la mezcla de pulpa de cangrejo y langostinos. Finalmente, los bañamos con la salsa de tomate.

LA RICA SALSA CALIENTE
Las salsas de tomate

1 Salsa de tomate al toque

En una sartén echamos un chorro de aceite de oliva y 4 dientes de ajo picados muy finos. Sudamos, sin dorar, por 2 minutos y añadimos 8 tazas de tomates bien maduros pelados, picados, chancados y aplastados para que boten un poco de jugo. Dejamos cocinar a fuego lento añadiendo 1 rama de albahaca, sal, pimienta y unas gotas de vino blanco. Pasados 5 minutos, probamos de acidez; aquí podemos echar una pizca de azúcar o un pequeño trozo de mantequilla. Finalmente, añadimos otro chorrito de aceite de oliva, un buen puñado de albahaca picada y estamos listos para usarla para unos ricos tallarines.

2 Salsa de tomate especial

Picamos 1 cebolla blanca bien finita y 4 dientes de ajo, que sudamos lentamente en un chorro de aceite de oliva. Añadimos 8 tazas de tomate maduro, picado y chancado, hojas de albahaca y perejil picado. Cocemos ½ hora a fuego tapado y lento. Probamos la sal y pimienta y damos otro chorro de aceite de oliva.

3 Salsa de tomate con paciencia

En una sartén echamos ½ taza de apio picado finito, 1 cucharada de ajo molido, ½ taza de zanahoria rallada, 1 taza de cebolla picada finita y un buen chorro de aceite de oliva. Luego de 5 minutos agregamos 8 tazas de tomate triturado bien maduro, un chorrito de vino tinto, 1 rama de albahaca, 1 hoja de laurel y 1 hongo seco. Hervimos unos minutos y echamos un chorro de agua. Tapamos y dejamos cocer por 1½ horas, cuidando que no se queme al fondo y añadiendo más agua de ser necesario. Al final, probamos la sal y la pimienta, y echamos un chorrito de leche evaporada (solo unas gotitas) y otro chorro de aceite de oliva.

4 Salsa de tomate picante

Echamos en una sartén una cebolla blanca cortada en dados y añadimos 1 taza de tocino ahumado picado en dados. Doramos todo rápidamente. Agregamos 2 cucharadas de ají limo o rocoto picado, un chorrito de vino blanco y 4 tazas de salsa de tomate al toque (receta en esta página). Añadimos un buen puñado de albahaca picada, otro de perejil picado y otro chorro de aceite de oliva y damos un hervor. Estamos listos para acompañar esta salsa con su fideo favorito, completando con abundante queso parmesano al final.

DEL CUBO AL CALDO

S i nos gusta cocinar, no es necesario usar el cubito. Siempre podemos hacer caldos en casa con todo lo que nos va sobrando en el camino de las recetas que hacemos a diario. Luego podemos congelarlo en cubiteras de hielo o pequeños tápers, de manera que estén allí listos para cuando queramos usarlos. La clave está en recuperar todos esos cortes de vegetales, esos tallos de verduras, trozos de carne o huesos de pollo o res que vamos desechando y que normalmente tiramos al tacho. Los podemos ir pasando a un acumulado que luego nos servirá para hacer un caldo una vez por semana. Solo le costará abrir su bolsa, echarla al agua y hervir con calma y en paz. Al final podemos emplear estos caldos para arroces, guisos, sopas o cremas: todo.

1 Caldo de carne

Recogemos durante la semana trozos de cebollas, apio, poro, zanahoria, ajo y hierbas como perejil, romero y orégano. Añadimos trozos de carne que hemos desechado de nuestras recetas, más 2 kilos de huesos de res. Echamos los huesos de res y carne en una olla grande con abundante agua que los cubra. Cuando rompa a hervir añadimos las verduras, que habremos dorado previamente en una sartén. Agregamos una pizca de sal, pimienta y dejamos hervir por unas 3 horas.

Colamos y dividimos en dos. La primera mitad la reservamos en 2 envases y los congelamos. Estarán listos para 2 almuerzos completos. La otra mitad la seguimos cocinando hasta que se reduzca a una cuarta parte de su volumen y la guardamos en cubeteras de hielo. Cada hielo de caldo servirá para cualquier guiso rápido, saltado o platos que se requieran hacer con algún concentrado.

2 Caldo de pollo

Seguimos la misma receta anterior, con las mismas verduras, solo que cambiamos los huesos de res por huesos de carcaza, patas, pescuezo, cabezas y menudencias de pollo. En este caso las verduras se echan sin dorarlas.

3 Caldo de cerdo

La misma receta del caldo de carne en todo su procedimiento. Pero, esta vez, usamos huesos de costilla. Incluso sirve la cabeza o trozos de cabeza, para añadirle gelatina al caldo.

4 Caldito suave para pescado

Es muy importante no cocinarlo demasiado. Solo unos minutos, de manera que obtengamos una sustancia suave, delicada y ligera que evite que el sabor a mar domine nuestros platos. Usaremos cabezas y espinazos del pescado, de preferencia que sea un pescado de sabor delicado, como la cabrilla, el congrio, el lenguado, el mero, la corvina, la chita, la lisa, el diablo, el cherlo, la merluza o la cachema. Las lavamos muy bien, varias veces en el agua, y las echamos con las verduras, hierbas y condimentos del caldo de carne (sin dorar nada) en una olla con no mucha agua, solo que cubra. Cocemos por 15 minutos y colamos el conjunto. En este caso mejor no congelar nada. Hay que hacerlo en el momento, porque es al toque.

5 Caldo de crustáceos

Se prepara con cabezas de camarón, cuerpos de cangrejo, langosta, langostinos, etc. En este caso, las verduras se doran junto con colas, cabezas y cuerpos. Luego, se moja todo con agua y se cocina por 1 hora. Se cuela y se guarda la mitad del caldo en envases; la otra mitad va en cubeteras según sea la cantidad necesaria. Por ejemplo, para un arroz con camarones, son 4 cubos; para un chupe, uno o 2 envases.

6 Caldo de choros o moluscos

Puede ser con vongoles, palabritas o choros. Más que un caldo, es un jugo. Se colocan los mariscos bien lavados en una olla con las verduras, menos la zanahoria. Aquí solo se echa agua que no llegue a cubrir la mitad de los mariscos. Tapamos y dejamos que hierva hasta que se abran los mariscos. Los recuperamos para las preparaciones y ese jugo sabroso que botan será nuestro caldo. Tampoco se congela; se hace al momento.

7 Caldo de pescado de roca

Aquí buscamos el efecto contrario al caldito suave para pescado. Empleamos tramboyo, pintadilla o pejesapo; pescados de roca económicos pero sabrosos. Seguimos el procedimiento del caldito suave, pero esta vez sí los cocinamos 1 hora hasta obtener un caldo levanta muertos. Nos puede servir para un superarroz con pescados de roca o una parihuela de pescados, por ejemplo. No se congela.

8 Caldo de patas

Muy bueno para hacer sopas y guisos. Necesitamos 1 pata de res troceada y trozos de cabeza y de hocico de res. Si lo queremos hacer de cerdo, empleamos patitas, cabeza, cerdo, morro y oreja de cerdo. Este último sirve para sopas y guisos de cerdo; el primero para sopas y guisos de interiores de carne. Puede servir para una patita con maní, por ejemplo, muy suculenta. Nunca tire cabeza o patas: todo sirve para hacer ensaladas o guisos deliciosos. Se congela como el caldo de carne.

9 Caldo de verduras

Añadimos a las verduras más verduras y, además, algunas otras como cebolla china, col o un trozo de zapallo. Al final procedemos de la misma forma del caldo de res. Doramos las verduras y luego las cocinamos por 1 hora. Se congela según está indicado en la receta del caldo de carne.

SUAVES CREMAS
que ayudan a que todo pase suave

E sa cremita que abriga el cuerpo y el alma que siempre está allí, lista para acudir al llamado. Pero en muchas cocinas acuden al sobre instantáneo, olvidando que parte del placer está en el poder hacerla uno mismo. En ver cómo los vegetales se convierten en cariño.

1 Una cremita de zapallo

En una olla echamos un buen trozo de mantequilla. Añadimos 1 taza de cebolla blanca picada finita. Dejamos cocer 5 minutos a fuego suavecito. Incorporamos 5 tazas de zapallo sin cáscara, el que más les guste. Dejamos que el zapallo se deshaga y agregamos solo una pizquita de cáscara de naranja rallada bien finita. Echamos 1 taza de caldo de verduras o caldo de pollo (Ver: El cariño / Del cubo al caldo, p. 181). Dejamos hervir todo y licuamos. Regresamos la preparación a la olla para que siga hirviendo y sumamos ½ taza de leche evaporada y ½ taza de crema de leche. Damos un buen hervor y añadimos otro trozo de mantequilla, sal, pimienta blanca y una pizca de azúcar. Hervimos hasta que coja punto, una probadita y listo. Pueden acompañar la crema con pancito frito o pan tostado al lado, para ir mojando.

2 Crema de coliflor

En una olla echamos un buen trozo de mantequilla y sudamos 1 taza de cebolla blanca. Añadimos una coliflor cortada en trozos grandes, que cubrimos por completo con caldo de verduras (Ver: El cariño / Del cubo al caldo, p. 183) y leche, en iguales volúmenes. Agregamos otro trozo de mantequilla y cocinamos hasta que la coliflor esté muy suave. Licuamos la coliflor con la mitad de su líquido de cocción unos minutos, regresamos la mezcla a la olla y añadimos un chorro de crema de leche. Dejamos que coja cuerpo y terminamos con sal, pimienta y nuez moscada.

3 Crema de brócoli

Seguimos la receta de la crema de coliflor, con 4 tazas de brócoli picado. Esta vez, antes de echar el caldo y la leche echaremos 1 cucharada de harina. Sudamos un poco y añadimos el caldo, hasta que cubra. Cocinamos bien, licuamos y regresamos la preparación a la olla. Incorporamos un chorro de crema, un trozo de mantequilla, sal, pimienta y, al final, crutones de pan.

4 Crema de papa

Seguimos el procedimiento de la cremita de zapallo, solo que añadimos 4 tazas de papa amarilla pelada y cortada en dados pequeños. Echamos el caldo de verduras, hervimos y licuamos. Regresamos a la olla y añadimos un chorro de crema de leche y un trozo de mantequilla. Eventualmente podemos agregarle a esta crema —además de unos crutones— un poco de rocoto picado y otro de queso fresco rallado. No se olviden que papa, queso y ají es la combinación campeona.

5 Crema de espárragos

Es la misma receta de la crema de brócoli, pero lo cambiamos por 4 tazas de espárragos verdes o blancos pelados. Echamos 1 cucharada de harina y, luego de sudar los espárragos, caldo de pollo. Continuamos con la receta tal cual.

6 Crema de poros

Aplicamos la receta de la crema de coliflor con algunos cambios. A la cebolla le sumamos 2 trozos de mantequilla, 4 tazas de poros y 1 taza de papa amarilla. No utilizamos harina, sino que cubrimos todo con caldo de pollo (Ver: El cariño / Del cubo al caldo, p. 181). Cocemos, licuamos, regresamos a la olla y echamos un buen chorro de crema. Damos el punto con sal y pimienta.

7 Crema de ollucos

Seguimos los pasos de la crema de brócoli con algunos cambios. Además de la cebolla, añadiremos ½ taza de ají amarillo licuado. Luego, 4 tazas de olluco y 1 taza de papa amarilla picada. Agregamos 1 cucharada de harina, cocemos y echamos el caldo de pollo que cubra todos los ingredientes. Cocemos, colamos, regresamos a la olla y terminamos con un buen chorro de crema de leche, 1 rama de huacatay, una pizca de rocoto y muchos crutones.

8 Crema de choclo

Igual que la crema de coliflor, pero cambiaremos la coliflor por 6 tazas de choclo crudo desgranado. Luego de licuar es importante colar la crema. Continuamos con la receta tal cual.

LA CHANFAINA DE MI AMIGO EL TAXISTA

Mi amigo Alfredo es un hombre al que admiro mucho. Cuando me habla de su esposa, se emociona hasta las lágrimas. Me cuenta que fue su primer y único amor. Que la conoció siendo muy niño y que, al comienzo, los padres de ella se opusieron a la relación, porque su familia era la más humilde del barrio, cuando la humildad se medía por posesiones antes que emociones. Juntos, tuvieron cuatro hermosos hijos. Alfredo también se emociona cuando me cuenta que todos ya tienen una vida encaminada. El mayor es ingeniero, construye carreteras y vive en San Borja, dice con orgullo. El segundo es médico y se prepara al lado del mejor oculista de la ciudad. La tercera también es doctora y está haciendo su especialidad en una comunidad amazónica a unas horas de Bagua. «Esa chica tiene un gran corazón», comenta mirando al horizonte, como buscándola para abrazarla y darle un beso. Cuando habla del último, suspira. «Desde chico quiso ser artista. Aprendía a tocar los instrumentos sin que nadie le enseñase. Actuaba en todas las presentaciones de su colegio. Y se salió con la suya: es músico. No gana mucho, pero siempre está contento. Y, al final, eso es lo que uno busca para sus hijos, que sean felices, ¿no? O al menos que superen lo que logró el papá», dice con cierta nostalgia.

¿Por qué Alfredo?, le pregunto.

«¿Sabes? Yo quería ser médico. Desde chico soñaba con curar a mi abuelita enferma, al papá de mi amigo que nunca salía de su cama. Pero, claro, tuve que trabajar desde muy joven para apoyar a la casa mientras estudiaba en un instituto preuniversitario. Las plazas de ingreso a San Marcos eran muy pocas y no logré ingresar. Lo intenté tres veces, no lo logré y abandoné mi sueño. Al final, terminé haciendo carrera de funcionario en el Ministerio de Salud», ríe. «Fue así que con mi esposa —ella es maestra— pudimos construir nuestro hogar. Hasta que vino la hiperinflación, el *shock* y nos despidieron. Con la liquidación iba a poner una tienda, pero, al final, pensé que mejor no. A mí me gusta conocer gente, conversar, pasear, hacer amigos. Fue así como me decidí ser taxista. Compré un auto y así empezó todo. Quién lo diría: gracias a ese taxi viejo mis hijos hoy son profesionales», comenta con ese tono que uno suele usar cuando quiere reafirmar que valió la pena lo vivido.

Y es que la vida de Alfredo no ha sido una vida fácil. Cada mañana, de martes a sábado, se levantaba muy temprano para salir a trabajar y regresaba a su hogar dieciocho horas más tarde. Durante veinte años ese fue su compromiso con él y con lo que se propuso como sacrificio para sus hijos. Hoy ya tiene dos taxis, sus hijos son profesionales, tiene una amplia cartera de clientes que lo llaman porque saben que es una gran persona, que conduce respetando las normas, que es puntual y que es muy amable con quien sube a su auto. Pero, claro, en el camino tuvo que sacrificar momentos en familia y sueños que hoy, con las canas y la calma de ver a los hijos en marcha, a veces saben a dulce pena. «Misión cumplida», me dice más erguido que nunca, antes de llegar al lugar prometido.

«Ya estamos aquí», me dice. «El lugar donde todos los taxistas de Lima comemos la mejor chanfainita que existe». Y así es. Estamos en Lince y, en la puerta del local, decenas de taxistas se estacionan solo para comerla. La pruebo y doy fe mirando a mi alrededor.

Compruebo que allí se reúnen todos los Alfredos de mi ciudad. Padres que, como él, entregaron sus días para llevarnos a donde necesitáramos llegar; para recogernos incluso de madrugadas, arriesgando sus vidas frente a delincuentes que, haciéndose pasar por clientes, muchas veces los mataron sin misericordia. Padres que, como Alfredo, renunciaron a sus sueños para sacar adelante digna y honradamente a los suyos, y no como aquellos que los señalan como los únicos causantes de un tráfico cuyos culpables son, sobre todo, esos hombres de saco, corbata y carnet partidario que no supieron o no quisieron planificar el orden y el futuro de una ciudad que les encomendó la tarea. De una ciudad que muchas veces acusa, critica y generaliza, olvidando que no hay ni actividad ni profesión mala, sino que en cada una de ellas hay quien lo hace bien y quien no. Olvidando que, así como hay buenos médicos que entregan su vida a salvar las de otros, hay otros que solo buscan lucrar. Que así como hay buenos ingenieros que construyen carreteras que duren para siempre, hay otros que las construyen para que resistan solo hasta una nueva licitación.

Para fortuna de Alfredo, sus hijos serán buenos médicos, buenos ingenieros, buenos músicos. Y es que salieron a su padre, el mejor taxista del mundo, el mejor padre, el peruano honorable con quien tuve el honor de compartir una digna chanfainita. Con su rocoto, con su canchita.

- **La chanfainita, receta en modo «anímate, no seas cobarde»**

Lavamos 1 kilo de pulmón con mucho cariño y agradecimiento. Debemos imaginar que es tan o más valioso que un lomo, tan o más nutritivo que un sancochado, tan o más sabroso que un churrasco. Todo está en la mente y el corazón. Lo cocemos a fuego suavecito por 10 minutos, con 2 buenas ramas de hierbabuena fresquita. El pulmón es frágil, sensible.

Lo retiramos, picamos en dados y guardamos el caldito. Preparamos un aderezo con un chorro de aceite, 2 cebollas rojas picadas finitas y 1 buena cucharada de ajos molidos. Dejamos cocer a fuego lento por 10 minutos. Incorporamos 1 taza de ají panca licuado y 2 cucharadas de ají mirasol licuado. Cocinamos por 10 minutos más y añadimos el pulmón picado, cocemos 1 minuto y agregamos 4 papas blancas picadas en dados iguales al pulmón. Cubrimos todo con un poquito del caldo reservado y echamos sal, una pizca de orégano en polvo, comino y pimienta, y cocinamos hasta que la papa esté cocida.

Agregamos 2 ramas de hierbabuena y 2 rodajas de rocoto, y dejamos reposar todo por 5 minutos. Si gusta, puede añadirle opcionalmente 1 puñado de cebollita china picada finita. Colocamos alrededor ají de rocoto, crema de huacatay, cancha, mote y arroz blanco.

LA HUATIA

N o está mal sucumbir de cuando en cuando al placer de la carne. Un alimento que en los últimos tiempos viene siendo cuestionado por muchos motivos, en su mayoría vinculados a una palabra clave: *exceso*. Cuando era niño, en mi casa —donde nunca faltó nada— la carne era una costumbre de una o dos veces por semana. Seco de res con su papa amarilla, arroz verde con carne de pecho, bistec con su punto de ajo en sartén, asado pejerrey con puré. Todos eran platos que desfilaban con la sabiduría del amor que nuestras abuelas y madres solían impregnar nuestras vidas. «Mucha carne hace daño, hijito». «Mañana pescado, pasado locro con queso, otro día una menestra, y solo una o dos veces por semana esa carnecita tan necesaria para una alimentación que debe ser variada y nutritiva», nos decían siempre con amor infinito. Al final lo que buscaban transmitir era esa otra palabra que es clave para una vida de bienestar: *equilibrio*.

En estos tiempos en que el exceso de consumo de carne presiona de forma insostenible al planeta (producir 1 kilo de carne demanda mucho alimento y mucha agua) y en el que millones de personas tienen la necesidad de consumirla, es importante que la cocina del hogar recupere el sabio equilibrio resumido en esa frase entrañable que nuestras madres solían decirnos al oído cuando se trataba de engreírnos: «Una vez al año no hace daño». Una buena forma de celebrar y agradecer el poder disfrutar de un plato de carne es, por ejemplo, con este guiso ancestral originado en Sulco, antiguo terruño limeño. La buena noticia es que su preparación —sana, refinada, sencilla, sabrosa— puede ser adaptada a todo tipo de carnes y vegetales.

1 Huatia de res

Nos vamos al mercado y le decimos a nuestro amigo el carnicero que nos dé 1 kilo de carne para guiso. Puede ser asado de tira con todo su hueso, punta de pecho, falda, paleta o rabo. Carnes con su grasita y gelatina.

Compramos también los siguientes atados de hierbas: culantro, hierbabuena, huacatay, perejil, romero, orégano y tomillo. Todo debe estar fresco.

Doramos en una olla honda la carne, rápidamente, y la retiramos. Luego, en la misma olla, sudamos 1 cuchara de ajo molido a la que añadimos ½ taza de ají panca licuado. Doramos nuevamente y regresamos la carne, a la que añadimos

2 cebollas rojas cortadas en tiras gruesas. Echamos a la olla un poco de chicha de jora y otro poquito de agua, pero muy poquito. Añadimos un punto de sal y todas las hierbas frescas (sobre todo mucha hierbabuena) cortadas en trozos con todo y tallo. Agregamos también un par de ajíes amarillos cortados en tiras gruesas. Removemos bien todo y tapamos, dejando cocer a fuego lento hasta que la carne esté suavecita. El tiempo variará según el corte que hayamos usado. Lo importante es que se pueda cortar con cuchara. Puede ser de 1 hora (si es pecho) a 3 horas si es rabo.

Servimos una cama de hierbas y encima colocamos las carnes con su jugo. Alrededor, camote y yuca cocidos y en trozos.

SUS VARIANTES

2 Huatia de pescado

Si consiguen raya, provecho. Si no consiguen, pueden usar un pescado entero como el tramboyo, el pejesapo, la chita o la cabrilla. Seguimos la misma receta de huatia de res, solo que cocemos unos minutos la cebolla cortada en tiras gruesas en el aderezo. A ello añadimos ají amarillo licuado, tomate picado, una rodaja de kion y —además de chicha de jora— unas gotas de limón y unos granos de pimienta. Continuamos con el procedimiento, pero la cocción será en pocos minutos.

3 Huatia de camarones

Igual que la receta original, pero con 1 kilo de camarones enteros. Aquí en lugar de chicha usamos el jugo de 4 naranjas agrias y de 1 limón. Al aderezo le añadimos 2 cucharadas de ají amarillo y 2 de cebolla china picada. Listo, el resto es lo mismo.

4 Huatia de coliflor

Seguimos la misa receta de la huatia de carne, solo que la reemplazamos por una coliflor entera. Después continuamos con la receta tal cual hasta que la coliflor esté suave.

5 Huatia de pollo

Podemos hacerla con un pollo entero, el cual doramos bien y continuamos con la misma receta de la <u>huatia de res</u>. También nos sirve el pollo troceado, teniendo cuidado de hacerla con pierna o con pechuga, para que la cocción quede jugosa en ambos casos. La cocción de la pechuga es más rápida que la de la pierna.

6 Huatia de cerdo

El mejor corte para esta huatia es la panceta. Usamos 1 kilo de panceta de cerdo, que doramos previamente, y luego seguimos con el mismo procedimiento de la <u>huatia de res</u>.

CUANDO LA HAMBURGUESA
no es chatarra

En mi casa de la infancia, mi abuela Genoveva hacía, de cuando en cuando, esas hamburguesas caseras que nada tienen que ver con las otras que todos cuestionan. Pura carne molida el mismo día, combinada con su toque personal: a veces con cebollita, otras con ajo y perejil; a veces añadiéndole huevo, otras pan; o, simplemente tal cual, solo carne con sal, pimienta y algún otro detalle propio de quien quiere nutrirnos y engreírnos a la vez.

Con las papitas hacía lo mismo. Las cortaba de forma irregular para aprovecharlas todas, sin importarle el qué dirán por no tener esas formas iguales y perfectas que la industria proponía como el paraíso. Las freía en poco aceite, enfrentada contra todos los cánones de la fritura profesional de usar abundante aceite, por aquello de que en casa siempre se debe ahorrar. Primero las hervía en agua, eso sí, para que luego le queden más doraditas. Recién después de frías y secas, las freía a una temperatura que cumplía, como cumplían las hornillas de un hogar de los setenta, cuando las cocinas estaban fabricadas para toda la vida.

Y la salsa, ni qué decir. Casera cien por ciento. En una licuadora colocaba un huevo entero, lo batía y le echaba un hilo de aceite, al que luego añadía una pizca de mostaza, una pizca de limón, sal, pimienta blanca y, si estaba con ganas de hacer travesuras, un poco de ese ajicito licuado el mismo día, el cual se solía encontrar en las refrigeradoras de todos los hogares de aquella Lima sin tráfico ni celulares.

Algunas veces mi abuela montaba las hamburguesas con un huevito; otras, en vez de papas, las acompañaba con arroz; otras, les hacía un saltadillo rápido, con cebolla, tomate, pimientos, champiñones, toque de vinagre, sillao, culantro, sal, pimienta y una pizca de comino. Con ello cubría la hamburguesa.

Recuerdo que solía hacer la travesura de imaginarse como la dueña de una fuente de soda que invitaba a sus nietos a escondidas de sus padres: El Davory, el Bar BQ, el Oh Qué Bueno, el Tambo, el Todos, Los Toldos y cada uno de esos lugares donde la carne era carne, el *milk shake* era de leche de establo Maranga, las salsas se hacían en casa y todo se cortaba y cocinaba el mismo día con ingredientes frescos. Hasta que las cadenas de comida rápida finalmente las vencieron.

Mi abuela ponía la ensaladilla dentro de un pan francés de don Rovegno, montaba encima la hamburguesa, el saltado, quesito, la salsita casera y al lado las papitas, siempre a su estilo: el de la fuente de soda Genoveva, donde todo era frescura, amor y travesura.

1 La hamburguesa pura carne

Pedimos a nuestro carnicero amigo (sí, tiene que hacerse su amigo), que nos muela ½ kilo de carne de asado de tira con ½ kilo de falda de res, ambos con toda su grasita. Que las muela en su moledor grueso. Mezclamos ambas carnes y listo.

Hacemos 5 hamburguesas de 200 gramos cada una; así, si llega alguien más le invitamos una. No las sazonamos hasta que las cocinemos. Las cocemos en sartén con un chorrito de aceite o mantequilla, en plancha o en parrilla. Las doramos por un lado con cuidado, porque la gracia es que se rompan fácilmente. Les echamos sal y pimienta. Volteamos y doramos, sazonando igual. Procedemos a comerlas. Si es en pan, sugerimos lechuga, tomate, cebolla blanca saltada ligeramente, rodaja de pepinillo encurtido, mayonesa casera (Ver: La celebración / Salsa y sabor, p. 271) y kétchup. Si es al plato, sugerimos montarle un huevo frito y acompañarla con papas o arroz blanco.

2 La hamburguesa casera

Mezclamos la misma combinación de carne molida en un bol con ¼ de taza de cebolla picada finita, ¼ de taza de perejil picado, un huevo, sal, pimienta, una pizca de ajo molido y una pizca de pan molido. Amasamos todo y hacemos 8 hamburguesas. Las doramos en una sartén por ambos lados con un buen trozo de mantequilla. Ideales para comer con arroz con choclo o con puré de papas.

3 La hamburguesa tramposa

Le pedimos a nuestro carnicero que muela 200 gramos de tocino ahumado y lo añadimos a 800 gramos de nuestra carne molida pura carne. Mezclamos todo y dividimos en 10 bolas. Estiramos cada una y encima colocamos un puñado de queso mantecoso y suave. Cubrimos con otra bola y encerramos el queso de manera que al final tengamos 5 hamburguesas rellenas de queso con sabor a tocino. Procedemos a seguir el mismo procedimiento para cocinar la pura carne. Nuestra recomendación para esta hamburguesa es comerla con pan o con unos <u>fideos a la huancaína</u> (Ver: El encuentro / De fusiles, macarrones, orejitas y caracolitos, p. 233).

4 La hamburguesa tramposa a la milanesa
Es como la hamburguesa tramposa, solo que la aplanamos y le damos forma rectangular. Luego, la pasamos por harina, por huevo batido y, finalmente, por pan molido. La doramos en mantequilla y servimos acompañada de papas al hilo.

5 La hamburguesa de cerdo
Pedimos al carnicero que nos muela 700 gramos de carne de panceta de cerdo y 300 gramos de tocino ahumado. Mezclamos y sazonamos con sal, pimienta, una pizca de ajo molido y perejil picado. La cocinamos y bañamos con una <u>salsa barbacoa casera</u> que haremos hirviendo por 5 minutos ½ taza de kétchup con un chorro de vinagre, 1 cucharada de miel de chancaca o de abeja, 2 cucharadas de ají panca licuado, sal, pimienta y comino. Un buen acompañamiento sería, por ejemplo, unos <u>frejoles al horno</u> (Ver: La celebración / Esos platos para un domingo en familia, p. 275).

6 La hamburguesa de pescado
Puede ser de bonito o de cualquier pescado graso. Picamos finamente 1 kilo de filete y añadimos un huevo, sal, pimienta, ajo molido, perejil picado, cebolla picada, cebolla china picada y pan molido. Amasamos y hacemos 5 hermosas hamburguesas que doramos en mantequilla y servimos en pan o con arroz, y ensalada mixta.

7 La hamburguesa vegetariana
Las encontrará a lo largo de este libro todo el tiempo. La idea es apoyarse en una legumbre o grano cocido en punto atamalado. Se pueden hacer de lentejas, frejoles negros, garbanzos, quinua o choclo, por ejemplo. Todo combinado con otros

vegetales: berenjenas, coliflor, brócoli, espárragos o papa. Luego las amasamos como las <u>hamburguesas caseras</u> y seguimos nuestro instinto. Aquí un ejemplo que le debe dar la base a muchas versiones de hamburguesas vegetarianas.

Cocinamos garbanzos —como siempre se cocinan en casa— y licuamos la mitad; mezclamos los garbanzos licuados con la otra mitad, entera. Los volcamos en una sartén donde añadiremos 1 taza de aderezo de ajo, cebolla, perejil, culantro y pimiento picado muy finito. Las retiramos y les damos forma de hamburguesas. Las pasamos por harina, luego por huevo batido y luego por pan molido. Finalmente, las doramos en la sartén.

En un pan de hamburguesa colocamos lechuga, tomate, la garbanzo burger, un huevo frito, <u>salsa criolla</u> (Ver: La celebración / Más salsitas de sazón criolla, p. 273) y una <u>mayonesa casera</u> a la que le añadimos hierbabuena.

NUESTRA RECETA CASERA
de papitas fritas crocantes

Chisporrotea / en el aceite / hirviendo / la alegría / del mundo: / las papas / fritas / entran / en la sartén / como nevadas / plumas / de cisne matutino / y salen / semidoradas por el crepitante / ámbar de las olivas.

Del poema «Oda a las papas fritas», de Pablo Neruda

1 Versión especial

Cortamos las papas —sean amarillas, blancas o huayro— ligeramente gruesas, en tiras, con piel o sin piel (como prefieran en casa). Una vez cortadas, las lavamos bien. En una olla llena de agua las cocemos a fuego suave hasta que estén hechas pero aún al dente, sin romperse. Las escurrimos y secamos con cuidado y las dejamos enfriar en una bandeja. Calentamos a fuego suave una sartén con abundante aceite donde las coceremos por una segunda vez, solo por 5 minutos, con mucho cuidado que no se rompan ni se doren. Las escurrimos con cuidado y las extendemos en una fuente. En este paso podemos dejarlas enfriar en la refrigeradora —para usarlas un rato después— o congelarlas.

Cuando queramos comerlas, calentamos al máximo una sartén con abundante aceite, echamos las papas en varias tandas de poca cantidad, hasta que doren. Entre lo cocidas que están, más el frío por fuera, harán una costra deliciosa y doradita que les permitirá mantener su «cremosidad» por dentro y quedarán crocantitas. Les echamos sal y listo.

2 Versión rápida

Obviamos uno de los pasos de la receta anterior: o no hervimos las papas en agua o no les damos una primera fritura. Es decir, las hervimos, las enfriamos y luego las freímos en abundante aceite hirviendo. O solo las freímos a fuego suave, luego las enfriamos y las freímos a fuego muy fuerte.

3 Las papas batalla

Escogemos papas bien grandes y las cortamos delgaditas y muy largas. Seguimos el mismo proceso de las papas fritas.

4 Las papas cerilla

Son un intermedio entre papas al hilo y las papas batalla. Se cortan a cuchillo muy, muy delgadas. Se cocinan primero en aceite suave y, luego de enfriar, en aceite hirviendo.

5 Las papas al hilo

Se cortan extremadamente delgadas —con cuchillo o con rallador— en hilos. Se lavan, se secan y se fríen en abundante aceite caliente. Al final las escurrimos.

6 Las papas chip

Se cortan en láminas con el cortador, pero no tan finas, de manera que al freírlas tengan un poco de textura y no se rompan con facilidad. Se fríen en abundante aceite caliente. No debe estar hirviendo porque deben secar y quedar crocantes. Se escurren, al final se echa la sal. Acompáñelas con salsas de ají.

7 Las papas en rodajas

Se pelan las papas y se cortan en rodajas de un centímetro de grosor. Se cocinan en agua hirviendo hasta dejarlas al dente. Se enfrían y se fríen en abundante aceite bien caliente.

8 Las papas en cubos

Se cortan las papas peladas en cubos chicos, medianos o grandes, según su gusto. Sin desperdiciar nada. Se hierven dejándolas al dente. Se escurren y secan. Una vez frías, se fríen en abundante aceite bien caliente.

9 Las papas saltadas

Son las papas en rodajas o en cubos que —luego de cocinadas en agua, escurridas y enfriadas— van a una sartén donde previamente habremos saltado bastante cebolla blanca picada con un trozo de mantequilla. Doramos las papas y cebollas lentamente. Al final, echamos perejil picado, sal y pimienta. También se pueden añadir bastones de tocino crocante al final.

CHICHARRÓN DE CALAMAR

De cómo hacer un chicharrón de calamar en casa como el que comemos en los restaurantes y no morir en el intento. El libro de cocina de mi abuela habitaba dormido y empolvado en la alacena de mi infancia. Después de todo, ni mis cuatro hermanas mayores ni mi madre tenían un amor especial por la cocina. Solo mi abuela, Genoveva la grande, que de cuando en cuando se atrevía a dejar salir esa sazón que todo norteño lleva en su memoria. Mi abuela solía acudir al viejo libro de Pellaprat, aquel discípulo del gran Auguste Escoffier que brillaba como cocinero a principios del siglo XX. Y fue así como, gracias a Pellaprat, llegué a mi primera receta de calamares fritos. Tendría unos 10 años y, a pesar de mi poca experiencia culinaria, estaba decidido a hacer ese plato maravilloso que solía encontrar en los restaurantes de la época. Siempre crocantes, siempre sabrosos, siempre de apariencia sencilla; estaba seguro de que tendrían que salirme iguales. Pero no fue así. Mi nula experiencia para leer una receta me llevó al más rotundo fracaso. Un engrudo fue a la sartén y una montaña pegajosa fue el resultado. Como era de esperar, nadie los probó. Aquellos calamares fritos fueron los peores de la historia.

Aquí una receta que a todos les saldrá bien:

1 Chicharrón de calamar

Compramos 1 kilo de calamares medianos. Le piden a su amigo pescadero que los limpie. Los cortan en rodajas de un dedo de ancho. Los sazonan con sal, pimienta, ajo molido, gotas de sillao y un poquito de limón. Los remojan en huevo batido sazonado con sal. Luego los sumergen en una mezcla de harina sin preparar y chuño, ambos en partes iguales. Los mezclan bien y luego los separan, cuidando que todos estén bien impregnados de la harina. Calientan abundante aceite (la mitad de su sartén) y van echando el calamar en pocas cantidades, para que todos se frían parejos. Así hasta que estén dorados y crocantes. Retiran, escurren y acompañan con una salsa tártara casera o limoncito.

SUS VARIANTES

2 Chicharrón de pulpo

Cocemos el pulpo según la receta de este libro (Ver: El encuentro / El pulpo suavecito, p. 226). Luego, lo cortamos en rodajas gruesas. Procedemos de la misma forma que el chicharrón de calamar.

3 Chicharrón de pescado

Hemos hecho múltiples pruebas y los pescados que más nos gustan para el chicharrón de pescado son el congrio, la cabrilla, el mero, el perico y el diablo; los que menos son el lenguado, la corvina y el bonito, que se secan con facilidad. Dicho esto, con pescados como la lisa, la cojinova o la chita queda rico también. Seguimos de la misma forma que el chicharrón de calamar, cortando los trozos de pescado (con piel o sin piel) en trozos del tamaño de un dedo gordo.

4 Chicharrón de hueveras

Mi favorito. Se sigue la receta de la misma forma que el chicharrón de calamar, pero con 1 kilo de hueveras de su pescado favorito. Mientras, en otra sartén, sudamos 1 cucharada de ajo molido con 2 de mantequilla, 1 de cebolla china picada, 1 cucharadita de ají limo picado, el jugo de 1 limón y pimienta blanca al gusto. Añadimos al final las hueveras fritas en esta mezcla, movemos bien y listo.

5 Chicharrón de camarones

La idea es comerlos enteros, con su cabeza y patitas. Por eso debemos elegir 24 camarones que sean más bien chicos. Eso sí, respetando la talla mínima permitida y sobre todo respetando la veda de camarón de río, que va desde finales de diciembre hasta comienzos de abril. Sazonamos los camarones enteros, los enharinamos y freímos igual que el chicharrón de calamar.

6 Chicharrón de langostinos

En este caso se trata de colas de langostinos, las cuales pelamos antes. Escogemos unas 36 colas de langostinos y seguimos la misma receta del chicharrón de calamar.

DE CÓMO HACER UNAS SUPERYUCAS FRITAS
y no morir en el intento

Hay muchas variedades de yucas, pero principalmente se consiguen 2: la blanca (de carne firme pero deliciosa) y la amarilla (de textura cremosa si se cocina como se debe). Vayamos por la segunda.

- **Yucas fritas**

  La yuca se pela y se cocina entera hasta que, cuando uno la toque, se rompa con facilidad con la mano. Debe buscarse la fragilidad máxima. Uno debe poder retirarlas enteras del agua de cocción, pero con mucho cuidado para que no se rompan. Si no se retiran fácilmente entonces no están listas y no quedarán bien. Se acomodan en la mesa y se dejan enfriar. Ya frías, se cortan en bastones gruesos y se colocan en una bandeja con cuidado. Luego, se congelan durante medio día. Mejor si es de un día para otro.

  Estamos listos para freír. Usamos abundante aceite, bien caliente. A freír. Quedarán crujientes por fuera y casi un puré por dentro. Alrededor colocamos todas las salsas peruanas que quieran, y a celebrar.

CHICHARRÓN DE POLLO

N o es fácil encontrar chicharrón de pollo que no sea de pechuga, un plato muy popular en la familia. Todos lo aman. En mi familia también. Pero qué le vamos a hacer. Los cocineros amamos la carne pegada al hueso. Nos gusta chuparlo, succionarlo, rezarle. Por eso preferimos el chicharrón de pollo hecho con pierna, con hueso y con pellejo. Quizás por eso, cuando era niño, en vez de caramelos, compraba rabadillas de pollo que doraba en la sartén, dejando que sea la propia grasita de la espalda la que volviera ese ancho hueso en un manjar muchísimo más importante —para mí— que cualquier Sublime que se me pusiera en frente. No se preocupe. Haremos una receta de chicharrón de pechuga, pero, si nos permite, déjenos comenzar con nuestro favorito: el chicharrón de piernita.

1 Chicharrón de pollo

Cortamos 6 encuentros de pollo con hueso en dos o tres pedazos, dependiendo del tamaño del encuentro. Los sazonamos con sal, pimienta, una pizca de azúcar, 2 cucharadas de sillao, el jugo de 1 limón y una pizca de canela china. Mezclamos bien todo y lo dejamos 20 minutos en la refrigeradora. Echamos abundante aceite en una sartén y lo calentamos a fuego no muy fuerte. Añadimos los trozos de pollo y freímos hasta que estén doraditos. Esto debe durar unos 10 a 15 minutos. Los retiramos y los acompañamos con unas papas doradas, salsa criolla (Ver: La celebración / Más salsitas de sazón criolla, p. 273) y salsa tártara (Ver: La celebración / Salsa y sabor, p. 272)

SUS VARIANTES

2 Chicharrón de pierna al ajo

Mientras freímos el chicharrón de pollo, en otra sartén echamos un chorro de aceite con 4 cucharadas de ajo picado, 1 cucharada de kion rallado, 1 cucharada de ají picado y 2 de cebolla china picada. Cocemos a fuego suave por 2 minutos sin que se dore. Cuando el pollo está en su punto (es decir, jugoso, cocido y dorado), lo retiramos de la sartén y lo llevamos a la sartén del ajo. Mezclamos bien todo por un minuto y listo.

3 Chicharrón de pechuga de pollo

Cortamos la pechuga sin hueso en trozos chicos sin piel. Sazonamos como el chicharrón de pierna al ajo, los pasamos por chuño y freímos en abundante aceite muy caliente.

4 Chicharrón de alitas criollas

Maceramos las alitas como el chicharrón de pierna de pollo al ajo. Las remojamos 1 hora en una combinación de ají panca licuado, vinagre, ajo molido, sal, pimienta, azúcar y comino al gusto. Luego pasamos cada alita por harina y freímos en abundante aceite caliente.

5 Chicharrón de conejo

Cortamos un conejo en 12 trozos. Las piernas en 2, los lomos en 4. Luego procedemos con la receta de las alitas criollas. Acompañamos con yuca frita y salsa criolla.

SOPITAS DE CHIFA
para el domingo en la noche

L a cocina tiene platos para cada momento. Es ahí donde reside su magia. Para un almuerzo de verano entre amigos, un cebiche. Para un domingo de julio, cocina criolla. Para un compartir en familia, un pollo a la brasa. Para un domingo por la noche, viendo una peli, después de una tina o ducha, ¿qué tal una sopita de chifa que nos cobije? Aquí algunas versiones.

1 Sopita de carne de chifa

Cortamos 2 tazas de carne de res molida, de bistec o de lomo de res en cuadrados pequeños. Cortamos también cebolla, cebolla china y espárrago, todo en cuadraditos muy finitos. En total necesitamos 2 tazas de ambos ingredientes combinados. Tenemos lista 1 taza de fideos cabello de ángel que dejamos cocer unos 3 minutos, partidos en trocitos. Sazonamos la carne con sal y pimienta al gusto, una pizca de azúcar y un poco de kion. Sudamos las verduras por 2 minutos, añadimos la carne, sudamos 5 minutos más, agregamos caldo de carne (Ver: El cariño / Del cubo al caldo, p. 181) y hervimos.

Después del hervor incorporamos el cabello de ángel, que dejamos cocer unos 5 minutos. Espesamos con 1 cucharada de chuño diluido en agua. Cuando haya cogido punto, añadimos 4 claras de huevo, un chorrito de aceite de ajonjolí, ½ taza de culantro picado y gotas de sillao. Damos una hervidita al toque, una movida y listo. A la camita.

2 Sopa superwomin

Hervimos 1½ litros de caldo de pollo de chifa que hacemos añadiendo 4 rodajas de kion y 4 tallos de cebolla china al caldo de pollo básico (Ver: El cariño / Del cubo al caldo, p. 181) y añadimos 1 taza de col china, 1 taza de verdura *choy san*, 4 higaditos de pollo, 1 taza de pechuga de pollo en filetitos y 4 rodajas de *cha siu* casero que podemos comprar en el chifa o tiendas especializadas; sino, usamos 4 rodajas de lomo de cerdo cocido al horno con una cucharada de salsa hoisin), y damos un hervor y damos un hervor. Agregamos fideos de chifa previamente cocidos y 8 huevos de codorniz, también cocidos. Añadimos gotas de sillao, un chorro de aceite de ajonjolí, sal, pimienta, una pizca de azúcar y ½ taza de cebolla china (la parte verde) picada. Servimos.

3 Sopita wong chang

Preparamos un caldo de pollo de chifa según la receta anterior. Picamos finamente 1 taza de pechuga de pollo, ½ taza de espárragos y ½ taza de cebolla china. Hervimos 4 tazas de caldo al que añadimos 1 rodaja grande y chancada de kion. Damos un hervor, retiramos el kion y añadimos el pollo y el espárrago. Otro hervor y agregamos 1 cucharada de chuño diluida en agua. Entran ahora 4 claras de huevo, aceite de ajonjolí previamente tostado, la cebolla china y, finalmente, fideo fansí o cabello de ángel cocido. Unas gotas de sillao y listo.

4 Sopa de choclo de chifa

Cogemos 2 choclos: uno lo licuamos y el otro lo cocinamos. El cocinado lo desgranamos y el licuado lo diluimos en una taza de su agua de cocción. En una olla hervimos 1 litro de caldo de pollo de chifa que preparamos según la receta de la sopa superwomin, añadimos 1 taza de pechuga de pollo picado, sal, pimienta, una pizca de azúcar y gotas de aceite de ajonjolí. Añadimos los dos choclos: el cocinado y el diluido. Dejamos que espese y agregamos 4 claras de huevo crudas. Movemos suavemente y terminamos con gotas de sillao y un buen puñado de culantro y rocoto picados al gusto.

5 Sopa de falda de chifa

Hacemos 2 litros de un caldo de carne (Ver: El cariño / Del cubo al caldo, p. 181), cocinando en él ½ kilo de carne de falda picada, hasta que esté bien suave. Añadimos 2 tazas de col china troceada, 1 taza de *choy san*, gotas de sillao, fideos *sa ho fan* al gusto (previamente cocidos), abundante culantro y cebolla china picada.

FETTUCCINE

Recetas válidas para todas las pastas largas y chatas, como tagliolini, fettuccine, tagliatelle o pappardelle.

1 En salsa de carne

Recetas de salsa de carne hay muchísimas; la que comparto con ustedes es la mía. En una olla echamos un buen chorro de aceite de oliva, 1 taza de cebolla blanca, ½ taza de zanahoria y ¼ de taza de apio, todo picado muy finito. Sudamos lentamente y añadimos 1 cucharadita de ajo molido, una hoja de laurel y 2 hongos secos. Echamos ahora 2 cucharadas de pasta de tomate y ½ kilo de carne molida de res (molida no muy fina). Agregamos también ¼ de kilo de carne molida de panceta de cerdo (molida no muy fina). Dejamos cocer unos minutos y añadimos una buena copa de vino blanco seco.

Dejamos que rompa a hervir e incorporamos un litro de tomate triturado que hemos pasado por el prensa papas. Volvemos a llevar a hervor y echamos sal, pimienta blanca y un litro de agua. Tapamos y dejamos cocer a fuego lento, mínimo por 2 a 3 horas. Es importante que vayamos mirando para que no se nos seque la salsa ni se queme el fondo de la olla. Probamos la acidez y el punto de sal y añadimos —de ser necesario— una pizca de azúcar. Para terminar, algunos añaden un chorro de leche; otros, un buen trozo de mantequilla. A mí me gusta decidir al final, cuando los tomates me digan al oído: «Hoy me hace falta ir por aquí, mañana por allá». A veces pongo mantequilla, otras leche, a veces ambas, a veces nada. Siga su instinto.

Hecha la salsa de carne, mezclamos la mitad con los *fettuccine*, bañamos encima con la otra mitad y espolvoreamos con abundante parmesano rallado.

2 En salsa de estofado con paciencia

Esta receta puede ser de res, de cerdo, de cordero, de cabrito, de conejo, de pollo.

Hacemos un aderezo igual al de la <u>salsa de carne</u>, solo que, en vez de añadirle la carne molida, la agregamos en trozos grandes. Cualquier carne para guiso, sin nervios exteriores. Seguimos la receta de la salsa de carne y, al final, picamos o desmenuzamos la carne para echarla nuevamente a la salsa. Tal como indica la receta de salsa de carne, echamos la mitad en la pasta, cubrimos el resto con la otra mitad y espolvoreamos con parmesano rallado. Si es conejo, cabrito o pollo, se cocinan con hueso y luego se deshuesan y pican, acortando —eso sí— el tiempo. La res requiere 2 horas; el cordero o cabrito, una hora; el cerdo, 45 minutos; el conejo y el pollo, 30 minutos.

3 En salsa de estofado al toque

Coja su guiso de carne de ayer. Recupere carnes, jugos y verduras (menos papa) y pique todo. Mezcle bien. En una sartén añada 2 tazas de tomate triturado y deje cocer por 15 minutos. Seguimos con la receta de la salsa de carne echando la pasta a la mitad, bañando con más salsa y terminando con parmesano rallado.

4 En salsa de osobuco

Seguimos la receta de salsa de carne, pero añadimos rodajas de osobuco con su hueso en lugar de la carne molida. Agregamos también la ralladura de la cáscara de ½ limón y de ¼ de naranja. Continuamos como la receta de salsa de estofado con paciencia, retirando la carne de los huesos y picándola en trozos; la regresamos a la salsa y añadimos el tuétano del hueso al final. Mezclamos la mitad de la salsa con la pasta. La otra mitad va encima y cubrimos con parmesano rallado.

PESTOS

1 Pesto a la genovesa

No diremos cantidades porque siempre son referenciales. Un poquito de ajo picado, un montón de albahaca, un poquito de piñones, un poco de queso pecorino o parmesano, sal y aceite de oliva. Lo echamos todo a un mortero o batán, o si gusta a la licuadora, hasta formar un menjunje deliciosamente aromático.

2 Pesto de tomate

Secamos tomates en el horno por 1 hora con aceite de oliva. Los picamos y procedemos con los mismos ingredientes que el pesto genovés, salvo la albahaca.

3 Pesto de alcachofas

Cocemos 4 corazones de alcachofa, los picamos y añadimos nueces, ajo picado, hierbabuena, un chorrito de limón, parmesano, sal y aceite de oliva. Hacemos el mismo menjunje.

CANUTOS

A sí es como los llamamos en muchas casas limeñas. A veces son *penne*, otras *penne rigate*, o *rigatoni*; lo rico de esta pasta es que la salsa se mete adentro, generando una pequeña revolución en la boca. Vamos con algunas recetas.

1 Canutos del nonno

En una sartén grande echamos un chorro de aceite de oliva y añadimos 1 cucharada de ajo molido, ½ taza de cebolla picada fina y 2 tazas de champiñones cortados en láminas. Cocemos rápidamente y añadimos 2 tazas de salsa de carne (Ver: El cariño / *Fettuccine*, p. 205). Mezclamos y añadimos 2 tazas de crema de leche y 2 cucharadas de perejil picado. Damos un hervor y agregamos ½ kilo de los canutos cocidos al dente en abundante agua con sal. Dejamos que la pasta chupe la salsa y terminamos con un buen puñado de queso parmesano.

2 Canutos al horno

En una sartén echamos un buen trozo de mantequilla, añadimos 1 cucharada de ajo molido, 1 taza de cebolla blanca picada finita y 2 tazas de brócoli picado muy finito. Sudamos todo 3 minutos y agregamos 1 cucharada de harina. Cocemos 2 minutos e incorporamos 1 taza de leche evaporada. Dejamos que espese ligeramente y agregamos 2 tazas de crema. Echamos 2 tazas de jamón tipo inglés picado en dados pequeños y probamos sal, pimienta y nuez moscada. Terminamos con parmesano rallado al gusto y dividimos la salsa en dos.

Mezclamos una mitad con los canutos al dente. Colocamos todo en una fuente de horno, cubrimos con el resto de la salsa, agregamos parmesano, trozos de mantequilla y llevamos a gratinar hasta que los canutos estén doraditos.

3 Canutos cuatro quesos

Una receta en la que el punto de queso lo pone usted. Ideal para una ocasión especial. En una sartén agregamos 2 tazas de leche evaporada a hervir. Añadimos un buen puñado de queso mantecoso (el que más le guste). Batimos para que se vaya mezclando con la leche y echamos otro puñado de queso un poco más seco, rallado (queso andino, manchego, queso artesanal de su quesero amigo; el que prefiera). Agregamos un puñado pequeño de cualquier tipo de queso azul: gorgonzola, roquefort, cabrales, etc. Batimos bien, probamos la sal, echamos pimienta blanca y, al final, volcamos la pasta al dente para que chupe la salsa. Servimos con un buen puñado de parmesano rallado.

4 Canutos con solterito

Una receta muy fácil e ideal para el verano. En un bol grande echamos 4 tazas de tomate picado en daditos, ½ taza de perejil picado, ½ de albahaca picada, ½ de rocoto picado, un poco de ajo molido, sal, pimienta, gotas del mejor vinagre y un buen chorro de aceite de oliva. Chancamos todo, ligeramente, con una cuchara de madera. Añadimos 1 taza de queso fresco picado en dados chiquitos, ½ de habas picaditas y ½ de choclo desgranado y picado. Volvemos a echar aceite de oliva y gotas de vinagre. Dejamos esperar mientras la pasta está cocinándose. La vertimos hirviendo en el bol y agregamos un puñado de parmesano rallado muy finito. Mezclamos todo rápidamente para que la pasta caliente haga relucir los aromas del solterito. Listo.

PASTA CORBATITA

C onocida en Italia como *farfalle*, es una pasta muy rica y versátil que le gustará a toda la familia.

1 Con verduras

Cortamos en dados pequeños las siguientes verduras que pueden cambiar según la estación: cebolla roja, cebolla blanca, zapallito italiano, pimiento rojo o berenjena, por ejemplo. Todo calculando para tener en total 4 tazas. Aparte, picamos 8 tomates en dados pequeños. En una sartén echamos un buen chorro de aceite de oliva, 4 cucharadas de ajo molido, sal y pimienta. Sudamos 2 minutos y añadimos las verduras. Sudamos 5 minutos más y agregamos el tomate. Continuamos sudando por 5 minutos y añadimos un chorrito de vino blanco y otro de caldo de verduras. Incorporamos ¼ de taza de albahaca picada, una ramita de romero y otra de orégano. Damos un hervor y echamos ½ kilo de corbatitas cocidas al dente. Dejamos que la pasta absorba la salsa y terminamos con 2 cucharadas de mantequilla, un chorro de aceite de oliva y abundante parmesano rallado.

2 Con tocino y alcachofa

Picamos en dados 8 corazones de alcachofa y 2 tazas de tocino. En una sartén doramos el tocino y añadimos las alcachofas. Agregamos un chorro de vino blanco, dejamos cocer un minuto y echamos 2 tazas de crema fresca. Damos un hervor y echamos sal, pimienta y nuez moscada. Añadimos ½ kilo de la pasta al dente y dejamos que chupe la salsa, para terminar con una buena cantidad de parmesano rallado.

3 Con atún picante

En una sartén echamos un buen chorro de aceite de oliva, añadimos 4 cucharadas de ajo molido, 1 taza de cebolla roja picada fina y sudamos todo. Agregamos 4 tazas de tomate picado y una de tomate triturado. Sudamos nuevamente y añadimos un ají limo picado, ¼ de taza de albahaca picada, 2 cucharadas de alcaparras picadas, 2 latas chicas de lomo de atún en aceite (desmenuzado ligeramente) y un chorro de vino blanco. Damos un hervor y añadimos la pasta al dente, dejamos que chupe la salsa y añadimos aceitunas verdes picadas gruesas, más ají limo picado y otro chorro de aceite de oliva. Probamos la sal. Si quiere, puede echarle un poquito de parmesano rallado.

4 Con trucha

En una sartén echamos un trozo de mantequilla y luego una cebolla blanca picada. Sudamos y añadimos 1 cucharada de ajo molido, una rodaja de ají limo y un buen chorro de vodka. Añadimos dos tazas de salsa de tomate (Ver: El cariño / La rica salsa caliente, p. 180), damos un hervor y agregamos 1 taza de crema. Otro hervor y agregamos 2 tazas de trucha rosada picada y cruda, 2 cucharadas de hierba hinojo o eneldo y la pasta al dente. Al final, podemos incluir ½ taza de trucha ahumada opcionalmente.

SPAGHETTI

1 Al ajo picante y olivo

En una sartén echamos 8 cucharadas de ajo picado finito a cuchillo, con un buen chorro de aceite de oliva. Sudamos 2 minutos, añadimos 1 cucharada de ají panca seco picado finito y ½ ají limo sin pepas, picado finito. Dejamos sudar y agregamos 4 cucharadas de perejil picado al momento. Incorporamos el spaghetti que habremos cocido al dente en abundante agua hirviendo con sal y habremos escurrido aún caliente. Añadimos 4 cucharadas de agua de cocción, probamos la sal, echamos pimienta y, finalmente, parmesano rallado finito.

2 Al ajo picante con langostinos o camarones

Seguimos la <u>receta anterior</u>, pero agregamos 36 colas de langostinos chicas y un chorrito de vino blanco al momento de echar el ajo. El resto de la receta es la misma, salvo que al final no añadimos parmesano rallado. O, si gusta, échele nomás.

3 Al tomate al minuto

Chancamos 8 tomates maduros en un prensador de papas. Añadimos 2 dientes de ajo molidos, un chorro de aceite de oliva y unas ramas de albahaca. Dejamos la preparación en la refrigeradora. Aparte, picamos otros 8 tomates en dados pequeños, 4 dientes de ajo muy finitos y ½ taza de albahaca picada. En una sartén con aceite de oliva echamos ajo, luego el tomate picado, la albahaca y el tomate triturado (que habíamos reservado en la refrigeradora). Añadimos los spaghettis al dente recién cocinados, un trozo de mantequilla y otro chorro de aceite oliva. Probamos la sal, echamos pimienta y dejamos que la pasta absorba la salsa. Terminamos con un buen puñado de parmesano rallado.

4 Con mariscos picantes

En una sartén con aceite de oliva echamos 24 colas de langostinos o camarones peladas, 24 conchas limpias sin coral y 1 taza de calamar limpio picado. Añadimos un chorro de vino blanco y retiramos todo. En la misma sartén, hacemos la receta del <u>tomate al minuto</u> solo que agregamos un ají limo picado con venas y sin pepas. Luego, regresamos los mariscos. Seguimos como la receta de <u>tomate al minuto</u>, pero al final no le echamos ni mantequilla ni parmesano, solo aceite de oliva y abundante perejil picado.

5 Con huevos, cebolla y tocino

Doramos en una sartén 2 tazas de tocino picado en dados chiquitos, añadimos 1 taza de cebolla picada chiquita, 1 cucharada de ajo molido y 2 cucharadas de cebolla china picada finita. Sudamos y echamos 1 taza de crema, y probamos la sal y la pimienta. Aparte, batimos 4 yemas con 1 taza de parmesano rallado y un poco del agua de cocción de los spaghettis. Volcamos la pasta en la crema, añadimos las yemas batidas con el queso y mezclamos bien con la sartén caliente. Lo hacemos con el fuego apagado, siempre y cuando la pasta esté hirviendo, sino sobre el fuego, pero cuidando que no cuajen las yemas.

PASTEL DE CHOCLO DE PANCHITA

E l pastel de choclo que hacían en la casa de mi madre solía quedar un poco seco, algo que no me emocionaba demasiado. Cuestión de gustos.

Quizás por eso, cuando tuve la oportunidad de hacerlo en uno de nuestros restaurantes, nos fuimos al otro extremo, buscando que saliera muy cremoso y suave. Al parecer, no nos salió tan mal, porque el pastel de choclo de Panchita no solo es el plato más vendido, sino que son muchos los que nos piden que compartamos la receta. Pues aquí está.

1 Pastel de choclo de Panchita

Hacemos un aderezo con 1 taza de cebolla roja picada finita, 1 cucharadita de ajo molido y 2 cucharadas de ají amarillo licuado. Cocinamos todo por 10 minutos. Agregamos 2 choclos desgranados y licuados, ½ taza de leche y 4 cucharadas de mantequilla. Condimentamos con sal y pimienta y reservamos. Una vez tibio, agregamos un huevo y mezclamos bien.

Para el relleno, hacemos un aderezo en la sartén con 1 taza de cebolla roja picada finita, 1 cucharada de ajo molido, 1 cucharada de ají en polvo, y una pizca de comino y de orégano en polvo. Agregamos 1 taza de carne de res picada finita (puede ser lomo, bistec de cadera o carne molida). Echamos un chorrito de agua y dejamos cocer unos minutos. Agregamos al final 3 cucharadas de pasas.

Colocamos el relleno en el fondo de una fuente chica para horno y cubrimos con la masa de choclo, de manera que llegue hasta ¾ de altura del recipiente. Llevamos al horno a 150-160 grados por 45-50 minutos.

SUS VARIANTES

2 Pastel de choclo y queso

La receta es la misma que la del pastel de choclo de Panchita, solo que eliminamos el relleno. Lo único que tenemos que hacer es añadir a la masa de choclo 1 taza de queso fresco rallado, que puede ser de vaca o de cabra. Echamos la mezcla en el recipiente y horneamos de la misma forma.

3 Pastel de choclo navideño

Cambiamos la carne de res por carne de pavo asada y echamos su juguito de asado en vez del chorro de agua. Al final, añadimos al relleno dos tipos de pasas (rubias y negras), aceituna verde y huevo duro picado. Seguimos la misma preparación que el pastel de choclo de Panchita.

4 Pastel de choclo con chanchito

Reemplazamos la carne de res por carne de guiso de cerdo o de bondiola, picada finita, dorada lentamente con ½ taza de tocino picado. Continuamos de la misma forma que la receta del pastel de choclo de Panchita.

LA VERDAD DE LA MILANESA

Imagínense por un instante el sabor en su boca de un pan con mantequilla. Cierren los ojos y saboréenlo. Mágico, ¿no? Cuántos recuerdos, cuántas emociones alrededor de ese humilde pero perfecto matrimonio entre un pancito caliente y una mantequilla derritiendo. Pues ese es el secreto que un gran cocinero milanés me enseñó cuando aprendí a preparar el plato más famoso de aquella ciudad: la chuleta a la milanesa, una chuleta de ternera apanada —e inolvidable— cuando está bien hecha.

Gracias a él pude aprender que en Milán el secreto radica en lograr que el primer bocado de la milanesa te recuerde a ese saborcito de pan con mantequilla que encierra en su interior un filete jugoso, sea de pollo, cerdo, ternera o incluso pescado. Luego descubrí otra verdad completamente distinta. Que en Buenos Aires la milanesa se chanca hasta dejarla delgadita y se fríe en abundante aceite. Nada de mantequilla. Cuando creí que la confusión había terminado, llegó el recuerdo del hogar de mi infancia con la voz de la abuela diciéndome: «No lleva ni huevos ni harina, hijito». El apanado en nuestra Lima es solo carne y pan. Punto. Al final, solo me quedé con una certeza. Que en la cocina no hay verdades absolutas. Que lo que importa es el sabor.

1 La milanesa de carne al estilo de Milán

Aplastamos 4 trozos de lomo o bistec de 150 gramos cada uno hasta dejarlos delgados, pero no papel. Sazonamos con sal, pimienta y listo. Si tienen pan de ayer, muelan sin hacerlo polvo, de manera que queden pequeños grumos en él, que todavía se sienta textura a pan y no a harina de pan. Pasamos los filetes por harina sin preparar, en un bol grande. Los sacudimos de excesos y los pasamos a un bol donde haya huevos previamente batidos ligeramente. Mojamos bien y las pasamos a otro bol donde está el pan molido. Sumergimos en el pan molido, apretando bien con las manos para que se peguen. Luego volvemos a sumergir en el pan molido y a apretar. Así tenemos una capa firme de pan envolviendo el filete. Dejamos reposar unos minutos.

Freiremos nuestras milanesas en mantequilla, ni aceite ni margarina (sobre todo lo último). Echamos la mantequilla en una sartén a fuego suave y dejamos que se derrita. Subirá a la superficie una espumilla que verán de inmediato; la retiran y dejan que la mantequilla coja calor, pero suavecito, que nunca se queme. Allí es donde meterán sus milanesas. Las cocinan por un lado y, cuando queden ligeramente doradas, les dan la vuelta. No permitan que la mantequilla esté muy caliente, porque se puede quemar y el filete estará crudo. Recuerden: fuego suave.

Una vez doradas, las retiran, las dejan reposar un minuto y se las comen como más les guste. Con unas gotas de limón, con papitas al hilo, arrocito, ensalada, platanitos fritos, tacu tacu, en fin. Si se animan a hacerla de pescado, no hace falta chancar, solo cortar los filetes ligeramente gruesos y seguir el procedimiento. Se cocinarán más rápido.

2 El otro camino: la milanesa estilo porteña

Aplastamos bien delgados los filetes de bistec de cadera, de pescuezo o de lomo. Los sazonamos con sal, pimienta y punto de ajo molido. Los pasamos por harina y luego por huevo batido, al que le hemos añadido perejil picado y un puntito de mostaza. Dejamos reposar en el huevo las milanesas un par de minutos y las pasamos por el pan rallado, presionando bien. Volvemos a pasarlas por el pan rallado, nuevamente presionando bien. Las dejamos reposar y freímos en abundante aceite.

3 El último: el apanado criollo

Aplastamos los filetes de res aún más que la milanesa estilo porteña, casi como una sábana. Los sazonamos con sal, pimienta, una pizca de comino, una pizca de ajo molido, perejil picado y, si gustan, unas gotas de limón para darle un toque diferente. Los sumergimos en pan molido y los aplastamos como locos. Los dejamos reposar y volvemos a sumergir y a aplastar en el pan. Dejamos reposar por unos minutos más. Calentamos una cantidad razonable de aceite en una sartén y freímos los apanados rápidamente.

4 El alternativo: el de pescado

Seguimos la receta de la milanesa de carne, cuidando de no romper demasiado el filete de pescado, que es mucho más frágil. Usamos filetes de carne blanca, que puede ser de lisa, merluza, mero, lenguado, corvina, cabrilla u otro pescado.

¡BRAVAZO!

EL ENCUENTRO

12 RECETAS PRINCIPALES

GASTÓN ACURIO

MONDONGUITO A LA ITALIANA
en forma de carta de amor

Callao, 1920

Querida Nonna,

Han pasado 6 largos meses desde que partí del puerto de Génova y no te imaginas todo lo que me ha acontecido en esta tierra lejana llamada Perú. No debes preocuparte, que donde hay gente buena solo cosas buenas me han de pasar.

El tío Angelo, como lo prometió en sus cartas, me ha dado trabajo, comida y un cuarto pequeño y abrigado en la azotea de la casa. Es humilde, enmohecido, pálido, pero me protege de la niebla feroz que desde el mar azota las mañanas de este bello malecón de Chucuito.

En todo caso, me siento bien. Casi como en casa. Y es que no lo vas a creer, pero, cuando bajé del barco, al comienzo sentí que el capitán se había extraviado y que nos llevaba a otro puerto de Italia. Nada más desembarcar me topé con pescadores hablando en italiano. Caminé unos metros y me encontré con fondas y tabernas sirviendo una bebida parecida a nuestra *grappa* que aquí llaman *pisco*, acompañadas de un jamón marino muy parecido a nuestro *musciame*. Eso no es todo. A los pocos días descubrí familias que se reúnen cada domingo como nosotros lo hacíamos en tu casa en torno a una mesa a celebrar con nostalgia bellos recuerdos de la tierra lejana, con platos como los que siempre me preparabas con tanto amor.

Eso sí, los platos no son iguales, querida Nonna. Tu mano jamás será superada por nadie. Además, aquí no hay todos los ingredientes que hay en Liguria. Los piñones no se encuentran. La albahaca es escasa. El peperoncino tiene un primo que aquí llaman ají amarillo. Pero, en general, si bien no hay algunos de los productos de nuestra tierra, se encuentran siempre otros productos con los que mis paisanos nutren su añoranza.

No son iguales, no saben igual, pero están ricos, querida Nonna. Muy ricos.

Diría que ya no son los mismos platos sino platos nuevos, hijos del amor entre la bella Liguria y el bello Perú. Por ejemplo, la *trippa alla genovese* que tanto amaba de tus manos, ¿sabes que aquí hacen una versión muy similar llamada mondonguito a la italiana? Lo comí en casa de unos amigos del tío Angelo, preparado por una señora hija del Callao, nieta de ligures, casada con un señor alto y moreno venido de los Andes. No es igual a tu plato, ninguno lo será jamás. Este no llevaba piñones ni vino blanco ni albahaca, pero en cambio le echaban un ají amarillo que le daba un sabor especial. Tampoco llevaba la papa hervida y la zanahoria picada como en tu receta, pero sí incluía unas papitas peruanas fritas y unos bastones de zanahoria que le daban un no sé qué original.

A falta de *funghi porcini,* le puso un hongo seco llegado de los Andes muy rico. Pero, eso sí, llevaba laurel y, sobre todo, ese queso parmesano rallado que al final tú echabas generosamente. Al comerlo de verdad que me hacía sentir que ni tú estabas tan lejos ni yo era tan ajeno a esta tierra. Que a quienes llegamos desde lejos nos acogen con cariño de verdad.

Por cierto, he conocido a una chica y no puedo dejar de pensar en ella. Se llama Martina. Pero de momento sus padres no quieren que me acerque. Dicen que su hija merece alguien mejor. Pero, ya sabes, yo he venido aquí a demostrar a todos que un día haré fortuna y lograré todos esos sueños que no pude lograr en nuestra bella tierra.

Bueno, querida Nonna, te tengo que dejar porque debo ir a trabajar a la fábrica del tío Angelo.

No te defraudaré. Lo prometo.

Tu nieto, Giuseppe.

1 Una receta de mondonguito, llamado «a la italiana» en el Perú

Echamos en una cazuela un chorro generoso de aceite. Añadimos 1 cucharadita de ajo molido y 1 cebolla picada muy finita. Agregamos 2 cucharadas de
ají mirasol y otras 2 de ají amarillo, ambos licuados. Sudamos unos minutos y
añadimos 2 tomates picados muy finitos, 1 cucharada de pasta de tomate, una
pizca de orégano, 1 hoja de laurel, 2 hongos secos remojados y removemos.
Añadimos ahora 2 ajíes amarillos y 1 cebolla roja cortados en tiras finas y 2
tazas de mondongo (cocido hasta que esté suave), también cortado en tiras.
Echamos un poco de caldo, probamos la sal y la pimienta, y dejamos que todo
dé un hervor durante unos 5 minutos, hasta que se mezclen los sabores.

Añadimos ½ taza de zanahoria cocida y cortada en bastones y ½ taza de arvejas cocidas. Incorporamos perejil picado y papas cortadas en bastones, fritas
previamente. Terminamos con generoso puñado de parmesano rallado.

SU VARIANTE

2 Mondonguito con paciencia

Cocinamos en una olla 1 kilo de mondongo, 2 patitas, 1 oreja y 1 papada de chancho. Cocemos todo hasta que la carne quede muy suave y se pueda cortar con las
manos. Deshuesamos las patitas y picamos todo en trozos medianos. Hacemos
un aderezo similar al del mondonguito a la italiana, solo que le añadiremos 2 cucharadas de ají panca licuado y 1 cucharadita de pimentón en polvo. Luego, en
lugar de los ajíes y las cebollas en tiras, añadiremos 1 taza de tomate licuado con
1 pimiento rojo soasado previamente. Echamos todas las carnes, un chorrito de
vinagre tinto, el caldo de cocción de las carnes, 1 hoja de laurel, 2 hongos secos,
1 rama de orégano, otra de hierbabuena y 2 tazas de garbanzos cocidos.

Dejamos cocer unos minutos para que los sabores se mezclen. A último momento pasamos todo a una cazuela de horno, echamos 1 taza de papas fritas
en dados pequeños, mezclamos y cubrimos con queso parmesano rallado y un
chorro de aceite de oliva. Llevamos a gratinar al horno por 10 minutos. Listo.

TIRADITO EN CASA

Vamos al mercado. Buscamos a nuestro pescadero. Si no lo tenemos aún como amigo, nos hacemos su amigo. Le compramos un alfajorcito, una cocada, un jugo rompecatre, un butifarrón. Ahora sí, le hacemos la pregunta clave. ¿Qué pescado está rico y barato hoy para un tiradito? Pejerreyes firmes y brillosos, jurel que huele solo a mar puro, bonitos panzones, fortunos llenos de sabor y textura, pampanitos llegados desde tierras norteñas. Todos pescaditos que, según la temporada, suelen abundar. El pejerrey en el invierno, el bonito en el verano. Todos a buen precio. Si se quiere dar un lujo, siempre están el lenguado, la corvina o el mero. Pero recuérdelo siempre: un buen tiradito solo debe hacerse con pescado fresquito.

Vamos ahora al casero de los ajíes. ¿Qué ajíes tenemos en temporada? Limo de Tumbes, rocoto de Oxapampa (por si no es época del arequipeño), amarillo de toda la vida. El que más le guste.

Ahora los limones. Si es verano, es plena época de limones norteños deliciosos y jugosos. Ahora sí hacemos nuestro tiradito. Pescado, limón, ají. Listo.

1 Tiradito criollo

Cortamos ½ kilo de los filetes del pescado elegido en filetitos: ni muy delgados ni muy gruesos. Los sazonamos con sal. Esto le dará firmeza a la carne y sabor, obviamente. Los guardamos en la refrigeradora.

Mientras, licuamos nuestro ají elegido sin venas ni pepas (2 ajíes si son grandes, 4 si son chicos) con pedacitos de pescado de las puntas del filete, 1 tallo de culantro, una pizca de ajo, una pizca de apio, una pizca de kion, el jugo de 15 limones, sal y pimienta. Colamos la mezcla. Retiramos, probamos la sal, probamos el limón, vemos si tiene ese punto cítrico, picante y refrescante, echamos un hielo para que esté frío al toque y bañamos sobre nuestro pescado, que antes habremos acomodado en un plato. Choclito desgranado y listo.

SUS VARIANTES

2 Tiradito al natural

Aquí lo que haremos será no licuar los ingredientes de la salsa, sino picarlos y bañarlos en el limón. Los chancamos con una cuchara y colamos. El jugo será ligeramente transparente, pero muy aromático. Se sigue con el resto de la receta anterior de igual forma.

3 Tiradito al olivo

En la receta de <u>tiradito criollo</u>, una vez que hemos bañado el pescado con la leche de tigre, le añadimos un chorro de aceite de oliva y unas rodajas de palta.

4 Tiradito 5 ajíes

La fórmula es la siguiente. Un ají amarillo, 2 ajíes limo, ½ rocoto, 2 ajíes mocheros, 4 ajíes charapitas. Todos sin venas ni pepas. Licuamos todos según la receta de <u>tiradito criollo</u>. Seguimos el resto de pasos tal cual.

5 Tiradito de pejerrey antiguo

Licuamos 4 ajíes amarillos sin venas ni pepas con un chorrito de aceite. Mezclamos esta crema con la leche de tigre licuada del <u>tiradito criollo</u>. Cubrimos 4 docenas de pejerreyes fileteados sin espinas ni piel. Terminamos con culantro picado y cebolla china picada.

6 Tiradito nikkei

Compramos ½ kilo de filete de bonito o de caballa, que sazonamos con sal y dejamos en la refrigeradora. Aparte, echamos 4 cucharadas de sillao en un bol con 2 cucharadas de cebolla china picada, 2 cucharadas de rocoto picado, 1 cucharada de kion rallado y ¼ de taza de nabo rallado mezclado con ají limo rallado. Echamos al final el jugo de 12 limones, sal, pimienta, una pizca de azúcar, gotas de pisco y unas gotas de aceite de ajonjolí. Bañamos el pescado con esta salsa antes de servir.

7 Tiradito a la parmesana

Licuamos 4 conchas de abanico (sin coral) con el jugo de 12 limones, sal, pimienta, una pizca de ajo molido, un pedacito de anchoa salada, 1 cucharada de apio, 4 hojas de culantro, 1 rodaja de ají limo, 2 cucharadas de queso parmesano de buena calidad y un chorro de aceite de oliva. Vamos buscando un punto cremoso, pero ligero, que permita bañar láminas gruesas de 12 conchas que cortamos en 3 láminas junto a filetitos delgados de un ¼ de kilo de pescado fresco.

Lo acomodamos todo en una fuente o 4 platos, y terminamos con un chorro de aceite de oliva, 4 cucharadas de ajo (que habremos cortado en láminas y frito), 1 palta picada y unas hojas de albahaca.

EL PULPO SUAVECITO

L a primera vez que comí pulpo con papas no lo entendí del todo. Venía de un Perú donde el ají y el limón son los reyes del sabor y de pronto me encuentro con una España en la que el aceite de oliva era el que marcaba el camino en cada plato. Por un lado, recuerdos de sabores explosivos; por el otro, la joven ignorancia de que en la sutileza se escondía una elegancia gustativa que no demoraría en comprender y amar. Y es que aquel pulpo al estilo gallego era eso: elegante sutileza en la boca. Unas rodajas de papa blanca tibia, un pulpo perfectamente cocido cortado en rodajas servido también tibio, unos granos de sal gruesa, una pizca de pimentón en polvo y un chorro generoso de aceite de oliva de la mejor factura. Llegó el primer bocado y no lo entendí.

¿Dónde está el ají?, me preguntaba. ¿Dónde están el limón, la acidez?, gritaba mi peruana memoria culinaria. Así funcionan nuestras alarmas, intentando resistirse a lo desconocido. Buscando cobijarnos ante la incertidumbre de lo ajeno. El segundo bocado, sin embargo, terminó de abrir esas ventanas que ya venían semiabiertas y que llevamos todos aquellos que amamos la cocina. Ventanas que nos dicen al oído que no hay nada que temer.

Al tercer bocado, una nueva historia de amor había nacido. El pulpo encontrándose con la papa, ambos tibios en la boca. El aceite amalgamando sus jugos, el pimentón y la sal haciendo que todo explote, como ese ají limo que explota en nuestras bocas al morderlo. Al final, sentí la certeza de que el sabor está escondido en todas partes, esperándonos con ilusión, con la esperanza de que lleguemos por esas ventanas semiabiertas que nos ayudan a abrir también nuestro corazón.

Primero lo primero: cómo cocinar el pulpo
Compramos un pulpo de 2 kilos o más. Si compramos un pulpo de menos peso, estaríamos contribuyendo a su depredación. Nunca, eso sí, compremos pulpos llamados bebé, ni de ¼ de kilo, ½ kilo o 1 kilo. Un pulpo bebé se lo come uno solo; de uno de 2 kilos comen 12 personas. Pídale a su pescadero que le venda un pulpo fresquito. A continuación, les daré una de las diferentes rutas que podemos tomar para cocinar un pulpo suavecito.

Uno de los problemas que tiene el pulpo es que su carne puede quedar dura. Antes se ablandaba golpeándolo sin misericordia, pero ahora se le congela y descongela. Con este proceso se logra que se rompan las fibras que antes se ha-cían a golpe limpio. Lavamos bien el pulpo fresco y lo congelamos por 24 horas, o incluso mejor 2 días. Lo descongelamos en temperatura ambiente.

En una olla calentamos agua abundante. Cuando hierva, metemos el pulpo entero 10 segundos. Lo retiramos y lo dejamos fuera 1 minuto. Repetimos la operación cuatro veces. Diez segundos dentro, 1 minuto fuera. En la última lo dejamos cocer en el agua por aproximadamente 40 minutos (un pulpo de 2 kilos). Vamos probando, pinchando con un palito para ver su suavidad. ¿Por qué? Por la sencilla razón de que, al igual que todo y todos, no todos los pulpos son iguales. Raza, origen, época, alimentación: la cocina requiere observación y sensibilidad. Una vez cocido, lo dejamos enfriar en su propia agua, lo retiramos y cortamos sus tentáculos dejándolos enteros. La cabeza nos sirve para hacer una deliciosa salsa chalaca o unos tallarines con tuco de pulpo.

Ya estamos listos para las recetas.

1 Pulpo dorado con papas y albahaca

Preparamos un sencillo menjunje de albahaca con 1 taza de albahaca fresca picada, 4 dientes de ajo, un chorro de vinagre, una pizca de orégano, gotas de limón, un chorro de aceite de oliva y 1 cucharada de rocoto picado. Machaca-mos bien en un mortero y lo dejamos a un lado. Cocemos 4 papas blancas o amarillas y las pelamos.

Aparte, hacemos una chalaquita picando 1 cebolla, 2 tomates, 1 ají limo, 1 limón, sal y pimienta. Doramos 4 tentáculos de pulpo en la parrilla o la sartén, bañándolo con el menjunje. Los colocamos sobre las papas cortadas en 2 bien calientes. Volcamos encima la chalaquita y bañamos todo con aceite de oliva.

2 Tiradito de pulpo bachiche

Parece difícil, pero no lo es tanto. Lo único que necesitamos es conseguir que el pulpo esté suave. Preparamos una mayonesa de ajo (Ver: La celebración / Salsa y sabor, p. 271) y la dividimos en dos. Volvemos a licuar una de las mitades con un poquito de alcaparras y parmesano. Hacemos lo mismo con otra, pero con aceitunas de botija. Aparte, trituramos ajo molido, albahaca, parmesano y nue-ces con aceite de oliva, como si hiciéramos un pesto bien rústico. Listo.

Cortamos nuestro pulpo en láminas finitas y lo acomodamos en una fuente. Encima, echamos un poco de la salsa de parmesano, otro poco de la de aceituna de botija, otro poco de la de albahaca y, al final, hojitas de albahaca o de berros. Un chorro de aceite de oliva, sal, pimienta, unas tostaditas y a disfrutar.

SUS VERSIONES SENCILLAS

3 Pulpo al olivo

Preparamos la mayonesa de ajo según la receta anterior y la mezclamos con ¼ de taza de aceitunas de botija licuada. Añadimos un chorro de aceite de oliva. Mezclamos con pulpo en láminas y cebolla blanca cortada en juliana al gusto. Lo acomodamos sobre papas cocidas.

4 Pulpo gallego

El pulpo aún caliente se corta en rodajas y se acomoda sobre papas blancas calientes, también cortadas en rodajas. Se baña todo con pimentón de calidad en polvo, abundante aceite de oliva extravirgen y granos de sal gorda. Listo.

5 Pulpo estilo muchame

Cortamos el pulpo en láminas y le echamos orégano en polvo, dientes de ajo chancados, aceite de oliva, sal y pimienta. Lo dejamos reposar unos minutos. En una fuente colocamos el pulpo sobre rodajas de tomate y coronamos con rodajas de palta, más aceite de oliva, sal, gotas de limón y perejil picado. Lo acompañamos con galletas de soda.

6 Ensalada de pulpo

Mezclamos en un bol 4 tazas de pulpo en láminas con 2 tazas de garbanzos cocidos, 2 tazas de tomate en dados, 1 taza de cebolla en dados, ¼ de taza de rocoto picado, 2 ajos picados, sal, pimienta, 1 taza de albahaca y perejil picados al gusto, limón, vinagre y abundante aceite de oliva. Al final, añadimos 1 palta picada, una movidita y listo.

ENSALADAS DEL MUNDO EN VERSIÓN PERUANA

ENSALADAS RUSAS

Con pancito, en sanguchito, con pollito a la brasa o solas: las ensaladas rusas parecían olvidadas pero no, ahí están siempre para hacernos felices.

1 Ensalada rusa limeña

En una fuente honda echamos 2 tazas de papa blanca, 1 taza de arvejas, 1 taza de vainitas, 1 taza de zanahoria y 2 tazas de betarraga, todo cocido y cortado en dados. Mezclamos con 2 tazas de mayonesa casera (Ver: La celebración / Salsa y sabor, p. 271). Al final echamos 6 huevos duros picados. Listo.

2 Ensalada rusa de atún

En una fuente honda echamos 3 tazas de papa blanca cocida y picada en dados, 1 taza de zanahoria cocida y picada en dados, 1 taza de arvejas, 2 cucharadas de pepinillo en vinagre picado, ½ taza de pimiento morrón soasado y picado, y 2 latas chicas de atún en aceite. Además, agregamos 4 huevos duros picados y 2 tazas de mayonesa casera. Mezclamos y listo.

3 Ensalada rusa de langostinos

Es igual que ensalada rusa de atún, solo que lo cambiamos por 2 tazas de colas de langostinos chicos pelados y cocidos. También eliminamos el pimiento morrón soasado.

4 Ensalada rusa de verduras

Prescindimos del atún en la receta de la ensalada rusa de atún y añadimos ½ taza de espárragos picados, ½ taza de vainita picada, ½ taza de choclo cocido y ½ taza de palmito picado. Luego seguimos con la receta.

SUS PRIMAS: LAS ENSALADAS DE PAPA

5 La ensalada de papa de Astrid

Necesitamos 1 kilo de papa blanca cocida cortada en rodajas gruesas, que no se desarmen demasiado. Las mezclamos con 2 tazas de cebolla blanca en tiras, previamente sudada un minuto en mantequilla. En un bol diluimos 1 taza de mayonesa con ¼ de taza de agua y un chorro de vinagre. Añadimos sal, pimienta, 1 cucharada de mostaza y echamos las papas y cebollas aún calientes. Mezclamos bien y agregamos ¼ de taza de pepinillos en vinagre picados chiquitos. Añadimos otra taza de mayonesa y listo.

6 La ensalada de papa y huevo

Se hace lo mismo que <u>la ensalada de papa de Astrid</u>, solo que la papa se añade ya fría. Agregamos 8 huevos duros cocidos y picados y mezclamos todo bien. Al final se echa un puñado de perejil picado.

7 La ensalada de papa, huevo y tocino

Es exactamente la misma <u>ensalada de papa y huevo</u>, pero agregamos al final 1 taza de tocino picado y dorado, bien crocante.

OTRAS AMIGAS DEL MUNDO

8 Ensalada chop

En un bol mezclamos 1 taza de tocino crocante picado, 1 taza de pechuga de pollo cocida y picada, 1 taza de champiñones crudos cortados en láminas y picados, 1 taza de lechuga picada, 1 taza de tomates picados, ½ taza de cebolla china picada y ½ taza de queso azul desmenuzado.

Aparte, hacemos una vinagreta con un chorro de vinagre, otro de limón, una pizca de ajo, gotas de salsa inglesa, sal, pimienta, una pizca de mostaza y un chorro de aceite. Batimos y mezclamos con lo anterior.

9 Ensalada Cesar's

En un bol echamos 2 yemas, una pizca de anchoa picada, 1 diente de ajo molido, sal, pimienta, una pizca de mostaza Dijon y gotas de limón y vinagre. Batimos y echamos en hilo aceite de oliva y un poco de vegetal. Terminamos con parmesano rallado. Batimos un poco más y listo.

Volcamos esta mezcla sobre hojas de lechuga romana que acompañamos con unos crutones de pan frito en daditos.

10 Ensalada de col estilo americana

Combinamos 4 tazas de col picada muy finita con 1 taza de zanahoria rallada. En un bol mezclamos 1 taza de mayonesa con ¼ de taza de crema agria, azúcar al gusto, una pizca de mostaza y 2 cucharadas de cebolla blanca rallada muy fina. Agregamos las verduras y finalmente mezclamos todo.

11 Ensalada caprese

Cortamos unos tomates en rodajas gruesas, y los sazonamos con sal y aceite de oliva. Les añadimos 1 diente de ajo, pimienta negra, unas hojas de albahaca y los dejamos unos minutos. Los acomodamos en una fuente intercalando con rodajas de *mozzarella* fresca y más hojas de albahaca. Bañamos con un poco más de aceite de oliva.

12 Ensalada griega

Cortamos en dados pepinos, cebolla roja, tomates, pimientos verdes, queso feta o queso fresco saladito. Sazonamos con sal, pimienta, aceite de oliva, limón y orégano fresco. Echamos unas aceitunas al gusto.

13 Ensalada francesa

Esta es una receta de mis recuerdos de estudiante. Tostamos unas nueces peladas y desmenuzamos un puñado de queso de cabra. En un bol mezclamos lechugas orgánicas con el queso, las nueces y láminas de manzana verde. En una sartén doramos láminas de tocino picado hasta dejarlo crocante. Lo llevamos a un bol y echamos una vinagreta hecha con mostaza Dijon, sal, pimienta, buen vinagre de vino tinto y aceite de oliva. Opcionalmente podemos añadir gotas de aceite de nuez.

TALLARÍN CON POLLO

En la cocina de nuestra memoria habitan recetas que nos unen. Son recetas que, a pesar de las desigualdades históricas de la vida, supieron encontrar un espacio para dar felicidad a la familia, más allá de su condición social o económica. Una causa de papa y ají, siempre con el mismo sabor casero; una papa a la huancaína de ají y queso; o un tallarín con pollo, de esos que para algunos era cosa diaria, pero para otros todo un acontecimiento. Este último es uno de esos platos que, cuando se hacían, igualaban a todos en un mismo aroma y sabor.

Recuerdo perfectamente el día en que descubrí que el tallarín con pollo no era un plato exclusivo de mi hogar. Que también estaba en las casas de mis amigos, en los menús de los trabajadores que construían edificios en las calles de mi infancia, en las grandes fuentes de deliciosa comida popular en los mercados de barrio, en las pizarras de los pequeños restaurantes de menús, en todos los rincones del sabor. El tallarín con pollo no solo estaba presente, sino que era el favorito de la familia. Recuerdo la salsa, siempre con ese saborcito a tuco de ave; los fideos, que podían ser tallarines, canutos o *fettuccine*; las presas, que unos preferían que fuesen pechuga y otros pierna, intentando no secarse ante un exceso de cocción. Un plato que no es emblema de Italia, sino es hijo de esa Génova que un día llegó al Perú para quedarse para siempre.

• Tallarín con pollo

Compramos pollos chicos, que cortamos en 4. Doramos las presas sazonadas con sal y pimienta en una olla, y las retiramos.

En la misma olla en la que se doraron los pollos, sudamos 2 tazas de cebolla roja picada por 5 minutos. Añadimos 2 cucharadas de ajo molido y dejamos otros 2 minutos. Añadimos ¼ de taza de ají panca licuado y, pasados 5 minutos, añadimos 2 tazas de tomate licuado con 1 taza de zanahoria rallada.

Añadimos ahora 2 hojas de laurel y 1 hongo seco. Dejamos cocer un buen rato a fuego lento, raspando el fondo de la olla para que no se queme. Añadimos ahora las presas para que se terminen de cocinar. Si gustan, le pueden añadir unas arvejas a la salsa. Prueban de sal, acomodan los fideos que más les gusten en una sartén, le añaden la salsa, colocan las presas encima, más salsa y listo.

DE FUSILES, MACARRONES, OREJITAS
y caracolitos

1 A la huancaína

Un plato casero muy, muy fácil que todos pueden hacer en casa. Se cocina pasta al dente. En una sartén se echan 2 tazas de salsa huancaína (Ver: Los clásicos / Papas a la huancaína, p. 22) y se añade 1 taza de crema. Añadimos la pasta, probamos la sal, echamos pimienta blanca y una pizca de nuez moscada, y dejamos que la pasta chupe la salsa un poco. Servimos en una fuente y espolvoreamos con parmesano.

2 A la huancaína de rocoto al horno

Calentamos 2 tazas de la salsa huancaína de rocoto original a la antigua (Ver: Los clásicos / Papas a la huancaína, p. 22) con 1 taza de crema. Echamos la pasta y probamos la sal y la pimienta. En la fuente añadimos pedazos de *mozzarella*, queso parmesano rallado y trozos de mantequilla. Horneamos con el gratinador prendido hasta que todo esté doradito. Listo.

3 A la poderosa

En una sartén echamos un chorro de aceite de oliva, añadimos 1 taza de cebolla blanca picada finita y 2 cucharadas de ajo molido. Sudamos y agregamos un ají limo picado finito con todo, venas y pepas. Incorporamos a continuación 2 tazas de tomate picado chiquito y 2 tazas de tomates cherry aplastados. Seguimos con un chorro de vino blanco. Damos un hervor y añadimos 2 latas chicas de anchovetas en aceite de oliva, 2 cucharadas de alcaparras, ½ taza de perejil picado, ½ taza de albahaca picada y un buen trozo de mantequilla. Echamos la pasta al dente, un chorro de aceite de oliva y, al final, 1 cucharada de aceitunas picadas, las de su preferencia. Servimos con un puñado de parmesano rallado.

4 A la ocopa de nueces

Hacemos una ocopa (Ver: Los clásicos / La ocopa, la gran salsa de Arequipa, p. 94), solo que le añadiremos 1 taza de nueces y la licuaremos. En una sartén calentamos la ocopa y agregamos 1 taza de crema de leche. Echamos la pasta y dejamos que la salsa coja punto. De ser necesario, añadimos agua de cocción de la pasta. Servimos y espolvoreamos con parmesano rallado.

AEROPUERTOS

E l aeropuerto, ese arroz saltado en el que todo aterriza, es una receta como todas las de esta Lima de todas las sangres, repleta de amores —al comienzo— prohibidos e imposibles.

El aeropuerto es fruto de muchas pasiones: la que existió entre un joven llegado de Pucallpa y una joven limeña hija de cantoneses; entre un joven afroperuano y una joven nikkei; o entre la hija de un italiano y el hijo de un ayacuchano. El primero tiene su punto de ají amazónico y sillao; el segundo, su toque criollo con sazón oriental; el último, un punto de parmesano abrigado por el rocoto y el huacatay.

Esa es nuestra Lima y esa es su belleza, su atractivo, su magia, su fuerza y su pujanza. El símbolo de todo aquel que llegó con un sueño, con las ganas de luchar contra el pasado, y que encontró en el amor su fortaleza para abrazar el futuro. Empecemos entonces con todos los aeropuertos peruanos.

1 El Jorge Chávez

En una sartén echamos ½ cebolla, 2 dientes de ajo, 1 cucharada de kion, ½ taza de cebolla china y un pimiento, todo picado. Añadimos un poquito de aceite de ajonjolí. Agregamos 4 tazas de arroz blanco, 1 chorro de sillao y 1 cucharada de salsa de ostión. Saltamos con cariño durante 5 minutos, chancando el arroz. Añadimos ½ taza de frejolito chino, ½ de cebolla china y ½ de fideíto crocante. Ahora la pista de aterrizaje: servimos con una <u>milanesa de pescado</u> (Ver: El cariño / La verdad de la milanesa, p. 217), un huevo frito encima por persona, un plátano frito por persona y 1 cucharada de <u>salsa chalaca</u> (Ver: La celebración / Más salsitas de sazón criolla, p. 273) en cada porción.

2 El amazónico

En una sartén echamos ½ cebolla, 2 dientes de ajo, 1 cucharada de kion, ½ taza de cebolla china y 1 pimiento, todo picado. Agregamos también ½ taza de sacha culantro y culantro y un poquito de aceite de ajonjolí. Echamos 1 taza de cecina amazónica, 4 tazas de arroz blanco, un chorro de sillao y 1 cucharada de salsa de ostión. Saltamos con cariño durante 5 minutos chancando el arroz.

Añadimos ½ taza de frejolito chino, ½ de cebolla china, ½ de fideíto crocante y listo. La pista de aterrizaje la conforman 2 huevos fritos encima por persona, un plátano frito por persona y 1 cucharada de <u>ají de cocona</u> (Ver: La celebración / Los ajicitos hechos salsa, p. 254).

3 El Titicaca

Echamos en una sartén la misma cantidad de cebolla, ajo, kion, cebolla china y pimiento, solo que añadimos también 2 cucharadas de huacatay picado, ½ taza de rocoto picado y aceite de ajonjolí. Agregamos 2 tazas de arroz combinadas con 2 de quinua cocida, sillao y ostión. Saltamos y añadimos frejolito chino, cebolla china y fideíto crocante. Dividimos en 4 y cubrimos con una tortilla jugosa para cada porción; encima <u>salsa criolla</u> (Ver: La celebración / Más salsitas de sazón criolla, p. 273) a la que añadimos hierbabuena y <u>crema de rocoto</u> (Ver: La celebración / Los ajicitos hechos salsa, p. 254).

4 El criollo

Hacemos un aeropuerto como el <u>Jorge Chávez</u>, pero añadimos 2 tazas de salchicha de Huacho picada. En el aderezo echamos culantro picado. Al servir cubrimos con un <u>bistec apanado</u> (Ver: El cariño / La verdad de la milanesa, p. 217), dos huevos, plátano frito y <u>salsa criolla</u>.

5 El asaltado

Preparamos un <u>aeropuerto Jorge Chávez</u>, pero dividimos el arroz en cuatro porciones. Montamos cada una con una tortilla de 2 huevos por persona y esta, a su vez, con <u>lomito saltado</u> (Ver: Los clásicos / Saltando en casa, p. 42). Eso sí, eliminamos las papas.

6 El norteño

Al arroz del <u>aeropuerto Jorge Chávez</u> añadimos ¼ de taza de culantro licuado y un chorro de cerveza negra. Al final, montamos con tortilla y <u>chicharrón de pierna de pollo</u> (Ver: El cariño / Chicharrón de pollo, p. 201).

7 El bachiche

Hacemos un <u>Jorge Chávez</u>, pero al final añadimos un puñado de parmesano rallado. Montamos una tortilla. Encima, <u>pejerreyes fritos</u> que antes hemos fileteado, limpiado de espinas, sazonados con sal, pimienta y pasados por harina para finalmente freírlos en abundante aceite; y <u>salsa chalaca</u>.

8 El arequipeño

Preparamos un <u>Jorge Chávez</u>, solo que agregamos al aderezo un puñado de huacatay y un poco de rocoto. Al arroz le añadimos un puñado de maní tostado. Montamos con <u>tortilla de camarones</u> (Ver: La nostalgia / Mi primera tortilla, p. 140) y <u>salsa de ocopa</u> (Ver: Los clásicos / La ocopa, la gran salsa de Arequipa, p. 94).

9 El combinado

Hacemos un <u>aeropuerto Jorge Chávez</u> al que le añadimos una tortilla de 4 huevos picados. Montamos con <u>chicharrón de calamar</u> (Ver: El cariño / Chicharrón de calamar, p. 198), <u>salsa tártara</u> (Ver La celebración / Salsa y sabor, p. 272) y, al lado, un poco de <u>cebiche de pescado criollo</u> (Ver: Los clásicos / Cebiche, p. 19).

MENESTRÓN

Para hacer un menestrón debemos, primero, entender la receta madre, la que llegó de Liguria con esa gran colonia genovesa instalada en el Perú desde mediados del siglo XIX. Una receta deliciosa de origen humilde, de hogares en los que la carencia obligaba a crear platos deliciosos con lo poco que había a la mano. Unas verduras de la huerta familiar, un poco de queso, otro de pasta, muchas hierbas y listo.

- **Un rico minestrone de verduras a la genovesa** se hace más o menos así. Primero, se cocina en poca agua 1 taza de frejol blanco seco, previamente remojado toda la noche. Luego se añaden 2 papas blancas grandes cortadas en dados, 2 zapallitos italianos también cortados en dados, 1 cebolla picada, 1 poro picado, 2 tomates picados, 1 taza de arvejas, 1 taza de frejoles verdes tiernos, 2 dientes de ajo picados finamente, 1 taza de repollo picado y 2 tazas de acelga picada. Echamos un poco más de agua y 4 cucharadas de aceite de oliva.

  Se cocina todo a fuego lento por el tiempo que sea necesario para que espese un poco. Una vez que coja ese punto, es momento de añadir unos canutos o pasta *penne* cruda, que se terminará de cocer en la sopa.

  Al final, echaremos 4 cucharadas de pesto genovés. Lo preparamos con 1 diente de ajo, un puñado de queso parmesano rallado, otro de queso pecorino rallado, un puñado de piñones, ¼ de taza de aceite de oliva, 1 taza de albahaca picada, sal y pimienta. Trituramos todo, le añadimos un poquito de la sopa para diluirlo y lo echamos a la olla. Movemos bien, probamos la sal, servimos y espolvoreamos con más queso parmesano.

EL MENESTRÓN

Es así como pasa el tiempo y en Lima nace el menestrón. Fruto del encuentro de la cultura genovesa con la sazón criolla que, además, incorpora carne. Como queriendo mostrar y celebrar que aquella batalla por salir adelante en el país lejano se venció y trajo prosperidad. Aquí va nuestra receta.

1 Menestrón dominguero para 6 personas

En una olla hervimos 1 kilo de asado de tira con hueso, más otro kilo de punta de pecho de res. Cocemos hasta que estén suaves. En ese momento añadimos las verduras: 1 taza de nabo picado, otra de pallar verde, de frejol tierno, de zanahoria picada, de apio picado, de poro picado, de cebolla picada, de arvejas peladas, de garbanzo (remojado previamente), de col picada, ¼ de taza de tocino picado chiquito y 1 choclo grande cortado en 6 rodajas. Dejamos cocer y espesar ligeramente. Agregamos luego 1 taza de yuca en dados grandes, 3 papas blancas cortadas en dos, ¼ de kilo de fideos canutos y dejamos cocer.

Finalmente, echamos 1 taza de espinaca y otra de albahaca, que habremos licuado luego de haberlas cocido en aceite de oliva. Seguimos con un puñado de queso parmesano y 1 taza de queso fresco picado. Probamos la sal, añadimos un chorro de aceite de oliva y listo.

SUS VARIANTES

2 Menestrón rojo de cerdo

Cambiamos las carnes de res por 1½ kilos de panceta de cerdo y ¼ de kilo de tocino picado chiquito. En vez de una taza de albahaca y espinaca licuadas, hacemos un aderezo con ½ cebolla, 2 dientes de ajo y 4 tomates triturados. Le añadimos una pizca de ají rojo en polvo, gotas de vinagre, hojas de albahaca y licuamos. El resto de la receta es similar al menestrón dominguero.

3 Menestrón marino

Seguimos la receta tal como la del menestrón dominguero, solo que en vez de usar caldo de carne usamos un caldo de choros (Ver: El cariño / Del cubo al caldo, p. 182). Al final, cuando esté espeso, añadimos choros cocidos, conchas crudas y dados gruesos de filete del pescado de su preferencia.

4 Menestrón dominguero sin carne

Es exactamente el mismo menestrón dominguero solo que cocemos todo en caldo de verduras y le duplicamos la cantidad de yuca, papas y choclos.

LA VINAGRETA Y SUS PRIMAS

1 Vinagreta básica

En un bol echamos 4 cucharadas de buen vinagre con sal y pimienta. Batimos bien y añadimos 12 cucharadas de aceite (puede ser vegetal o de oliva). Volvemos a batir ligeramente y listo. Nos queda una vinagreta cortada en buena proporción de aceite y vinagre, que es lo importante. El vinagre puede ser de vino, de manzana, balsámico o de lo que más les guste, siempre y cuando respeten la proporción. También pueden echarle una pizca de la mostaza de su preferencia.

2 Vinagreta especial

En un bol echamos 2 cucharadas de cebolla roja picada muy finita, 2 cucharadas de perejil picado, albahaca picada y cebolla china picada. Mezclamos todo y añadimos una pizca de orégano, un poquito de ajo molido, sal, pimienta, y 4 cucharadas de su vinagre favorito. Agregamos 12 cucharadas de aceite de oliva y listo.

3 Vinagreta de fiambre

Es como una tártara sin yemas en la mayonesa, ni claras en el final. Solo las hierbas, cebolla, mostaza, alcaparras, pepinillo, sal, pimienta, 3 cucharadas de vinagre y 12 cucharadas de aceite de oliva, que echamos lentamente. Es perfecta para jamones, embutidos o carnes frías.

4 Vinagreta nikkei

Hervimos en una sartén 1 cucharada de sillao con ¼ de taza de jugo de naranja, una rama de culantro, un poquito de kion y 2 cucharadas de azúcar. Hacemos una miel ligera y dejamos reducir. Esto lo mezclamos bien con gotas de aceite de ajonjolí, 3 cucharadas de vinagre y 10 cucharadas de aceite vegetal.

5 Vinagreta traviesa

Batimos 2 cucharadas de miel con 2 de mostaza. Añadimos 2 cucharadas de rocoto picado y una cucharada de cebolla china picada. Batimos añadiendo 2 cucharadas de limón, 1 cucharada de vinagre, sal, pimienta, comino, 6 cucharadas de aceite de oliva y 6 cucharadas de vegetal.

6 Vinagreta de mango

A la <u>vinagreta nikkei</u> le echamos 4 cucharadas de mango, 1 cucharada de rocoto y otra cucharada de culantro, todo picado bien finito. Al final añadimos un poco más de limón.

7 Vinagreta cremosa

Mezclamos nuestra <u>vinagreta especial</u> con ½ taza de mayonesa clásica, y batimos bien.

VINAGRETAS QUE NO PARECEN VINAGRETA

8 Blue cheese

Batimos crema de leche con *sour cream* (crema agria), queso azul desmenuzado, unas gotas de limón, un chorrito de aceite de oliva, pimienta, unas gotas de tabasco y unas gotas de salsa inglesa.

9 Ranchera

Mezclamos crema agria con crema de leche, mayonesa, gotas de vinagre, un poquito de ajo molido, cebolla china, perejil picado finito y un chorrito de tabasco.

10 Cesar's

Licuamos 1 diente de ajo, 2 anchoas, jugo de ½ limón, 1 yema, pimienta y 1 cucharadita de mostaza Dijon. Echamos aceite de oliva hasta hacer una crema y, finalmente, parmesano rallado finito al gusto.

11 Yogur

En un bol mezclamos yogur natural, mostaza, ajo molido, limón, cebolla china, hierbabuena picada, sal, pimienta, y echamos aceite de oliva.

12 La chifera

Echamos en un bol 1 taza de mayonesa, 2 cucharadas de salsa chili dulce tai, 1 cucharada de salsa *sriracha*, cebolla china, culantro picado y nabo encurtido picado. Al final, gotas de limón y listo.

WANTANEANDO, CONFUNDIDOS, WANTANEANDO

V ivimos en la era de la información. Si algo nos llama la atención, con solo apretar un botón tenemos acceso en un segundo a un universo infinito de ideas, estudios, argumentos u opiniones relacionados con el tema que nos interesa. Sin embargo, este mar de información suele dejarnos, muchas veces, más confundidos de lo que estábamos al comienzo. Opiniones absolutamente contrarias sobre un mismo tema son publicadas a diario, y nos llevan a unos hacia un camino, y a otros hacia el otro. A veces no sabemos con exactitud si estamos en lo correcto o no, si es que ambos caminos eran válidos, o si es que no había que tomar ninguno.

Esta es una época de la información abierta y al alcance de todos, lo cual aplaudimos y celebramos sin límites. Pero también es un momento que debe enfrentarse a una batalla: la de la desinformación versus la información.

Es así como hoy millones de recetas son compartidas cada segundo. Y qué bueno que así sea. Atrás quedaron los tiempos en que uno debía ir a la biblioteca en busca de una receta nueva de pollo al horno si quería sorprender en casa. Hoy, un niño interesado en la cocina solo tiene que apretar un botón para acceder a 45 millones de versiones de pollo al horno con solo *googlear* el nombre del plato. Pero, claro, el problema en este caso será el saber elegir. ¿Cuál de todas es la que estaba buscando? ¿Cuál será la más rica? ¿Cuáles solo obedecen a intereses comerciales y cuáles de verdad nacen del amor por compartir una receta que surge del corazón y quiere llegar al corazón? Dilemas de estos tiempos.

Aquí una receta más de las millones que encontrará en Internet para hacer un wantán frito en casa. Comparto una propuesta diferente que luego da vida a muchas otras recetas.

1 Wantán frito casero

Hay que reconocer que en la mayoría de chifas los wantanes vienen con poco o casi nada de relleno. Lo rico era, para nosotros, la masa crocante y la salsa dulce. La ausencia de relleno no era importante. Hoy, más bien, parece que sí lo es. Muchos chifas están escuchando a sus comensales y ya añaden más relleno a sus masas. Wantán en evolución, que le llaman.

Dicho esto, hagamos un rico relleno, diferente de las muchas variantes. En un bol echamos una taza de carne de panceta de cerdo molida, muy gruesa. Añadimos ¼ de taza de colas de langostinos peladas y picadas chiquitas, 1 cucharada de bambú en lata picado, 1 cucharada de hongo chino seco hidratado picado chiquito, 1 cucharada de cebolla china picada finita, 1 cucharada de ajo chino picado chiquito, sal, pimienta, una pizca de azúcar, un poquito de kion rallado, gotas de vino chino o pisco, gotas de sillao, un poquito de culantro picado y un poquito de ajo molido. Amasamos todo con cariño. Colocamos una porción del relleno en nuestros wantanes con generosidad. Los doblamos primero como un triángulo y, luego, unimos las 2 puntas con cuidado, pegándolas con huevo de manera que cojan la forma del wantanes. Freímos en abundante aceite no muy caliente para que el relleno se cocine. Listos los wantanes.

La salsa, otro dilema. En Internet encontrarán mil opiniones. Eso lo resolvemos haciéndola en casa o comprándola en supermercados. Si es en casa necesitan 2 cucharadas de pasta de tamarindo (de verdad) que se echan en una sartén con 2 cucharadas de azúcar, 2 de kétchup, 2 de vinagre, sal y pimienta blanca. Damos un hervor hasta que espese y dejamos enfriar. Ahora, sigamos con más rellenos para wantanear la vida. Nota aparte: la supuesta excentricidad de los ingredientes se resuelve dándose una vuelta por el barrio chino más cerca a su casa. Hoy Lima tiene dos: Capón y el circuito Aviación–San Luis.

SUS VARIANTES

2 Wantanes de mariscos

Picamos 1 taza de langostinos con ½ taza de conchas. Añadimos sal, pimienta, azúcar, cebolla china, ajo molido, kion rallado, unas gotas de vino chino o pisco, unas gotas de aceite de ajonjolí y un chorrito de sillao. Mezclamos todo bien, amasando un poquito. Con eso rellenamos nuestros wantanes.

3 Wantanes de pollo

Molemos 2 tazas de pechuga de pollo (molida gruesa) y añadimos sal, pimienta, azúcar, cebolla china, ajo molido, kion rallado, gotas de vino chino, un poquito de hongo seco *tonku* hidratado y picado, gotas de aceite de ajonjolí y chorrito de sillao. Amasamos y rellenamos nuestros wantanes.

APANADO CON TALLARINES VERDES

A veces dejamos de cocinar porque pensamos que nos tomará demasiado tiempo. Después de todo, si se trata de comer, podemos hacerlo en un restaurante y ya. Pero no. La cocina no es solo comer, saborear o nutrirse. La cocina es recordar y despertar esos momentos hermosos de la vida que llevamos dormidos en el corazón. Es compartir con aquellos que más quieres. Es pasar tiempo dialogando con los tuyos, es darte un respiro a la vorágine de la vida diaria. Es como una brisa en medio del caos, como un abrazo justo cuando estás a punto de saltar al vacío. Todo eso puede ser la cocina para tu vida diaria. Así de importante puede ser el darte un tiempo para cocinar, compartir, querer. Si, además, lo haces con cierta organización, no te quitará más tiempo del que piensas. Pero, sobre todo, lo disfrutarás.

Aquí un ejemplo de un plato casero, hijo de nuestro mestizaje con la lejana Génova, que no te quitará mucho tiempo:

• El apanado con tallarines verdes

Chancamos 4 filetes de lomo o de cadera de res de 200 gramos y los sazonamos con sal, pimienta, un punto de ajo y gotas de limón. Los pasamos primero por un bol lleno de harina, luego por otro de huevo batido y, finalmente, por otro de pan molido. Aplastamos bien y los reservamos en la refrigeradora.

Licuamos 1 taza de hojas de albahaca, 2 de hojas de espinaca y 4 dientes de ajo. En una sartén sudamos una cebolla roja finita por 5 minutos, añadimos la mezcla licuada, cocemos 1 minuto y añadimos queso fresco rallado al gusto, leche evaporada, sal, pimienta y queso parmesano. Dejamos que coja punto.

Mientras, hervimos agua abundante con sal en una olla y cocemos ½ kilo de fideos canuto o espagueti grueso. Los dejamos ligeramente al dente. Armamos nuestra fuente mezclando la salsa verde con los fideos. Colocamos encima los apanados que doramos rápidamente en una sartén y añadimos, también, un chorro de salsa huancaína (encontrarás 5 versiones en Los clásicos / Papas a la huancaína, p. 22).

ALITAS PARA TODO EL MUNDO

E sta es la historia de una pandilla de amigos, de esos que hacen honor a la palabra amistad. De esos que están contigo sobre todo en las malas antes que en las buenas. De esos que, al verlos a los ojos, sabes que solo te desean el bien. Seas quien seas, tengas lo que tengas, estés donde estés. Todos son tan, pero tan distintos, que si no lo supiera habría asegurado que jamás podrían ser amigos. Pero no. Lo son justamente por eso, quizás. Es muy cierto aquello de que la igualdad solo se sostiene en las diferencias.

Uno, de madre trujillana y padre arequipeño. Otro, de padre libanés y madre genovesa. Otro de padre chino y madre huancaína. Otro de padres japoneses. Otro de mamá limeña de pura cepa. Otro de sangre puro norte. Otro de archiduques alemanes. Otro mitad belga, mitad colombiano. Otro amazónico-limeño. Otro cantonés de padre y madre. Otro cusqueño–español. Otro sanisidrino de toda la vida. Todos hijos de esta Lima de todas las sangres.

Uno desayuna pan con relleno; otro, huevos benedictinos con campanita. Uno es enamoradizo; el otro, un rompecorazones. Uno es un gran litigante; el otro, un espontáneo cantante. Uno va al gimnasio cada 4 horas, el otro almuerza cada 3. Uno luce hermosas camisas; el otro hizo del polo apretado su divisa. Uno habla con fineza, el otro ríe con franqueza. Todos conforman una amistad que no se encuentra allí donde todos parecen iguales, sino donde todos se aceptan distintos. Esa es la clave para la tan ansiada igualdad entre los seres humanos: comprender que llegará el día en que, cuando aceptemos y celebremos que todos somos diferentes, seremos verdaderamente iguales.

Esta pandilla no encontró mejor forma para celebrar su amistad que con aquello que aman: cocinar. Y lo hicieron con un campeonato. Un campeonato de alitas a ver cuál era la más rica.

AQUÍ LES VAN ALGUNAS DE ELLAS
Todas son para 1 kilo de alitas cortadas en dos, retirando el último huesito. Todas son sazonadas con sal y fritas previamente hasta dorar y quedar jugosas por dentro. Hasta ahí todas son iguales.

1 Alitas sur-norte, de un amor arequipeño-trujillano
Hacemos un aderezo de adobo arequipeño con ½ taza de chicha, otra de ají panca, ajo molido, huacatay, orégano, sal y pimienta. Hervimos añadiendo ½ ají amarillo

y 4 licuados al estilo trujillano con su punto de chicha. A todo esto agregamos 2 cucharadas de miel y un buen trozo de mantequilla. Dejamos que coja punto de salsa y echamos las alitas calientes a la sartén para que se impregnen bien.

2 Alitas ítalo-árabes

En una sartén echamos mucho ajo molido. Sudamos y añadimos sal, pimienta, orégano, hojas de albahaca picadas y ½ taza de tomate triturado. Hasta aquí todo parece italiano. Luego echamos comino, cúrcuma, clavo de olor, pimienta de chapa, ají amarillo licuado, sal, pimienta, menta picada, 2 cucharadas de miel y un chorro de vinagre. Damos un hervor y añadimos un trozo de mantequilla. Echamos las alitas y glaseamos bien.

3 Alitas charapas

Preparamos un aderezo con 2 cucharadas de ajo molido, 1 taza de cebolla picada finita, 1 cucharada de ají charapita licuado, 1 taza de sachaculantro picado, sal, pimienta, palillo y 1 taza de ají dulce licuado. Cocemos a fuego suave y echamos un chorro de vinagre y 2 cucharadas de azúcar. Hervimos y agregamos un trozo de mantequilla. Incorporamos aquí las alitas calientes. Al final, añadimos en la fuente 1 taza de ají de cocona (Ver: La celebración / Los ajicitos hechos salsa, p. 254).

4 Alitas chiferas

Hervimos en una sartén ½ taza de salsa Hoisin con ½ taza de 1 rocoto licuado con rodajas de kion, 2 tiras de cebolla china, 4 ramas de culantro y 2 dientes de ajo. Añadimos 2 cucharadas de salsa *sriracha*, damos un hervor y agregamos 2 cucharadas de azúcar y un chorro de vinagre. Otro hervor y entran ½ taza de maní y ½ taza de culantro picado. Echamos las alitas y rociamos con ajonjolí tostado encima.

5 Alitas criollas

Una vez fritas las alitas, las mezclamos con aderezo de anticucho (Ver: Los clásicos / La receta del día: don anticucho corazón, p. 121), que calentamos antes. Añadimos 2 cucharadas de miel. En la fuente bañamos las alitas con crema de ají amarillo de carretilla (Ver: La celebración / Los ajicitos hechos salsa, p. 253).

LA CELEBRACIÓN

12 RECETAS PRINCIPALES

GASTÓN ACURIO

PACHAMANCA A LA OLLA

L os invitados van llegando. Todos se conmueven ante el aroma a historia milenaria que la pachamanca va emanando desde sus entrañas. El maestro pachamanquero elige a uno de los presentes para iniciar el ritual. El pago, el agradecimiento eterno a esta Pachamama que nos ha dado todo sin pedirnos nada. A esta tierra que, desde el desierto hasta los Andes, de los Andes al Altiplano, y del Altiplano hasta el Amazonas, nos ha dado ejemplo eterno de generosidad y tolerancia sin límites. Nutriéndonos día tras día; abrazándonos noche tras noche.

Se destapa la pachamanca. Aparecen las primeras papas de colores. Las mashuas y ocas color caramelo. Los camotes que parecen felices arrugando su piel. Las humitas vestidas de blanco, coquetas como siempre. El queso derretido de amor. Y, al fondo, las carnes, llenas de aromas a tierra y bosque. El pollo jugoso, el cordero pura ternura, el cerdo que se funde con solo mirarlo.

El maestro nos da a probar un poquito, mientras sirve armoniosamente todo en fuentes de barro. Los invitados, sin importar condición, hacen cola respetuosa. El olor los agita, las salsas de ají parecen llamar sus instintos. La fiesta de la pachamanca acaba de empezar.

1 Una pachamanca a la olla para hacer en casa

Un plato para hacer durante el invierno, cuando abundan papas y tubérculos.

Cortamos 1 pollo en 4 trozos y hacemos lo mismo con 1 kilo de panceta de cerdo. Maceramos las carnes durante toda una mañana con 1 taza de ají panca licuado y otra de ají amarillo licuado, 1 taza de vinagre, sal, pimienta, comino, 1 cucharada de ajo molido, ½ taza de culantro, perejil, huacatay y hierbabuena, todo licuado.

En una olla grande, de preferencia de barro o fierro (si no tiene, no importa), colocamos, como base, hojas de plátano. Encima va la panceta, luego el pollo, 4 papas huayro, 4 papas nativas (las que guste), 4 camotes, 4 ocas, 4 mashuas y 1 choclo. Bañamos con el macerado y ½ taza de agua. Cubrimos con más hojas de plátanos y tapamos la olla.

Dejamos cocer por unos 45 minutos a fuego suave o en el horno a fuego medio. Pasado ese tiempo, estará lista. Servimos en la mesa, en su propia olla, acompañando de 5 salsas: <u>la de carretilla</u>, <u>la huancaína clásica</u>, <u>la huancaína antigua</u>, <u>la de huacatay</u> y <u>la de ocopa</u>. Todas están en este libro.

SUS VARIANTES

2 Pachamanca de camarones

El aderezo de maceración es el mismo que el de la pachamanca anterior. Lo que cambia son los tiempos de cocción. Por ello, debemos hacer 2 ollas. Una con los vegetales, a los que añadiremos la mitad del licuado, todo sobre hojas de plátano y tapado con más hojas de plátano. La otra lleva 36 camarones grandes enteros con la mitad de la maceración, colocados sobre hojas de plátano y tapados, también, con más hojas de plátano. Primero se cocinan los vegetales durante ½ hora en el horno. Cuando falten 10 minutos, se cocina la olla con los camarones, por unos 15 minutos más, dependiendo del tamaño de los camarones y de la potencia del horno. En este caso el horno debe ser fuerte. Acompañar con las mismas salsas.

3 Pachamanca de pescado

En este caso el pescado se cocina entero. Se le pide al pescadero que le quite vísceras y escamas. Cocemos primero los vegetales en agua con sal. Luego los acomodamos sobre hojas de plátano en una fuente ancha. Al medio colocamos el pescado entero, que puede ser una hermosa chita de 2 kilos, por ejemplo, o una sabrosa cabrilla. Lo ideal es que sea un pescado fresco y noble de carne blanca, al cual le habremos frotado por dentro y por fuera con un poco del licuado de maceración. Bañamos todo con el resto de maceración, tapamos con más hojas de plátano y llevamos al horno por 20 minutos, aproximadamente, a fuego fuerte. Debemos vigilar el punto del pescado, que debe quedar jugoso y ligeramente rosadito (incluso en la carne que está pegada a las espinas). Lo abrimos en la mesa en su fuente para dejar boquiabiertos a todos con su aroma.

4 Pachamanca de la huerta

Además de todos los vegetales que lleva la <u>receta original</u>, añadimos aquí una coliflor entera, la cual cocinaremos previamente por 5 minutos cubierta de leche. La colocamos al centro de una fuente y acomodamos los demás ingredientes alrededor. Bañamos todo con el macerado, tapamos con las hojas de plátano y llevamos al horno por 30 minutos a fuego fuerte. Acompañamos con las mismas salsas.

5 Pachamanca de res

En una olla con agua y sal cocinamos ½ kilo de asado de tira con hueso, ½ kilo de punta de pecho, ½ kilo de lengua y ½ kilo de osobuco de res. Vamos retirando cuando todo esté cocido y suave. Colocamos las carnes sobre hojas de plátano con los vegetales alrededor. Bañamos todo con el licuado de maceración de la <u>pachamanca a la olla para hacer en casa</u>, tapamos con más hojas de plátano y llevamos al horno por 20 minutos. Servimos en la mesa con las mismas salsas.

LOS AJICITOS HECHOS SALSA
con todas sus cremas

Mi primer recuerdo acerca del mundo de las salsas y las cremas, y cómo nos alegraban la vida, siempre me conduce al final de un día cualquiera de verano limeño, después de la playa, cuando mi madre se apiadaba de sus hijos llevándonos a comer unas papitas fritas a un local ubicado en Miraflores llamado La Casita. Su gran atractivo era tener la mayor cantidad de salsas y cremas de la ciudad. Mi madre elegía la de aceitunas y la de ají. Mis hermanas, la tártara, la de queso, la golf. Yo, la de ajo, una alemana medio dulzona y *pickles* (pepinillos). Coger cada papita y mojarla primero con una salsa, luego con la otra, luego con ambas a la vez, era como un juego que, bocado a bocado, se iba impregnando en nuestra memoria para siempre.

Más adelante, en una pachamanca que mi padre solía ofrecer a sus trabajadores, descubrí que lo más rico no eran esas carnes que todos se peleaban, sino más bien esos camotitos asados, esos choclos, esas papitas con aroma a tierra, bañadas con las salsas de ají que el maestro Crespo colocaba siempre en la mesa.

Fue en los suculentos sancochados de punta de pecho y verduras, que confirmé que las salsas y cremas de ají estaban allí para alegrar y, sobre todo, reafirmar el sabor del Perú en cada uno de nuestros platos. En los anticuchos con su papa y su choclo, en la papita rellena con su crema encima, en el irrefutable pollito a la brasa o en unas sencillas yuquitas fritas. En todos los casos eran las cremas que los acompañaban las que se encargaban de hacer sonar las campanas de un sonoro «Arriba Perú».

Comparto con mucho placer, y casi salivando, 15 salsas de ají como para que le haga honor al dicho popular que suena así: «Con todas las cremas, por favor».

1   Ají amarillo criollo

Licuamos 4 ajíes amarillos sin venas ni pepas con 1 diente de ajo, un buen chorro de aceite, 1 rama de culantro, 1 tira de cebolla china, sal y pimienta. Le añadimos para finalizar unas gotas de limón y un buen puñado de cebolla china picada.

2 Rocoto criollo

Licuamos 4 rocotos sin venas ni pepas junto con un chorro muy cortito de aceite, 2 dientes de ajo molido, 1 rama de culantro, 1 tira de cebolla china, un chorrito de vinagre, sal, pimienta y una pizca de comino. Retiramos y añadimos un
puñado de rocoto picado, otro de cebolla roja picada muy finita, otro de cebolla
china partes blanca y verde, muy finitas, y otro de culantro picado muy finito.
Sazonamos nuevamente con sal, pimienta y gotas de limón.

3 Ají amarillo de carretilla

Doramos 2 dientes de ajo, 2 ajíes amarillos sin venas ni pepas y 1 rodaja de cebolla roja. Pasamos todo a una licuadora y añadimos 2 ajíes amarillos sin venas
ni pepas, ½ limón, una pizca de mostaza americana, 1 cucharadita de vinagre,
sal, pimienta, una pizca de comino, orégano en polvo, un chorro de aceite, 2
cucharadas de queso fresco, 1 ramita de huacatay, 1 ramita de culantro, un
chorro de leche evaporada y 4 galletas de soda. Licuamos todo hasta que coja
consistencia de crema.

4 Ají de huacatay

Licuamos 1 rocoto con 2 ajíes amarillos, ambos sin venas ni pepas, con un diente de ajo y ¼ de taza de huacatay. Le añadimos un puñado de queso fresco, otro
puñado de maní tostado, un par de galletas de vainilla, un chorro de leche evaporada, otro de aceite, otro de vinagre y, al final, añadimos una pizca de limón,
sal, pimienta y comino. Debe quedar verde.

5 Ají bravo

Picamos 2 rocotos sin venas ni pepas, 2 ajíes limo sin venas ni pepas y 2 ajíes
amarillos sin venas ni pepas. Los licuamos con un chorro de aceite, pero solo 1
minuto, de manera que quede rústico. Picamos ¼ de taza de huacatay y hierbabuena mezclados. Picamos ahora un puñado de maní. Hacemos lo mismo con
1 diente de ajo, previamente tostado. Picamos ahora un buen puñado de queso

fresco, mezclamos todo en un recipiente o un mortero y lo machacamos con fuerza. Añadimos un chorrito de aceite hasta darle una consistencia de salsa medio cortada. Terminamos con pimienta y gotitas de limón.

6 Rocoto verde

Saltamos rápidamente 4 rocotos verdes con 4 dientes de ajo y 1 trozo de cebolla. Añadimos un chorro de agua para que se cocine todo un poquito. Licuamos rápidamente junto a 2 sachatomates o tomates de árbol y ½ taza de huacatay. Retiramos y agregamos, al final, un chorrito de vinagre o limón, sal y pimienta.

7 Crema de rocoto

En una sartén echamos 4 rocotos cortados sin venas ni pepas, con ½ cebolla, 2 dientes de ajo y un chorro de aceite. Tostamos y añadimos trozos de pan (del día anterior) remojados en un poquito de leche. Doramos y llevamos todo a la licuadora con 2 rocotos sin venas ni pepas y una rama de cebolla china. Montamos echando aceite en hilo como si fuera una mayonesa. Al final agregamos sal, pimienta, una pizca de vinagre o limón y, finalmente, ¼ de taza de cebolla china picada muy finita.

8 Ají de mostaza

Es en realidad nuestro ají <u>amarillo de carretilla</u>, al que al final le añadimos 2 cucharadas de mayonesa casera, 1 buena cucharada de mostaza americana, un puñado de pepinillo encurtido y otro de cebollita encurtida.

9 Ají de cocona

En un bol echamos 4 coconas peladas y picadas en daditos, 1 taza de cebolla picada muy finita, ¼ de taza de sachaculantro picado (si no consigue, puede echarle culantro picado) y, finalmente, una combinación de ajíes de la selva como el charapita, previamente picados. Eventualmente puede añadir también un poco del ají dulce de la selva que no pica, pero sí da sabor, para suavizarlo.

Echamos sal, pimienta, jugo de limón, aceite y revolvemos todo para que se mezclen los sabores.

10 Ají de tomate

Combinamos 2 tazas de rocoto criollo con 2 tazas de tomate picado muy finito. Mezclamos bien ambos, chancando ligeramente todo para que el tomate suelte algo de jugo y los sabores se vayan combinando. Al final añadimos 1 cucharada de perejil picado, otra de hierbabuena picada y otra de culantro picado, gotas de vinagre y chorro de aceite de oliva.

11 Ají a la olla

En una sartén tostamos 4 ajíes panca junto a 4 ajíes mirasol, que luego hidratamos en agua durante la mañana. Luego cocemos los ajíes hidratados con un poco de agua, ½ cebolla, un rocoto sin venas ni pepas, 2 dientes de ajo, 2 ramas de culantro, 2 de hierbabuena, 2 tomates, una pizca de azúcar rubia, sal, pimienta y comino. Cocinamos unos 10 minutos, licuamos y echamos chorro de aceite y limón.

12 Ají al horno

Horneamos 4 rocotos, 2 ajíes limos, 2 tomates y 2 dientes de ajo con un chorro de aceite hasta que se deshagan. Machacamos todo en un batán o mortero, o licuamos rápidamente. Añadimos sal, pimienta, vinagre, hierbabuena picada y aceite de oliva.

13 Ají batido

Horneamos 2 cabezas de ajo enteras junto a 2 rocotos enteros, 4 ajíes mirasol (previamente remojados), ½ cebolla roja, un tomate y 2 ramas de huacatay. Cuando todo está suave, trituramos o licuamos y echamos aceite de oliva en hilo batiendo como una mayonesa. Terminamos con sal, pimienta y un chorrito de vinagre.

14 Ají chifero

Llevamos a la licuadora 2 rocotos sin venas ni pepas con 2 ajíes limos sin venas ni pepas, 2 dientes de ajo, 2 ramas de cebolla china, 2 ramas de culantro, 1 rodaja de kion, sal, pimienta, vinagre, aceite de ajonjolí y una pizca de azúcar rubia. Finalmente, añadimos 4 cucharadas de salsa *sriracha*, un puñado de cebolla china picada muy finita y otro de culantro, picado finito.

15 Ají pollero

Licuamos 4 ajíes amarillos sin venas ni pepas con 1 rocoto sin vena ni pepas, 2 dientes de ajo tostado, sal, pimienta, comino, 1 rama de huacatay, una pizca de orégano en polvo, 1 rama de culantro, una pizca de mostaza, una pizca de azúcar rubia y una pizca de vinagre y limón. Añadimos un punto de mayonesa casera para darle textura cremosa.

UN ASADO A LA OLLA MUSICAL

1 Asado pejerrey

Dos horas antes de guisar
Mezclamos ¼ de taza de sal con dos litros de agua y sumergimos allí un corte entero del llamado asado pejerrey.

Llegada la hora
Ponemos música. A cocinar. En una olla ancha y honda, de fondo grueso —de esos que soportan la ira del fuego—, echamos un chorro de aceite y doramos el asado pejerrey a fuego suave y sereno por todos sus lados. Retiramos. Echamos 2 cebollas picadas, una roja y una blanca. La roja traerá alegría; la blanca, paz. Dejamos sudar a fuego muy lento hasta que ambas cebollas se muestren frágiles, desnudas, vulnerables. Es momento de echar 1 cucharada de ajo molido y 2 cucharadas de ají panca licuado y sudar hasta que su aroma se vuelva dócil y amable. Mientras, licuamos una zanahoria rallada con un pimiento rojo y 4 tomates.

Echamos el asado pejerrey a la olla y luego un chorro de vino. El que más le guste. Agregamos el licuado a la olla. Añadimos una hoja de laurel, una rama de romero, una de perejil, una pizca de orégano y otra de comino, como si quisiéramos llevar la primavera al guiso. Cubrimos con un poco de caldo o agua. Cocemos a fuego muy lento por 45 minutos o hasta que la carne esté suave, pero aún con cierta elegancia firme.

Mientras se cocina, hacemos el puré
Más música. Vamos al puré. Lo hacemos con papas amarillas cocidas con piel que pasamos, aún calientes, por el prensapapas. Colocamos el puré en una cazuela y añadimos leche y luego mantequilla, generosamente. Probamos la sal.

Listos para la mesa
Cortamos el asado pejerrey y lo regresamos al jugo. Debemos mantenerlo caliente. Servimos como guste. Solo con puré, con ensalada, con salsa criolla o con arroz blanco.

SUS VARIANTES

2 Asado a la jardinera

Una vez cocido el <u>asado pejerrey</u>, lo retiramos y troceamos. Añadimos papas cortadas en 4, arvejas peladas y zanahorias cortadas en rodajas gruesas. Cocemos y regresamos la carne cortada. Un puñado de pasas y listo.

3 Asado pejerrey al vino tinto

Echamos al guiso ½ botella de vino tinto en vez de un chorro, como en la <u>receta original</u>. Al final, añadimos 1 taza de tocino picado en bastones y dorado previamente. Damos un hervor.

4 Asado con champiñones

Seguimos la receta clásica del <u>asado pejerrey</u>, solo que al final, cuando la carne está casi lista, le añadimos 2 tazas de champiñones chicos cortados en dos. Damos un hervor y añadimos un trozo de mantequilla y un puñado de perejil picado.

5 Asado encendido

Añadimos al aderezo de la <u>receta original</u> ¼ de taza de ají mirasol y una buena cucharada de comino. Al final, agregamos una rodaja de rocoto y un puñado de culantro picado.

6 Asado pachamanquero

En el aderezo de la <u>receta original</u> incorporamos 1 taza de ají panca. Al final, añadimos 2 tazas de hierbas de pachamanca como culantro, hierbabuena, huacatay, muña o paico al gusto, más una rodaja de rocoto.

7 Asado en punto de adobo

Cambiamos el vino por la chicha en el <u>aderezo original</u> y añadimos 1 taza de ají panca licuado. Al final, agregamos 2 tazas de cebollas cortadas en cuatro. Damos un hervor y metemos un rocoto entero con una rama de hierbabuena y otra de huacatay.

8 Asado de chanchito

Seguimos la receta del <u>asado pejerrey</u>, solo que reemplazamos el asado por 4 lomitos o solomillos de cerdo. Añadimos al aderezo 1 cucharada de pimentón en polvo, cuidando que los 4 lomitos no se nos sequen, porque su cocción será muy rápida.

EL CHIFITA EN CASA DE LA LIBERTAD

«**S**omos libres, seámoslo siempre», nos enseñaron a cantar desde muy niños. Cierto es que somos una nación territorialmente libre.

Cierto es que somos también políticamente libres para ejercer nuestros derechos y deberes.

Cierto es que, en los últimos años, el orgullo por lo nuestro nos está conduciendo hacia nuestra libertad emocional.

Y cierto es que el sacrificio y el trabajo diario de los peruanos por salir adelante —por sí mismos, a pesar del Estado— nos hace sentir que es posible alcanzar un día nuestra libertad económica.

Todo esto es cierto. Pero también lo es que nuestra libertad tiene aún enormes batallas por librar.

Porque solo seremos libres políticamente cuando todos, sin importar condición —y no solo algunos— puedan ejercer sus derechos y asumir sus deberes por igual.

Y, sobre todo, seremos libres emocionalmente cuando todos —celebrando nuestra diversidad como lo que es: nuestra gran fortaleza— desterremos unidos al racismo que aún habita a nuestro alrededor.

Cuando construyamos una sociedad en donde todos podamos mirarnos a los ojos como hermanos y vivir en paz, agradeciéndole a la vida que haya hecho del Perú un país de todas las sangres, solo en ese momento podremos alcanzar la libertad que nos convertirá en esa gran nación llamada Perú.

De eso se trata esta receta. De la suerte que tenemos de vivir en esta tierra hermosamente mestiza, con todas las sangres del mundo habitando en nosotros.

De cómo a partir de una cocina tradicional que queremos y respetamos, como lo es la china —cuya sangre corre por nuestras venas desde mediados del siglo XIX—, surgió ese chifita que tanto amamos y que tantas alegrías nos ha dado a lo largo de nuestras vidas. El Perú abrazó la sazón china con todo lo que su tierra ofrece. El chifa nos demuestra, con dulce firmeza, que podemos celebrar el color, la magia y la diversidad de nuestra cultura sin sentir temor ni vergüenza.

1 **Un tallarín saltado de chifa** que podemos preparar en casa. No importa si no tenemos abuelos chinos u orientales. Con este plato encontramos ese gustito peruano-chino en el que cada familia le añade un poco de lo suyo.

Necesitamos una sartén grande, un fuego fuerte y un chorro de aceite. Cuando empieza a humear caen ajos, cebolla china y kion, en un primer diálogo de amor. Luego caen trozos de pollo, de cerdo, de res, de pavo, de langostinos; de lo que a la familia más le guste, de lo que la economía nos permita, de lo que la estación provea. Luego llegan las verduras: cebollas, pimientos, coles, holantaos, ajíes, frejolito chino; lo que la huerta de nuestro corazón nos proponga. Una saltada muy rápida y entran el sillao, la salsa de ostión, el punto de rocoto si queremos ser un chifa del sur, el punto de culantro si nos gusta el toque a chifa norteño, o ninguno si queremos sabor de chifita al paso limeño.

Un toque de caldito según la carne que use (Ver: El cariño / Del cubo al caldo, p. 181) diluido en chuño y otro de aceite de ajonjolí. Echamos los fideos que habremos frito un poco previamente, una vueltita más, y listo. Así es el chifa de nuestra diversidad y de la libertad.

SUS VARIANTES

2 **Tallarín saltado con pollo en trozos**

Pasamos por harina 16 trozos de pierna de pollo sin piel, deshuesada y sazonada con sal, pimienta y un poquito de sillao. Freímos rápidamente y retiramos. En una sartén echamos 1 cucharada de ajo molido, 1 cucharada de cebolla china (parte blanca) y 1 cucharada de kion rallado. Añadimos 1 taza de cebolla, otra de pimiento y otra de col, todo cortado en cubos. Agregamos un poco de brócoli pasado por agua hirviendo, otro de holantao crudo y un puñado de ají amarillo picado en tiras. Siguen el pollo, un chorro de sillao, 1 cucharada de aceite de ajonjolí y otra de salsa de ostión. Volcamos dentro fideos previamente cocidos y un poquito de caldo (Ver: El cariño / Del cubo al caldo, p. 181) diluido en chuño o harina. Una saltada y listo.

3 Tallarín saltado con chancho asado

Compramos chancho asado *cha siu* en las tiendas chinas y lo cortamos en 24 rodajas. Luego procedemos según la receta anterior del <u>tallarín saltado con pollo en trozos</u>, solo que en este caso los fideos los freímos un poco para que queden medio tostados.

4 Tallarín saltado acriollado

Cortamos las verduras en tiras y no en cubos, y cortamos también 2 tazas de lomo fino en tiras. Saltamos la carne rápidamente y la retiramos. Continuamos igual que con la receta del <u>tallarín saltado de pollo en trozos</u>. Al final, luego de los fideos, regresamos la carne, saltamos todo y añadimos un puñado de culantro picado.

5 Tallarín de chifa vegetariano

Cortamos todas las verduras del <u>tallarín saltado de pollo en trozos</u> y en tiras delgadas. Añadimos rocoto en tiras, huacatay picado, culantro picado, hierbabuena picada y hongos chinos hidratados y cortados en tiras. Al final, siguiendo la receta del tallarín saltado con pollo, incluimos abundantes frejolito chino y cebolla china picada.

HUEVOS REVUELTOS

Desde hace muchos años todos los domingos en casa ocurre un pequeño ritual alrededor de la mesa del desayuno. Panes tostados, café, mermeladas, mantequilla, queso, miel, palta y jamones listos esperando a la familia. Mientras todos van bajando al comedor, yo voy alistando la sartén para hacer los huevos. A veces, fritos, a veces en *omelette*, casi siempre revueltos. Algunas los revuelvo con salchicha de Huacho, otras los dejo al natural, como los haremos a continuación. Recetas de huevos revueltos encontrarán muchas. Aquí solo compartimos la que hacemos en casa.

1 Huevos revueltos clásicos

Reventamos en un bol 8 huevos de la mejor calidad. Busquen huevos de chacra, de corral, de gallina picoteando libremente. De todos los lujos de la vida, este es el más barato del mundo y la diferencia es abismal con esos huevos de fábrica.

Echamos sal y pimienta blanca al gusto. Batimos muy ligeramente, casi casi rompiendo solamente las yemas y mezclándolas muy despacito con las claras.

Calentamos en una sartén antiadherente 4 cucharadas generosas de mantequilla de verdad, nada de margarinas ni cosas raras, mantequilla que no es otra cosa que pura leche de vaca con sal o sin sal. Aun así, si compra mantequilla envasada, lea las etiquetas y busque solo eso en los ingredientes. Leche con sal o sin sal. Derretimos a fuego suave, no dejamos que se dore. Cuando esté a mitad de derretirse, echamos los huevos y dejamos 20 segundos a fuego suave sin tocarlos. Luego le damos una movidita cariñosa a todo, raspando el fondo y dejando que se mezcle suavemente con las partes que todavía estén liquidas, añadiendo 1 cucharadita de mantequilla adicional. Es difícil decir cuál es el punto en una página escrita, pero la idea es que los saquemos cuando ya no tienen consistencia líquida, pero parecen que estuvieran sin cuajar. Muy cremosos aún. Allí los sacamos del fuego, les damos una movidita rápida y los servimos inmediatamente.

VARIANTES

2 Huevo con salchicha de Huacho

En esta receta se elimina la mantequilla dado que la grasita de la salchicha de Huacho cumplirá más que bien su función. Doramos en una sartén 4 salchichas de Huacho hasta que queden bien desmenuzadas y doraditas. Retiramos la mitad de la grasa que puedan haber soltado y echamos los huevos siguiendo la receta de los <u>huevos revueltos clásicos</u> aquí explicada.

3 Huevo con yuca y salchicha

Esta es una receta muy, muy fácil de hacer en la medida en que siga al pie de la letra las instrucciones. Solo necesita 3 ingredientes principales: 8 huevos, 2 tazas de yuca frita en dados y 4 salchichas de Huacho. Una receta ideal para darse un gustito del fin de semana. No es para todos los días. Son 4 pasos.

La yuca se cocina en agua y se corta en dados, luego la fríen hasta dejarla doradita. La dejan a un costado. Desmenuzan la salchicha y la ponen en una sartén a dorar, en pedacitos pequeños. En ese momento echan los dados de yuca frita y dejan que se vayan mezclando con la salchicha, moviendo todo bien para que la yuca vaya chupando los jugos que la salchicha ha dejado en la sartén. Finalmente, se añaden los huevos ligeramente batidos con un tenedor y sazonados suavemente con sal y pimienta. A fuego bajo, van dejando que cuajen los huevos, mientras dan una movidita; que cuajen un poco más, y dan otra movidita. Un poco de pan al lado y listo un desayuno dominguero.

4 Huevos revueltos con cebollas

Echamos la mantequilla como en la receta de los <u>huevos revueltos clásicos</u> y añadimos ½ taza de cebolla blanca picada en dados, junto a ¼ de taza de cebolla china picada con cabeza y todo. Sudamos 5 minutos. Continuamos con la receta de los huevos revueltos.

5 Huevos revueltos con hongos

Podemos usar champiñones, callampas, *portobellos* o setas, sean silvestres, andinas o de cultivo, pero siempre frescos. Picamos los más grandes o los dejamos enteros si son pequeñitos. Ponemos 4 cucharadas de mantequilla en una sartén, ½ taza de cebolla blanca picada fina y 2 tazas de hongos. Sudamos 2 minutos y añadimos 1 cucharada de perejil picado, otra de cebolla china picada, 1 cucharadita de rocoto picado, 1 ramita de huacatay y luego seguimos con la receta de los huevos revueltos, mezclamos los huevos con las verduras hasta que queden jugosos.

6 Huevos revueltos con camarones

Echamos a la sartén 4 cucharadas de mantequilla y 24 colas de camarones con 2 cucharadas de cebolla china picada, sal, pimienta, gotas de aceite de ajonjolí. Cocemos por 2 minutos y seguimos la receta de huevos revueltos clásicos.

PARRILLADA

E sos fines de semana familiares en donde la cocina los hace inolvidables. Una parrillada para toda la familia simple, económica y sabrosa. Los preparativos para no ser esclavo de la parrilla.

1 Anticuchos

1 kilo de corazones de pollo.

1 kilo de hígado de pollo.

1 kilo de mollejitas de pollo (que herviremos por ½ hora).

Las carnes se maceran en una mezcla de 3 tazas de ají panca licuado, una taza de vinagre, sal, pimienta, comino, orégano y 3 cucharadas de ajo molido. Se arman 8 palitos de caña de cada uno.

Se prepara una cremita de ají amarillo (Ver: La celebración / Los ajicitos hechos salsa, p. 252) licuado con limón y cebolla china. Se cocinan 8 papas blancas y 4 choclos, que se cortan en dos.

2 Las hamburguesas

Se compran 2 kilos de carne molida, la más barata del supermercado. Es la que sale más jugosa. Si prefiere hacerla usted, compre 1 kilo de asado de tira y 1 kilo de falda, y pida que se los muelan en molido grueso. Hacemos 10 hamburguesas de más o menos 200 gramos, sin sazonar. Sin sal ni huevo ni pan, solo carne. Se compran 10 panes de hamburguesa, pepinillos encurtidos en rodajas, 20 lonchas de queso andino en rodajas, lechuga, tomate en rodajas y se acompañan de salsa golf (Ver: La celebración / Salsa y sabor, p. 272).

3 El pollo

Se compran 2 pollos y se le pide al casero que lo deshuese en dos, pero sin separar la pechuga de la pierna, de manera que queden 4 medios pollos deshuesados con piel.

Mezclamos 1 taza de ají amarillo licuado, ½ taza de vinagre, ¼ de taza de sillao, 1 cucharada de miel, 1 cucharada de mostaza, 1 cucharada de limón y 2 cucharadas de ajo molido. Metemos los pollos en la maceración por media hora.

4 La carne

Compramos un lomo nacional grande y lo cortamos en 10 bistecs. Hacemos un chimichurri con ¼ de taza de ajo molido, ¼ de taza de pimentón en polvo, ½ taza de perejil picado, ¼ de taza de aceite de oliva, ¼ de taza de vinagre, sal, pimienta, órégano y comino en polvo. Preparamos una ensalada criolla hecha con lechuga criolla, tomates, rabanitos, cebolla roja, apio, palta, vinagre, sal, pimienta y acei-te, pero no la aliñamos hasta que no estemos sentados en la mesa.

A DARLE EL TOQUE FINAL

Encendemos la parrilla y dejamos que la brasa coja color blanco. Se colocan las papas y los choclos en la parte más suave que haya en la parrilla. Seguidamente se tiran los anticuchos de hígado, corazón y mollejas de pollo (cada uno en su palito) mojando con el macerado. El de hígado debe estar 2 minutos por lado, a fuego muy fuerte. El de corazón lo mismo. La molleja requiere 3 minutos por lado. Una vez cocidos se retiran y se bañan con la salsa de ají amarillo; al lado se colocan las papas cortadas y el choclo. Vamos picando estos anticuchos.

Ahora es el turno de las hamburguesas. Se llevan a la brasa y ahí recién se les echa sal y pimienta. Mientras, se corta el pan y se tuesta por ambas caras. Se le añade salsa golf y pepinillos encurtidos. Se dejan las hamburguesas 4 minutos a fuego fuerte y se voltean. Se les coloca una lámina de queso y se tapan para que el queso se derrita. Pasados 2 minutos se destapan y se colocan sobre el pan, coronadas con lechuga y tomate. Encima va la cara de pan untada de salsa golf y pepinillos. Vamos comiendo estas hamburguesas.

El pollo se tira a la parrilla por el lado de la piel. Nuevamente, en la zona más suave de la brasa, a fuego muy lento.

El lomo se corta en bistecs gruesos de unos 250 gramos cada uno y se lleva a la parrilla. Debemos bañarlo todo el tiempo con el chimichurri. Se da la vuelta a la carne luego de 3 minutos. Se vuelve a bañar con chimichurri y se retira. Dejamos reposar por unos minutos y servimos en un plato, bien caliente.

Se regresa a mirar pollo, que debe haber estado unos 20 minutos del lado de la piel, sin quemarse. Ahora es el momento de bañarlo con su macerado. Se le da la vuelta y se cocina por 3 minutos, como máximo, a fuego fuerte. Listo. Se sirven el pollo y el lomo juntos, con la ensalada que aliñamos al final y acompa-ñados con un arroz blanco en su punto de ajo.

CHIMICHURRIS

1 El clásico

En un bol mezclamos bien 2 dientes de ajo picados muy finitos, ¼ de taza de perejil picado, 1 cucharada de ají en polvo, otra de pimentón ahumado en polvo, orégano seco abundante, sal, pimienta, un buen chorro de vinagre, un chorrito de limón y ½ litro de aceite de oliva. Ponemos la mezcla en un pomo tapado y lo llevamos a la refrigeradora toda la noche. Los sabores quedarán bien afinados. Ideal para parrilla.

2 El especial

A todo el chimichurri clásico le añadimos pimientos rojo y verde, cebolla blanca y cebolla china, todos picados bien finitos. Mezclamos bien. Es ideal para acompañar con todo.

3 El verde

Eliminamos del chimichurri clásico los pimentones y ajíes secos. Aumentamos la cantidad de perejil a 1 taza, el ajo a 4 dientes y añadimos el triple de orégano seco. Procedemos de la misma forma.

4 El de tomates

Es un chimichurri especial, al que le añadimos ½ taza de tomate picado muy finito.

5 El macerado

Echamos todos los ingredientes del chimichurri clásico en una sartén con un chorro de aceite, y los dejamos entibiar. En la sartén caliente echamos un chorro de vinagre, retiramos y enfriamos. Añadimos a esta base todos los ingredientes del chimichurri especial y procedemos de la misma forma.

6 El criollazo

Usamos todos los ingredientes del chimichurri clásico, pero empleamos más comino en polvo y rocoto, culantro, hierbabuena y huacatay picados.

PIQUEOS PARA UN PARTIDO DE FÚTBOL

S iempre me piden consejos y recetas de piqueos ricos y sencillos para acompañar la derrota o la victoria de un partido de fútbol. Aquí algunos fáciles, económicos y rápidos para ello.

ANTES DEL PARTIDO

1 Alitas futboleras
En una sartén combinamos 1 taza de ají panca con sal, 1 cucharada de azúcar, 1 cucharada de ajo molido, 1 cucharada de rocoto, 1 cucharada de vinagre, culantro picado y 1 cucharada de mantequilla. Le damos un hervor. Aparte, preparamos una salsa chalaca (Ver: La celebración / Más salsitas de sazón criolla, p. 273). Freímos en abundante aceite ½ kilo de alitas de pollo sazonadas con sal. Luego de fritas, las echamos a la sartén donde está la salsa de ají panca y las mezclamos bien. Las servimos echando la chalaquita encima.

2 Boligoles
Cocinamos 1 kilo de yuca y la pasamos por el prensapapas. Añadimos ½ taza de mantequilla. Rallamos 1 taza de queso mantecoso y lo mezclamos con la yuca, un poco de pimienta y nuez moscada. Probamos la sal. Hacemos bolitas y las pasamos por harina, huevo y pan molido. Las freímos y acompañamos con crema de rocoto (Ver: La celebración / Los ajicitos hechos salsa, p. 254).

3 Conchitas contragolpe
Facilísimas de hacer. Aderezamos 24 conchitas de abanico con sal, pimienta, gotas de limón, gotas de salsa inglesa, un poquito de ajo molido, cebolla china picadita y trocitos de mantequilla. Las dejamos en la refrigeradora hasta la hora del partido. Prendemos el horno y las llevamos al horno muy fuerte por 5 minutos. Listo.

4 Croquetas arriba Perú
Hacemos una salsa blanca (Ver: La nostalgia / La salsa blanca ha vuelto, p. 160) y la dejamos enfriar hasta que esté bien espesa. Cogemos cualquier guiso que sobró del almuerzo. Lo picamos y lo mezclamos con la salsa blanca. Cogemos

porciones a las que damos forma de cilindro y las pasamos por harina, huevo y pan rallado. A freír. Acompañamos con una <u>mayonesa de rocoto</u> (Ver: La celebración / Salsa y sabor, p. 272).

* Durante todo el partido, un coctel de pisco ligero como un chilcano clásico o alguno a su gusto, y seguimos.

LLEGA EL ENTRETIEMPO

5 Un lomo al jugo para seguir alentando

Listo en 3 minutos siempre y cuando, antes del partido, tengamos todo cortado: cebollas, tomates, ají amarillo, cebolla china, culantro, la carne, las papas. Acaba el primer tiempo y calentamos la sartén con aceite, donde freímos las papas. Rápidamente calentamos bien otra sartén al lado. Un chorrito de aceite y empezamos con 2 tazas de la carne en tiras, sal, pimienta, ajo molido, 2 tazas de tomate, 1 taza de cebolla, ½ taza de ají, culantro y cebolla china al gusto, sillao y vinagre. Bajamos el fuego, dejamos 1 minuto que la mezcla bote jugo, probamos la sal, colocamos el lomo en una fuente y echamos las papas. Nos guardamos la cuarta parte del plato y lo picamos chiquito para rellenar unos tequeños. A seguir alentando.

EMPEZÓ EL SEGUNDO TIEMPO...

6 Tequefouls

Rellenamos masas wantán con lo que guardamos del lomo al jugo picadito ya frío y freímos al toque. Los acompañamos con <u>huancaína de rocoto</u> (Ver: Los clásicos / Papas a la huancaína. p. 22).

7 Fresas off side

En un bol echamos 2 tazas de fresas que chancamos. Añadimos un chorro importante de leche condensada y 2 tazas más de fresas cortadas en dos. Mezclamos y colocamos todo en una fuente bonita. Intercalamos fresas, crema batida, galletas de mantequilla troceadas, más fresas, más crema y más galletas. Listo. ¡Arriba Perú!

SALSA Y SABOR

L o mejor de la cocina son las salsas. En ellas están atrapadas todas las vivencias de nuestra vida. Nuestra memoria, nuestras emociones, nuestros saberes. Todo lo que hemos comido y cocinado de pronto encuentra en la salsa ese puntito mágico que se convierte en espejo de nuestra alma. Esa salsa que sabe ecualizar y abrazar no solo ingredientes irreconciliables para convertirlos en algo bello, sino que también sabe —en una sola probada— dar alivio a penas, nostalgias, heridas. Esa salsa que enciende el arroz de vida, que ablanda el alma de un pan mojado en sus jugos, que vuelve jugoso lo seco y alegre, y luminoso lo apagado. La salsa es el sabor de la vida. Vamos con unas salsas básicas que nos sirven para todo.

1 Mayonesa clásica

Necesitamos 4 yemas de huevo, 1 cucharadita de mostaza, gotas de limón, sal y pimienta blanca. Batimos todo bien a temperatura ambiente y echamos en hilo fino —es decir, poquito a poco— aceite vegetal hasta que espese. Probamos la sal y el punto de acidez, y listo. También pueden echarle gotas de vinagre o usar, en lugar de 4 yemas, 2 huevos con clara y yema. Siempre a temperatura ambiente, nunca directo de la refrigeradora porque cortaría la salsa.

SUS VARIANTES

2 Mayonesa de leche

En esta mayonesa sustituimos los huevos por leche evaporada de la receta anterior. Usamos ½ taza de leche evaporada, sal, pimienta y mostaza. Batimos y echamos el aceite vegetal en hilo hasta espesar.

3 Mayonesa de ajo

Hacemos una mayonesa clásica a la que le añadimos 2 dientes de ajo pelados y picados. Licuamos bien todo y echamos el aceite en hilo finito. Al final, añadimos un puñado de perejil picado.

4 Mayonesa de pimientos

Soasamos 2 pimientos rojos en horno o sartén hasta que estén cocidos. Los pelamos y quitamos venas y pepas. Los licuamos sin la pulpa y añadimos yemas, sal, pimienta, mostaza, 1 diente de ajo y limón. Continuamos licuando y añadimos el aceite en hilo.

5 Mayonesa de rocoto

Hervimos 2 rocotos por unos minutos. Los pelamos, les quitamos venas y pepas y los licuamos añadiendo un poco de cebolla china picada, un poco de huacatay, 1 diente de ajo y, luego, las yemas, sal, pimienta, limón y comino. Echamos el aceite en hilo lentamente.

6 Mayonesa especial

Esta mayonesa lleva agua mineral con gas, que le dará al final una textura muy cremosa. Necesitamos yemas, mostaza, limón, gotas de vinagre, sal, pimienta, una pizca de comino, una pizca de azúcar, un poquito de hojas de apio, una pizca de ajo molido y una pizca de orégano en polvo. Licuamos todo muy bien, echamos el aceite en hilo y, al final, un chorro de agua con gas. Licuamos un rato más y listo.

7 Salsa tártara

Preparamos una mayonesa clásica de yemas a la que le añadiremos 1 cucharada de alcaparras picaditas, 1 cucharada de cebolla blanca picadita, 1 cucharada de pepinillo encurtido picadito, 1 cucharada de cebolla china picadita, 1 cucharada de perejil picado y 2 cucharadas de huevo duro picado, solo la clara. Mezclamos bien todo y listo.

8 Salsa golf

Mezclamos 2 tazas de mayonesa clásica, ½ taza de kétchup, 1 cucharadita de mostaza, gotas de salsa inglesa y gotas de tabasco.

9 Mayonesa al olivo

Licuamos ¼ de taza de aceitunas de botija o aceitunas moradas, con 2 tazas de mayonesa clásica. Listo.

MÁS SALSITAS DE SAZÓN CRIOLLA

1 La salsa criolla

Es la que acompaña con maestría casi todos los platos de la cocina casera peruana. Cortamos una cebolla roja en tiras finas, añadimos ½ ají amarillo cortado en tiras sin venas ni pepas (también puede ser ½ ají limo, sin venas ni pepas), unas hojas de culantro picado, sal y pimienta blanca al gusto. Al final echamos gotas de limón. Hay quienes gustan echarle un chorrito de aceite, pero esto es algo opcional.

2 Salsa criolla especial

A nuestra salsa criolla añadimos un tomate cortado en tiras, ¼ de taza de rabanitos cortados en rodajas finas, 2 cucharadas de ají amarillo licuado, un chorro de aceite de oliva y, al final, una palta cortada en dados. Una movidita y listo.

3 Salsa criolla escabechada

Hacemos una salsa criolla, solo que le añadimos unas gotas de vinagre y dejamos macerar todo por una hora.

4 Salsa escabeche

Cortamos una cebolla roja en tiras gruesas y un ají amarillo en tiras delgadas. Los saltamos rápidamente en una sartén con un chorro de aceite. Añadimos 2 cucharadas de ají panca licuado y una pizca de ajo molido. Cocemos por 2 minutos y añadimos un chorro de vinagre, sal, pimienta, 2 ramas de culantro, pizca de orégano y pizca de comino. Dejamos enfriar y lo servimos con unos frejoles u otras menestras, o algún pescado al vapor; con lo que guste.

5 Salsa chalaca

Picamos una cebolla roja y un tomate en dados pequeñitos y los mezclamos. Echamos una cucharada de ají limo picado muy finito, sal, pimienta, pizca de culantro picado, gotas de limón y listo.

6 Salsa chalaca especial

Preparamos una salsa chalaca a la que le añadimos choclo cocido, arvejas cocidas, cebolla china picada finita, pizca de kion rallado y gotas de aceite.

7 Salsa chalaca nikkei

Hacemos una <u>salsa chalaca</u> y le añadimos gotas de sillao y gotas de mirin o vino de arroz.

8 Salsa chalaca cremosa

Preparamos una <u>salsa chalaca</u> y le añadimos media taza de <u>mayonesa casera</u> (Ver: La celebración / Salsa y sabor, p. 271).

ESOS PLATOS PARA UN DOMINGO EN FAMILIA

C omo cada año, Lima finalmente se entrega al otoño. Al otoño de la niebla colándose por nuestras sabanas. Al frío que cala los huesos con disimulo. Al cielo gris que, al cabo de unos días, apaga nuestros suspiros. De pronto, ese saborcito alegre que suele correr por nuestras venas parece amenazado por un extraño sinsabor. Un no sé qué que empodera nuestros recuerdos de infancia como el único refugio y abrigo del alma. Pero no todo está perdido. De pronto, la niebla, el frío y el cielo gris nos recuerdan que en esta Lima de todas las sangres todavía hay tanto, pero tanto por hacer. Por nuestros niños, hermanos y abuelos. Pero, sobre todo, por aquello que parece no ser nuestro, pero vaya que sí lo es: nuestra tierra, ríos y mares, que viven en constante amenaza; nuestra identidad, que aún batalla a diario contra el odio y el rencor.

El otoño inmortal está aquí una vez más. El que sacude, año tras año, nuestro sosiego abrigado de indiferencia. El que nos recuerda, con sus manos frías, que nada ganamos peleando, que nada conseguimos siendo indiferentes ante todas esas voces que encuentran en la nuestra su última esperanza. Un otoño que nos dice al oído que no podemos dejar que nuestras heridas roben nuestro mañana, que debemos dejar atrás todo aquello que nos detiene y nos separa para construir juntos la primavera.

Suenan las trompetas de niebla: el domingo de otoño ha llegado. Es hora de celebrarlo en familia, en torno a una mesa, unidos, como debe ser. Como hermanos que hacen un alto para abrazarse y avanzar.

Aquí unas recetitas para conseguirlo.

1 La gran frejolada al horno con chanchito escabechado

Cocemos un kilo de frejoles pintos (previamente remojados), junto a un buen trozo de papada de cerdo, una cebolla roja cortada en dos, 1 rama de romero, 1 diente de ajo y un trozo de costilla de cerdo ahumada, como las que venden en las carnicerías. Los cocinamos hasta que boten esa cremita natural y los frejoles estén suaves y cocidos. Hacemos un aderezo con 1 cucharada de ajo molido, 1 cebolla picada finita y ¼ de taza de ají amarillo licuado. Aparte, picamos una cebolla roja, 2 ajíes amarillos y 4 tomates, todo en tiras. Picamos también 2 tazas de panceta de res en tiras, 1 chorizo en rodajas, 1 morcilla en rodajas y 1 taza de tocino en cubos.

En la sartén del aderezo echamos el tocino y la panceta, y doramos. Agregamos cebollas, tomates y ají. Pasados 2 minutos añadimos un chorro de sillao, un chorro de vinagre, una cucharadita de miel, sal, pimienta, una pizca de comino y una pizca de orégano en polvo. Añadimos un puñado de cebolla china y culantro picados, y cocemos por unos minutos.

Servimos los frejoles (sin la cebolla ni la papada) en una fuente donde los habremos mezclado con el escabechado, y llevamos al horno a fuego medio por ½ hora. Luego movemos todo de nuevo y los dejamos ½ hora más. Listo.

2 El cabrito de madrugada con pallares

La noche anterior dejamos macerando un cabrito mediano (entero) de unos 6 kilos en una salmuera suave que tenga 4 litros de agua, 3 cucharadas de sal, 1 cucharadita de azúcar, un chorro de chicha o cerveza, un chorro de aceite de oliva, 4 dientes de ajo, 2 clavos de olor y ramas de culantro. También dejamos remojando 1 kilo de pallares secos en agua. Al día siguiente, muy temprano, encendemos el horno. Si tienen horno de leña, aún mejor. Colocamos en una bandeja un poco de agua con unos dientes de ajo, unas ramas de romero y otras de culantro. Es el encuentro del Mediterráneo con el Pacífico. Ahí ponemos el cabrito (entero, si les entra; sino en 4 trozos) y lo llevamos al horno a fuego bajo durante toda la mañana, hasta la hora del almuerzo. Debemos ir rociándolo con su jugo y mirando que la bandeja no se seque. Al final echamos un chorro de aceite de oliva y subimos el fuego para que quede bien doradito. En esta última parte no debemos olvidar que debemos ir rociándolo todo el tiempo con su juguito. Quedará una carne muy sabrosa. Eso sí, busque cabritos que provengan de buena familia y sean criados con mucho respeto y agradecimiento.

Mientras el cabrito se cocina, hacemos los pallares. Los cocemos pelados, cubiertos de agua, añadiendo a la olla un trozo de papada de cerdo y otro de tocino. Aparte, preparamos un aderezo sencillo de ajo molido y cebolla picada con aceite de oliva. Cocemos a fuego lento hasta que unos se hagan crema, la papada casi se desintegre y se una a los pallares, y todo parezca una especie de manjar con grumos, lleno de sabor. Al final, añadimos el aderezo, 1 rama de romero y un buen chorro de aceite de oliva. Servimos en la mesa la fuente de cabrito y, al lado, la olla de pallares. Una ensalada criolla y a comer.

3 Cordero a la panadera

Cogemos una pierna delantera o una paleta de cordero. Calculemos que pese unos 2 kilos. Procedemos la noche anterior como hacemos con el cabrito de madrugada y, al día siguiente, lo metemos al horno temprano de la misma forma. Mientras, pelamos y cortamos 1 kilo de papas en láminas finas y las mezclamos con 1 cebolla blanca cortada en tiras finas, 1 diente de ajo machacado, 1 hoja de laurel y un buen chorro de aceite de oliva. Acomodamos las papas de manera que quepan en una fuente donde también entre el cordero, como una cama bonita, como un pastel. Cuando el cordero ya ha estado 2 horas en el horno, lo pasamos con todos sus jugos a la fuente de las papas y cocinamos todo a fuego fuerte por unos 45 minutos más. Lo que ocurrirá es que las papas chuparán toda el alma del cordero y se dorarán bonito por encima. Una ensalada al lado, y listo.

4 Lomitos de cerdo con pastel de papas

Una receta de esas que le gustarán a toda la familia. Cortamos 1 kilo de papas en láminas delgadas y las colocamos en bol con 1 taza de queso mantecoso rallado, 1 taza de crema, 2 tazas de leche evaporada y 1 diente de ajo picado. Echamos sal, pimienta, nuez moscada y mezclamos bien dejando reposar una ½ hora todo. Acomodamos las papas en una fuente de horno, ponemos encima trozos de mantequilla y horneamos a fuego medio por 1 hora.

Mientras, doramos en una sartén 4 lomitos o solomillos de cerdo, y los retiramos. En la misma sartén echamos ½ taza de tocino picado y 1 de cebolla blanca picada. Doramos y añadimos 1 cucharadita de harina o chuño y mezclamos bien. Agregamos 1 cucharada de mostaza, 1 de mermelada de naranja o frambuesa —o la que tengan—, un chorro de buen vinagre y, al final, un poquito de caldo de cerdo (Ver: El cariño / Del cubo al caldo, p. 181) si tienen guardado en su congelador o simplemente agua. Agregamos 1 rama de romero y dejamos que espese. Probamos la sal y regresamos los lomitos. Damos cocción de tres cuartos bañando con la salsa. Servimos los lomos en una fuente con su pastel de papa al lado.

5 Lomo entero a la pimienta

Cogemos un lomo entero ya limpio de ese nervio blanco que lo cubre. Cortamos la punta y guardamos la cabeza para un lomito saltado al día siguiente. Forramos el lomo entero grande en pimienta negra chancada o triturada (no molida). Lo doramos en una sartén bien caliente con un chorro de aceite. En la misma sartén echamos un buen chorro de brandy, coñac o jerez, lo que más les guste. Llevamos el lomo al horno por 15 minutos, añadiendo un chorrito de agua o caldo concentrado (Ver: El cariño / Del cubo al caldo, p. 181). Lo retiramos una vez transcurrido el tiempo y lo dejamos rosado. Dejamos la salsa en la sartén y la colocamos sobre el fuego. Le añadimos un chorro de crema y un trozo de mantequilla. Acompañamos con papas saltadas en cuadritos y vainitas que saltamos crudas en mantequilla con un poco de ajo molido y perejil picado.

FELIZ NAVIDAD

Mis padres siempre me inculcaron, con su ejemplo, lo importante que es agradecer, compartir, devolver. Recuerdo las palabras de mi padre como si fuera ayer. «Hijo, tú has nacido en un hogar muy privilegiado sin haber hecho nada para merecerlo. A tu alrededor hay miles de niños que no tuvieron tu misma suerte. Niños que, a diferencia tuya, hoy se irán a dormir sin amor, sin abrigo, sin alimento. Mañana no podrán jugar ni estudiar como tú lo haces cada día, sino que tendrán que trabajar. Y, cuando crezcan, esas puertas que a ti se te abrirán donde vayas a ellos se les cerrarán. Hijo, la vida te ha premiado; agradece cada día por ello. Cuando seas mayor, comparte tu suerte día tras día con quien lo necesite, de manera que en tu camino vayas devolviéndole a la vida todo lo que te dio, con generosidad infinita».

Si bien sus palabras resuenan hasta hoy intensamente dentro de mí, son sus acciones las que sacuden mi alma al recordarlas. Cada Navidad mi padre y yo teníamos una tarea: la de llevarle a una familia que no podría tener una Navidad como la nuestra una cena exactamente igual a la que disfrutaríamos en la noche. Ello incluía regalos para cada uno de los miembros, el espumante para el brindis; todo. Recuerdo con especial emoción aquella noche que tocamos la puerta de una institución cercana donde sabíamos que el guardián y su familia pasarían la Nochebuena trabajando y cuidando el recinto.

Suena el timbre; segundos de tensión y silencio. Finalmente se escuchan pasos, el señor abre la puerta y, detrás de él, sus dos hijos y su esposa. Explicamos el motivo de nuestra visita. Hay lágrimas de felicidad. Un grano de arena haciendo que la Navidad tuviera sentido, más allá de regalos o cenas. Y, al partir, sentimientos encontrados. La sensación de que ese gesto no era más que eso: un gesto. Que al día siguiente nada cambiaría. Que las arengas de mi padre a caminar la vida agradeciendo cobraban total sentido. Que el espíritu de la Navidad debía ser cosa de todos los días.

¿Por qué les cuento esto?, se preguntarán. Porque quisiera hacerles un pedido muy especial. A continuación, compartiré con mucha ilusión y alegría recetas sencillas, ricas, que todos puedan hacer —o al menos intentarlo— en sus casas. Con ellas tendrán una deliciosa cena navideña para compartir con los seres que más quieren en esa fecha tan especial. Una fecha donde reinan el amor, el perdón y el agradecimiento.

Por ello me atrevo a pedirles lo siguiente. Si tienen la oportunidad —repito, solo si tienen la oportunidad— de contar con los recursos económicos, preparen dos cenas navideñas y no solo una. Si es que pueden, hagan 2 pavos, 2 ensaladas de mi mamá, 2 purés de manzana, 2 arroces de maíz morado, 2 chanchitos, 2 recetas de tamalitos y de guargüeros o de camotitos. Si de verdad saben que pueden hacerlo, anímense a hacerlo.

Identifiquen qué familia en su entorno no goza de un momento de dicha. La que —por lo emotivo del momento— podría tener una noche de frustración o sufrimiento. Compartan con ellos esta cena. Les aseguro que será la Navidad más inolvidable que hayan tenido. Porque el secreto mejor guardado del compartir, del devolver, es que hace tanto o más feliz a quien da que a quien recibe. Espero que estas recetas alegren su mesa navideña y les deseo a todos una muy feliz Navidad.

1 El arroz navideño

Llega la Navidad y en mi memoria aparecen 3 recetas de arroz. El llamado «arroz árabe» con pasas y fideos crocantes que gusta a todos. El arroz con aceitunas, que mi madre hacía con el jugo del pavo al día siguiente de la cena navideña. Y un arroz conocido como arroz con Coca-Cola, que alguna vez probé en casa de un amiguito de cuatro nombres y ocho apellidos.

Esta receta de alguna manera lleva un poquito de todas ellas: las travesuras del arroz árabe, el color moradito del arroz con aceitunas y el ligero dulzor del arroz con cola. Pero tiene algunos otros matices. El primero intenta reivindicar su nombre con el añadido de especias árabes. El segundo huye del amargor aceitunero tan temido por los niños. El tercero recoge el dulzor, pero acudiendo al saludable mundo de nuestra chicha morada. El resultado es un arroz navideño que les aseguro gustará a toda la familia. No fallará.

En una cazuela echamos 3 cucharadas de aceite y sudamos 1 taza de cebolla blanca con un pimiento rojo (ambos picados muy, muy finitos) y 1 cucharada de ajo molido. Sudamos por 5 minutos a fuego suavecito y añadimos 8 granos de pimienta de chapa machacada (en Estados Unidos se conoce como *All Spice*), 1 cucharadita de comino, 2 clavos de olor chancados y 1 anís estrella. Todo esto lo encontrarán en mercados y supermercados, son especias universales. Seguimos sudando por 2 minutos más y retiramos el anís estrella. Añadimos 1 taza de almendras picadas, 1 taza de pasas rubias y otra de pasas negras.

Cocinamos un minuto y echamos 2 tazas de chicha morada lista para beber. Es decir, en su punto de azúcar y con el toque familiar que le suelen dar. La misma que se toman en casa. Agregamos 2 tazas de caldo de pollo de pavo, si es que tienen a la mano. Si tienen también jugo del pavo al horno, en vez de 2 tazas de caldo empleamos una de caldo y otra del juguito del pavo al horno. Quedará ya-no-ya.

Finalmente, entran 2½ tazas de arroz crudo. Le damos una movidita al conjunto, dejamos que rompa nuevamente a hervir (esta vez a fuego fuerte) por 5 minutos y luego bajamos a fuego bajito. Echamos encima 2 cucharadas de mantequilla, tapamos y dejamos cocer 10 minutos más. Mientras, freímos en aceite fideo cabello de ángel crudo (que antes habremos quebrado en cuatro) con mucho cuidado que no se queme. Retiramos y escurrimos.

Una vez pasados los 10 minutos, destapamos. Subimos un poquito el fuego para terminar de secar el arroz, añadimos 1 taza de los fideos crocantes y movemos todo con un tenedor. Decoramos con más fideos crocantes y listo. Provecho.

2 Pavo navideño con sabor limeño

Esta receta es para un pavo de entre 7 a 8 kilos que ya ha sido descongelado, o para un pavo fresco no congelado. Según como lo mire, licenciado.

Primer paso: noche previa a la Navidad
Mezclamos 1 taza de sal en un recipiente lleno de agua y sumergimos el pavo en el recipiente. Lo guardamos en la refrigeradora hasta la mañana siguiente.

Segundo paso: en la mañana del día de la Navidad
Retiramos el pavo de la refrigeradora y lo enjuagamos bien en el caño de agua fría. Luego, lo secamos bien. Preparar el macerado mezclando: ½ taza de aceite de oliva, 1 taza de jugo de naranja, ¼ de taza de vinagre, 3 cucharadas de ají panca licuado, 5 cucharadas de ají mirasol licuado, 1 cucharada de pimienta, 1 cucharada de canela china, 1 cucharada de comino, 1 cucharada de orégano,

½ cucharada de mostaza, 1 cucharada de salsa de ostión, 1 cucharada de azúcar, ¼ de taza de pisco, 2 cucharadas de jugo de limón, sal al gusto.

Bañamos el pavo con este macerado por dentro y por fuera y lo llevamos a la refrigeradora en una bandeja.

Tercer paso: después de almuerzo antes de Navidad

El relleno: ojo que este paso lo pueden obviar. Pueden hacer el pavo sin el relleno y les quedará muy rico también.

En una sartén grande doramos ligeramente 200 gramos de tocino picado. Retiramos a una fuente. Añadimos a la sartén un trozo de mantequilla y ¼ de kilo de higaditos de pollo, y cocemos 1 minuto. Retiramos también a la fuente. Otro buen trozo de mantequilla y doramos 2 tazas de pan de yema picado en cubos. Añadimos 1 manzana picada, 1 taza de damascos picados, 1 de pasas y otra de pecanas picadas. Doramos unos minutos y lo volcamos en la fuente.

En esa misma fuente añadimos 1 taza de aderezo hecho con 2 tazas de cebolla, 1 cucharada de ajo molido, ¼ de taza de ají amarillo, 1 cucharada de ají panca, sal, comino, pimienta y romero al gusto. Finalmente, agregamos 1 taza de quinua cocida y 1 taza de carne de cerdo molida. Mezclamos bien todo y refrigeramos.

Último paso: faltando 4 horas para la cena

Sacamos el pavo de la refrigeradora y lo rellenamos con nuestro relleno. Lo colocamos en una fuente de horno, bañado con todo su macerado. Untamos la piel con mantequilla y tapamos con papel aluminio. Echamos 1 taza de agua en la fuente y llevamos al horno por 2 horas a 160 grados centígrados aproximadamente.

Una vez pasado ese tiempo, retiramos el papel, subimos el fuego a 180 grados y rociamos el pavo con su juguito cada 10 minutos por 1 hora más. Si se seca la fuente, podemos añadir un poquito de agua y raspar el fondo. No dejemos que se queme el fondo. Ese juguito es lo máximo.

Lo retiramos cuando esté doradito. Decore la fuente como más le guste y córtelo según su preferencia. Eso sí, recuperemos el juguito quitándole un poco de la grasa.

3 La ensalada navideña de mi mamá

Necesitamos: 2 paltas punta, 2 choclos desgranados, 2 tazas de piña Golden trozada, 1 taza de mayonesa casera ligera, sal y pimienta.

Colocamos el choclo, la piña y la mayonesa en un bol. Condimentamos y mezclamos. Agregamos la palta picada en cubos y volvemos a mezclar. Listo.

GASTÓN ACURIO

Nacido en Lima en 1967 y formado como cocinero a comienzos de los años noventa en París, Gastón Acurio regresa al Perú para fundar junto a su esposa y también cocinera Astrid y Gastón. Años después éste sería elegido como el mejor restaurante de América Latina y uno de los 15 mejores del mundo por The World's 50 Best Restaurants.

Creador de la feria Mistura, Acurio protagoniza junto a otros cocineros el movimiento que convertiría a la cocina peruana en una de las más reconocidas internacionalmente, así como en una poderosa arma de transformación económica y social. A este fenómeno se le llamó el Boom Gastronómico Peruano.

Acurio ha abierto diversos restaurantes en el mundo, los cuales buscan ser espacios que promuevan la cultura de su tierra a través de la cocina. Tal es el caso de la cebichería La Mar y los restaurantes Tanta, Panchita, Yakumanka y Manko, entre otros. Distinguido por la Unesco por su aporte a la cultura universal y premiado desde Suecia hasta San Sebastián por su labor como cocinero, empresario y activista social, considera que su mayor logro ha sido haber fundado el Instituto de Cocina Pachacútec, dirigido a jóvenes de escasos recursos.

Conductor de televisión y autor de más de veinte libros, Acurio tiene como reto que la cocina vuelva a ser en cada hogar una actividad que una a la familia llevando salud, placer y bienestar. *¡Bravazo!*, recetario en el que compendia sus mejores recetas –607 preparaciones–, es el manual de cómo lograrlo en cada mesa.